Thomas Mann

Sämtliche Erzählungen 1

토마스 만 단편 전집1

1판 1쇄 발행 2020년 4월 20일

지은이 | 토마스 만
옮긴이 | 안삼환 외
발행인 | 신현부

발행처 | 부북스
주소 | 04613 서울시 중구 다산로29길 52-15(신당동), 301호
전화 | 02-2235-6041
팩스 | 02-2253-6042
이메일 | boobooks@naver.com

ISBN 979-11-86998-90-8 04080
ISBN 978-89-93785-07-4 (세트)

이 도서의 국립중앙도서관 출판예정도서목록(CIP)은 서지정보유통지원시스템 홈페이지
(http://seoji.nl.go.kr)와 국가자료종합목록 구축시스템(http://kolis-net.nl.go.kr)에서 이
용하실 수 있습니다. (CIP제어번호 : CIP2020012340)

부클래식

082

———

토마스 만 단편 전집1

토마스 만

안삼환 외 옮김

부북스

차례

《토마스 만 단편 전집》제1권을 펴내면서

안삼환(서울대 명예교수)

한국 독문학계에는 두 개의 오래 된 독회가 있는데, 괴테독회와 토마스만독회가 그것이다.

괴테독회가 한국괴테학회 산하에 생긴 것이 1992년 여름이었다. 괴테의 작품에 관심 있는 독문학자들이 괴테의 작품 하나를 선택하여 함께 번역하고 토론하는 가운데에 시인 괴테와 그의 작품을 더욱 깊이 이해하고자 결성한 일종의 스터디 그룹이었다. 결과적으로 이 그룹이 지난 4반세기 동안 한국 괴테 연구에 직접, 간접으로 크게 기여한 것은 그동안 한국 독문학계에서 널리 알려진 사실이다.

토마스만독회는 여러 가지 사정으로 괴테독회보다 좀 늦은 시점인 2006년 2학기부터 활동을 시작하였다. 지난 14년 동안《요젭과 그의 형제들》,《파우스트 박사》,《선택된 인간》등을 다루어 오다가 최근에는 토마스 만의 단편소설들을 다루고 있다.

어느 날 회원 중 누군가가 토마스 만의 단편들을 이렇게
곰곰이 스터디하고 있는 판에야 아주《토마스 만 단편 전집》
(보통 책으로 약 5권 분량)을 출간하면 좋지 않겠냐고 제안했다.

아닌 게 아니라 토마스 만의 작품 전체를 체계적으로 다
번역해 내기에는 우리 독회 회원들의 처지와 제반 학문적 여
건이 아직 미흡하다 하겠지만, 토마스 만 단편집(프랑크푸르트
판 제8권)을 모두 번역해서《토마스 만 단편 전집》을 내는 것은
어쩌면 우리 힘으로 해낼 수 있을 것 같았다. 이것이 출간된다
면, 여기저기 어지럽게 흩어져 있는 토마스 만의 단편 번역물
들을 뒤로 하고 일단 단편들만이라도 한 묶음으로 모아 정리
해 내는 쾌거를 이루게 될 것이다.

사실 〈토니오 크뢰거〉, 〈트리스탄〉, 〈베네치아에서의 죽
음〉 등 토마스 만의 주요 단편들은 이미 거의 다 우리말로 번
역되어 나와 있지만, 그 중요도나 인지도가 떨어지기 때문에
토마스 만의 많은 여타 단편들이 아직도 번역되지 못하고 있
다. 이 단편들도 토마스 만의 작품인 이상 주요 작품들과 꼭
마찬가지로 그의 작가적 고뇌와 발전 과정의 산물이다. 이런
미번역 단편들도 한국의 토마스 만 독자들과 연구자들에게
널리 알리겠다는 것이 이《토마스 만 단편 전집》을 내는 주요
목적이 될 것이다.

그다음에 뒤따라 오는 성과라면 아마도 기존 번역 작품에

알게 모르게 존재하는 오역들을 바로 잡는 일이 될 것이다. 물론 독회에서 발견하지 못한 오역들이 이 전집에도 남아있을 수 있겠지만, 우리는 공동 스터디를 통해 그런 가능성을 획기적으로 줄일 수 있다는 믿음을 실천하고 싶었다.

늘 그렇지만, 이런 제안에 반대할 사람은 거의 없다. 모두가 동의하고 올바른 '단편 전집'이라도 우선 기획해 보자고 뜻을 모으긴 했다. 그러나 '구슬이 서 말이라도 꿰어야 보배'란 말이 있듯이 막상 누가 이런 일을 도맡아서 여러 번역 원고를 모으고 그 원고를 교열하고 체제를 통일하고 출판사를 선정, 교섭하고, 응분의 작품 해설을 써서 덧붙일 것인가 하는 구체적인 문제에 부딪히면, 생각만큼 쉽지 않은 일이라는 사실이 금방 드러난다.

일을 하기 싫어서가 아님은 자명하다. 문제는 이 작업이 현재 우리나라 대학 및 관변 학술 지원기관에서 실효적 업적으로 인정을 받지 못할 뿐만 아니라 그렇다고 무슨 경제적 보상이 뒤따를 수 있는 일도 아니라는 데에 있다. 게다가 연부역강한 회원들은 연구논문 등 다른 압력에 시달리고 있는 것이 지금 우리 학계의 현실이다.

충무공께서 "신(臣)에게는 아직 열두 척의 배가 남아있습니다"라고 했다던가? 나에게 살 날이 아직 몇 해가 더 남아 있을지 모르겠지만, 다섯 권 중 우선 1권만 내가 책임지고 만들어 보겠다고 나설 수밖에 없는 상황이었다. 요즘의 내 삶이 자원봉사에 많은 시간을 할애하고 있는 모양새이지만, 또 이런 작업을 덜컥 맡게 되었다 싶어서 후회막급이었다. 하지만 한 번 입 밖에 낸 말을 다시 주워 담을 수도 없어서, 그동안 애쓴 결과 이제 마침내 이 작업의 결말을 보게 되었다.

"한국토마스만독회 회원 여러분, 사랑합니다! 처음에는 외람되게도 내가 여러분을 도와드린다고 생각했습니다. 하지만 결국에는 여러분들이 나를 도우신 것을 깨닫습니다. 여러분의 학구적 열정, 우의, 사랑, 격려와 성원이 없었던들 이 노인이 어찌 이 작업을 마칠 수 있었겠습니까? 고맙습니다!"

마지막으로, 영업 이익을 기대할 수 없는 이런 출판을 기꺼이 맡아 주신 신현부 부북스 사장님께 깊이, 진심으로 깊이 감사드린다.

2020년 봄

낙산 우거(寓居)에서
도동(道東)

환영(幻影)

— 산문 스케치

　내가 기계적으로 궐련을 하나 새로 말고 있는데, 섬세한 향내가 코를 찌르는 그 갈색 담뱃가루가 접이식 필기판의 연미색 압지 위로 나폴거리며 떨어져 내린다. 그런데도 내가 아직 깨어있다는 것이 사실같이 느껴지지가 않는다. 내 옆 열려있는 창에서 들어오는 따스하고 습한 저녁 공기가 담배 연기를 아주 기묘한 모양으로 만들어서, 녹색 갓을 씌운 램프의 불빛 영역으로부터 뿌연 어둠 속으로 실어 나르고 있다. 이런 모습을 보면서도 나는 내가 벌써 꿈을 꾸고 있는 게 틀림없다는 생각을 한다.

　물론 이런 생각이 드는 순간 상황은 이미 아주 고약하게 꼬이게 마련인데, 그런 생각 자체가 환상의 등줄기에다 고삐를 내리치는 격이 되기 때문이다. 내 뒤에서 의자 등받이가 아주 은밀하게 약을 올리며 삐걱거리는 통에, 갑자기 소름이 확 끼쳐오면서 내 온몸의 신경이 곤두선다. 그리하여 담배 연기가 내 주위를 맴돌면서 그려내는 기이한 문자들의 깊은 의미를 알아내고 그 문자들이 함유하는 어떤 공통의 모티프를 창안해 내고자 하던 나는 짜증스럽게도 방해를 받게 된 것이다.

아닌 게 아니라 이제 평온은 깨져 버렸다. 내 모든 감각이 미쳐 날뛰고 있다. 신열이 나는 듯하고 신경이 날카로워지고 미칠 것만 같다. 날카로운 소리들이 들려온다. 이 모든 소리들과 뒤섞여서 잊고 있던 일이 떠오른다. 언젠가 나의 시각(視覺)에 강렬하게 각인되었던 것이 묘하게도 다시, 그 당시 느꼈던 그 감정과 함께 떠오른다.

내 시선이 어둠 속의 그 지점에 꽂히자 시선의 각도가 탐욕스럽게 자꾸 넓어지는 것을 나는 얼마나 재미있게 보고 있는가! 그 지점에서 밝은 조각상 같은 것이 점점 더 뚜렷하게 보인다. 내 시선이 그것을 확 빨아들이고 있는 것 같다. 사실은 상상 속의 모습을 보고 있는 것에 불과하지만 그래도 나는 행복하다. 그래서 내 시선은 점점 더 많은 것을 받아들인다. 다시 말해 나는 점점 더 시선을 집중하고 점점 더 또렷하게 보게 되면서 점점 더 마법에 빠져든다…… 점점 더.

이제 그것은 거기에 있다, 아주 또렷하게, 그 당시처럼 아주 또렷한 형상으로, 우연의 예술 작품으로서 거기에 있다. 그 형상은 환상이라는 기막히게 재능 있는 예술가에 의해 망각으로부터 깨어나 다시 창조되고 조형되고 그려져서 거기에 있는 것이다.

크지 않다. 작다. 실은 완전한 형상도 아니다, 그렇긴 해도 그 당시처럼 완성된 작품이다. 하지만 어둠 속에서 무한히 사방으로 몽롱하게 퍼진다. 하나의 전체다. 하나의 세계다. ─ 그 속에서 빛이 아른거리고 깊고 그윽한 분위기를 자아낸다. 그러나 아무 소리도 안 들린다. 주위 세계의 웃어젖히는 소음은 전혀 그 안으로 들어가지 못한다. 아마도 지금의 주위 세계로부터는 아무 소음도 그 안으로 들어가지 못하지만, 그 당시에는 들어갈 수 있었을지도 모를 일이다.

바닥에 깔린 다마스쿠스 비단이 눈부시다. 비단에 수놓인 잎들과 꽃들은 끝부분에 비스듬하게 톱니 모양을 이루어 둥글게 마감되고 휘감겨 있다. 그 위로 호리호리하게 우뚝 솟은 투명한 크리스탈 잔은 반쯤 높이로 연한 금빛 칠이 되어 있다. 잔 앞으로 어떤 손 하나가 꿈을 꾸는 듯 내밀어져 있다. 잔에 달린 긴 다리 주변을 벌어진 손가락이 감싸고 있다. 그중 한 손가락에는 광택이 없는 은반지가 끼워져 있다. 반지에 박힌 루비가 피를 흘리는 듯 선홍색이다.

부드러운 관절에 이어 점차 형태가 굵어지며 팔이 되려고 하는 부분에서 이미 윤곽은 전반적으로 몽롱하게 풀어진다. 달콤한 수수께끼다. 그 소녀의 손은 꿈을 꾸는 듯 미동도 없다. 나른한 하얀 손 위로 담청색 혈관 하나가 고불고불 부드럽게 흐르고 있다. 그곳에서만 생명이 약동하고, 열정이 천천히 그러나 세차게 뛰고 있다. 나의 시선을 느끼자 그것은 점점 더 빨라지고 점점 더 거칠어지다가 급기야 애원하듯 떨린다. 그만 보세요!……

그러나 그 당시처럼 나의 시선은 지독한 관능적 쾌락을 만끽하며 그것을 뚫어져라 바라본다. 내 시선은 사랑과의 전쟁이, 그리고 사랑의 승리가 떨면서 고동치고 있는 그 손 위에 머물고 있다…… 그 당시처럼…… 그 당시처럼.

잔이 놓인 바닥으로부터 천천히 진주 한 알이 떨어져 나와 위쪽으로 둥실 떠오른다. 루비가 발하는 빛의 영역으로 들어서자 진주는 피처럼 선홍빛으로 타오르고, 그러다 돌연 그 표면에서 불꽃이 사라져 버린다. 그 순간 뭔가에 방해라도 받은 듯 모든 것이 사라지려 한다, 내가 그 부드러운 윤곽들을 새로이 그려보고자 아무리 내 시선에 힘을 주며 애를 써 봐도 아무 소용이 없다.

이제 그것은 사라졌다. 어둠 속에서 흩어져 버리고 말았다. 나는 깊고 길게 한숨을 쉰다. 그동안 내가 숨 쉬는 것조차

잊고 있었다는 사실을 깨달았기 때문이다. 그 당시에도 역시 그랬듯이……

　피곤해서 몸을 뒤로 기대는데, 고통이 경련처럼 인다. 그 당시와 마찬가지로 이제 나는 분명히 알 수 있다 ― 네가 나를 정말 사랑했다는 사실을…… 내가 지금 울 수 있는 것도 바로 그 때문이다.

타락

우리 네 사람은 또다시 우리끼리 만났다.

이번엔 키 작은 마이젠베르크가 자기집에 초대할 차례였다. 그의 아틀리에는 만찬을 나누기에 아주 근사한 장소였다.

그것은 독특한 양식으로 꾸며진 묘한 공간으로서 예술가의 이상한 취향이 느껴졌다. 에트루리아와 일본에서 건너온 화병들, 스페인산 부채와 단검, 중국제 양산, 이탈리아제 만돌린, 아프리카에서 온 소라고동, 고대의 작은 입상들, 다채로운 로코코식 작은 장식품들과 밀랍으로 된 성모 마리아상, 오래된 동판화들과 마이젠베르크가 손수 자신의 붓으로 그린 작품들 — 이 모든 것은 탁자 위에, 책장 선반 위에, 콘솔 위에, 그리고 바닥과 마찬가지로 두꺼운 동방의 양탄자들과 색 바랜 수놓은 비단으로 덮인 사방 벽에, 즉 온 공간에 함께 진열되어 있어서, 이것들이 마치 손가락으로 자신을 가리키며 봐달라고 아우성이라도 치는 듯했다.

우리 네 사람, 그러니까 키가 작고 갈색 곱슬머리에 행동이 민첩한 마이젠베르크와 언제 어디서나 여성해방의 위대한 정당성을 설교하는 이상주의적인 경제학도로서 아직 새파랗게 젊은 금발의 라우베, 의학박사 젤텐 그리고 나, 이렇게 우리 네 사람은 아틀리에의 한가운데 육중한 마호가니 테이블 주변에 모여 서로 각기 다른 모양의 의자에 빙 둘러 앉아 재간 있는 집주인이 우리를 위해 마련한 근사한 메뉴를 장시간 즐기고 있는 중이었는데, 어쩌면 음식보다는 여러 종류의 포도주를 더 즐기고 있던 것 같기도 했다. 마이젠베르크가 다시 한번 한턱을 냈던 것이다.

젤텐 박사는 고풍스럽게 조각된 커다란 교회 의자에 앉아 그 의자에 대해 끊임없이 신랄한 조롱을 퍼붓고 있었다. 우리 가운데서 유독 그가 빈정대기를 잘했다. 깔보는 듯한 그의 모든 제스처에는 세상 경험과 세상에 대한 경멸이 담겨 있었다. 그는 우리 넷 중 가장 나이가 많았다. 아마도 이미 서른 안팎인 것 같았다. 그뿐만 아니라 그는 가장 많이 '세상을 겪었다.' "꼴사나워!" 하고 마이젠베르크가 말한 적이 있었다, "하지만 재미있는 사람이야."

그 박사한테서는 아닌 게 아니라 좀 '꼴사나운' 구석이 약간 엿보이기도 했다. 그의 두 눈은 어떤 몽롱한 광채를 발하고 있었고, 짧게 깎은 검은 머리카락은 가마 근처에 벌써 약간 듬성한 데를 엿보이게 하였다. 뾰족하게 다듬은 턱수염 방향으로 홀쭉하게 내리빠진 얼굴은 콧잔등에서 양 입가로 내려오면서 살짝 냉소적인 표정을 짓고 있었는데, 이런 표정 때문에 그는 이따금 신랄한 인상까지 풍기기도 했다.

양젖치즈를 먹을 즈음에는 우리는 어느새 또다시 '진지한 대화' 속에 몰입해 있었다. 깔보는 듯한 냉소를 지으며 우리 대화를 '진지한 대화'라고 명명한 사람은 젤텐 박사였다. 그의 말을 빌리자면, 벌써 오래전부터 자기의 유일한 생활신조로 삼고 있는 것이 있는데, 그것은 어차피 저 하늘 위의 감독에 의해 깊은 배려 없이 아무렇게나 공연되는 연극과도 같은 이 풍진세상은 회의도 주저도 없이 그저 마음껏 즐길 일이며, 그리고 나서는 어깨를 으쓱해 보이며 '그러지 말 걸 그랬나?' 하고 자문하면 된다는 것이었다.

그러나 라우베는 노련하게 슬쩍 화제를 돌렸다가 자신의 본령으로 되돌아 오기가 무섭게 또다시 완전히 분별을 잃고 흥분하여 그의 깊숙한 안락의자에서 허공에다 대고 필사적으로 삿대질을 해가며 말했다.

"바로 그겁니다! 바로 그것이지요! 여자의 치욕스러운 사회적 위치는 — ” (그는 결코 ‘여성’이라고 말하지 않고, 더 자연과학적인 어감을 풍긴다며 항상 ‘여자’라고만 말했다.) “— 편견에, 사회의 어리석은 편견에 뿌리박고 있단 말입니다.”

젤텐은 아주 부드럽고 동정어린 목소리로 “건배!”를 외치고는 적도포주 한 잔을 쭉 들이켰다.

이것이 그 착한 청년의 마지막 남은 평온마저도 앗아가 버리고 말았다.

“아, 당신! 아, 당신!” 하고 그 청년은 벌떡 일어섰다. “빈정거리기나 잘하는 늙은이! 당신과는 도통 무슨 말을 할 수가 없다니까!” 그는 마이젠베르크와 나를 향해 도발적으로 물었다. “하지만 너희! 너희는 내가 옳다고 하겠지! 그런가, 안 그런가?!”

마이젠베르크는 오렌지 껍질을 벗기고 있었다.

“반쯤은 확실히 수긍할 만해!” 그가 신뢰를 보이며 말했다.

“어디 계속해 보게” 나는 연사를 격려해 주었다. 그가 한 번 더 자기 하고 싶은 말을 제대로 다 쏟아내기 전에는 마음의 안정을 찾을 수 없겠다는 판단에서였다.

“난 사회의 어리석은 편견과 고루한 부당성에 그 원인이 있다고 생각해! 온갖 사소한 조처들이야말로 정말 가소로울 따름이지. 그들이 여학교를 세우고 여자들을 전신국 사원이

나 뭐 그와 비슷한 직종에 고용하는 것이 뭐가 그렇게 대단
해? 문제는 큰 데에, 일반적인 데에 있어! 사물을 보는 관점이
문제야! 가령 에로틱한 것과 성적인 문제를 보자면, 편협한
사고에서 기인하는 잔인성은 말도 못한다구!"

"그래?!"박사는 한결 마음이 가벼워진 듯 말하면서, 자신
의 냅킨을 옆으로 치웠다. "이제 이야기가 적어도 재미는 좀
있어 지겠는데."

라우베는 그를 한번 쳐다보지도 않았다.

"생각들 좀 해보라구!"그는 강한 어조로 말을 계속했고,
커다란 디저트 사탕 하나를 만지작거리더니 그것을 점잖은
동작을 하면서 입속으로 집어넣었다. "생각들 해봐! 만약 두
남녀가 서로 사랑하다가 남자가 여자를 차버리고 떠난 경우,
그놈은 변함없이 신사로 남지. 심지어 그놈은 남자답게 멋지
게 처신을 한 꼴이 되지, 그 망할 놈이 말이지요! 하지만 여자
는 버림받은 여인이고, 사회로부터 추방당하고 매장당한 여
인이며, 타락한 여인이 되지. 그렇지, 타-락-한 여인! 이런 관
점의 도덕적 근거가 어디에 있지?! 남자도 똑같이 마찬가지
로 타락한 게 아닌가? 그렇지, 여자가 아니라 그놈이 더 ― 파
렴치하게 행동한 게 아니겠어?! …… 자, 이제 말 좀 해보시
지! 뭐라고 말 좀 해봐요!"

마이젠베르크는 생각에 잠겨 자신의 담배 연기가 퍼져 나

가는 모양을 지켜보고 있었다.

"실은 자네 말이 맞네" 그는 마음씨 좋게 말했다.

라우베는 만면에 의기양양한 승리의 표정을 지었다.

"그렇지? 내 말이 맞지?" 그는 계속해서 되뇌었다. "그런 판단을 내릴 만한 도덕적 정당성이 어디에 있느냐 이거지!"

나는 젤텐 박사를 바라보았다. 그는 아주 조용해져 있었다. 두 손으로 동그란 빵 하나를 빙글빙글 돌리면서 그는 예의 그 신랄한 표정으로 말없이 자기 앞을 내려다보고 있었다.

"식탁에서는 우리 그만 일어나지" 그는 침착하게 말했다. "내 자네들에게 이야기를 하나 해 주지."

우리는 식탁을 옆으로 밀쳐놓고서, 쿠션이 있는 작은 의자들과 양탄자가 아늑하게 배치되어서 잡담하기에 좋은 맨 뒤쪽의 담화실에 편하게 자리를 잡고 앉았다. 천장에 매달린 현등의 푸르스름한 미광이 그 공간을 가득 채워주고 있었다. 천장화 아래로는 벌써 아련하게 피어오르는 한 층의 담배 연기가 자욱하게 깔려 있었다.

"자, 시작해 봐" 마이어베르크가 네 개의 작은 잔에 프랑스산 베네딕트주를 따르면서 말했다.

"그러지. 우리의 화제가 마침 여기까지 도달했기 때문에 내 자네들에게 이 이야기를 한번 들려주고 싶군." 박사가 말했다. "아주 완결된 단편소설 형식으로 이야기하겠네. 내가 전에 단편 같은 것을 좀 썼다는 건 자네들도 알잖아."

내게는 그의 얼굴이 제대로 보이지 않았다. 그는 한쪽 다리를 다른 쪽 다리 위에 포갠 채 두 손은 양복주머니에 찔러 넣고서 몸을 안락의자에 푹 파묻고서는 푸른 현등을 조용히 올려다보고 있었다.

"내 이야기의 주인공은" 하고 그는 잠시 후에 이야기하기 시작했다. "북부 독일의 작은 고향 도시에서 김나지움을 졸업했다. 열아홉 살인가 스무 살에 그는 남독일의 꽤 큰 도시에 자리 잡고 있는 P대학에 입학했다.

그는 나무랄 데 없는 '선량한 녀석'이었다. 그 어떤 사람도 그에게 화를 낼 수 없었다. 명랑하고 마음씨 좋고 붙임성이 있어서 그는 금방 모든 학우들한테 가장 인기 있는 친구가 되었다. 그는 키가 훤칠하고 아름다운 청년으로서 부드러운 표정에다 화색이 도는 갈색 눈을 가지고 있었고, 부드러운 곡선으로 된 입술 위로는 첫 수염이 돋아나기 시작하고 있었다. 그가 옅은 색의 둥근 모자를 검은 곱슬머리 위에다 젖혀 쓰고 양손을 바지 주머니에 찔러 넣은 채, 주위를 호기심 있게 살피며 거리를 배회할 때면, 처녀들이 반한 듯한 시선을 그에게 보내곤 했다.

그런데도 그는 순진무구했다 — 영혼과 마찬가지로 육체

도 순수했다. 그는 틸리 장군이 그랬던 것처럼 자신도 여태껏 그 어떤 전투에서도 패한 적이 없고, 그 어떤 여자도 건드린 적이 없다고 장담할 수 있었다. 첫 번째 경우는 그가 아직 그럴 기회가 없었기 때문이고, 두 번째 경우 역시 그에게는 아직 그럴 수 있는 기회가 없었기 때문이었다. ―

P에 온 지 채 두 주가 되기도 전에 그는 물론 사랑에 빠졌다. 흔히 그렇듯이 어떤 술집 아가씨한테 빠진 게 아니고 어떤 젊은 여배우한테 빠진 것이었는데, 그녀는 괴테극장에서 순진한 애인 역을 맡고 있는 벨트너 양이었다.

옛 시인이 잘 표현했듯이 남자들이란 자신의 육체에 내재한 청춘의 묘약 때문에 모든 여자한테서 헬레네를 발견하게 된다지만, 이 아가씨는 정말 예뻤다, 아이처럼 여린 몸매, 옅은 금발, 경건하면서도 명랑해 보이는 회청색 눈, 섬세한 작은 코, 순진하게 귀여워 보이는 입과 부드럽고 둥근 턱의 소유자였다.

그는 먼저 그녀의 얼굴에 반했고, 그다음에는 그녀의 손에 반했으며, 그다음에는 그녀의 팔에 반했다. 이따금씩 그녀가 고대극의 어떤 배역을 맡아 맨살을 드러내 보이던 그 팔 말이다. ― 그러다가 어느 날 그는 그녀를 온전히 사랑하게 되었다. 그가 아직 전혀 알지도 못하는 그녀의 영혼까지도 말이다.

그의 사랑에는 엄청난 돈이 들었다. 그는 적어도 이틀에

한 번씩 저녁에 괴테극장의 1층 상등석 표를 구입했다. 그는 매번 어머니에게 돈을 부쳐달라는 편지를 쓸 수밖에 없었는데, 이 때문에 그는 온갖 모험담을 꾸며대곤 했다. 그러나 그가 이렇게 거짓말을 하는 것은 다 그녀 때문이었다. 그녀 때문이라면 모든 변명이 용납되었다.

자신이 그녀를 사랑한다는 사실을 알게 되었을 때 그가 맨 먼저 한 것은 시를 쓰는 일, 즉 독일의 유명한 '정관적(靜觀的) 서정시'를 쓰는 일이었다.

그렇게 하면서 그는 종종 밤늦게까지 책 속에 파묻혀 앉아 있었다. 다만 서랍장 위에 있는 작은 자명종만이 단조롭게 재깍재깍 소리를 냈고 밖에서는 이따금씩 외로운 발자국 소리가 울려왔다가 사라져 갔다. ― 목줄기가 시작되는 그의 가슴의 맨 상단에 그 어떤 부드럽고 미지근하며 축축한 고통이 자리 잡고 있어서, 이것이 종종 무거운 두 눈 위로까지 치솟아 오르는 듯했다. 그러나 실제로 우는 것이 부끄러웠기 때문에 그는 이 모든 것을 다 받아주는 종이 위에다 언어로 써 내려가면서 울었다.

그때 그는 부드러운 시구 속에서 우울한 운율을 곁들여 그녀가 얼마나 귀엽고 사랑스러운가, 또한 반면에 자신은 얼마나 아프고 피곤한가를 읊었다. 또한 그는 자신의 영혼에 얼마나 큰 불안이 자리하고 있는지를 읊었으며, 이 불안에 쫓겨 자기 영혼이 그 어떤 먼 곳, 온통 장미꽃과 제비꽃으로 가득찬 가운데 달콤한 행복이 잠자고 있는 어느 머나먼 곳으로 둥둥 흘러가고 있건만 정작 그의 몸은 꼼작도 못하게 묶여있음을 읊었다.

확실히 그것은 우스꽝스러운 일이었다. 누구라도 다 웃었을 것이다. 그 언어들은 정말 어리석었고 아무 내용도 없이 무기력했다. 그러나 그가 그녀를 사랑했다! 그가 그녀를 사랑했던 것이다!

물론 이와 같은 자기 고백이 있은 후 그는 바로 부끄러워했다. 이것은 그야말로 불쌍하고 굴욕적인 사랑이어서, 그는 그녀가 너무나도 사랑스러웠기에 단지 그녀의 자그마한 발에나마 조용히 키스하고 싶을 지경이었고 하다 못해 그녀의 하얀 손에라도 키스하고 싶었다. 그러고 나면 그는 죽어도 좋을 것 같았다. 입에다 키스한다는 것은 감히 생각할 수도 없었다. ─

어느 날 밤에 그가 깨어났을 때 그는 그녀가 지금쯤 어떻게 누워 있을까 하고 상상해 보았다. 사랑스러운 머리를 하얀 베개 속에 파묻고, 예쁘장한 입은 조금 벌리고, 두 손은, 연푸른 핏줄이 드러나는 형용할 길 없는 그 두 손은 이불 위에 깍지 낀 채…… 여기까지 생각하다가 그는 갑자기 홱 돌아누워 얼굴을 베개 속에 파묻고는 어둠 속에서 오랫동안 울었다.

이로써 사태가 절정에 도달하게 되었다. 그는 더는 시를 쓸 수 없었고 아무것도 먹을 수 없는 지경에까지 이르렀다. 그는 지인들을 피했고 거의 외출도 하지 않았으며 눈 밑에는 깊고 어두운 테가 생겼다. 아예 더 이상 공부도 하지 않았고 아무것도 읽으려고 하지도 않았다. 이미 오래전에 구입해 둔 그녀의 사진 앞에서 그는 피곤한 몸으로 눈물과 사랑 속에 언제까지나 그냥 지쳐서 몽롱한 정신 상태에 머물러 있으려 했다. ─

그러던 어느 날 저녁에 그는 친구 뢸링과 함께 어떤 술집의 구석에서 한가로이 맥주 한잔을 하면서 앉아 있었다. 이 친구는 벌써 일찍이 고등학교 시절부터 그와 친한 사이였고 그와 마찬가지로 의대생이었으나 벌써 고학년에 재학 중이었다.

그때 뢸링이 갑자기 자신의 1리터 짜리 맥주잔을 단호하게 탁자 위에 탕 놓았다.

'자, 꼬마 녀석아, 대체 너한테 무슨 일이 생겼는지 말 좀 해봐.'

'나한테?'

그러나 잠시 후에 그는 결국 숨기는 걸 단념하고 속마음을 털어놓고 그녀와 자신에 대해서 풀어놓았다. ─

뢸링은 난처하다는 듯이 머리를 흔들었다.

'이 녀석, 큰일 났네. 어떻게 할 도리가 없구면. 네가 처음이 아냐. 도저히 접근할 수가 없어. 여태까지는 어머니랑 살았었어. 얼마 전에 돌아가시기는 했지만, 그래도 — 도저히 어떻게 할 수가 없어. 지독하게도 행실 바른 처녀거든.'

'선배 생각엔 그러면, 내가……'

'그래, 내 생각엔, 네가 바라는 게……'

'아, 뢸링 선배!……'

'…… 아 — 아 그래. 미안, 이제야 비로소 알겠네. 이 문제를 그렇게 감상적으로는 전혀 생각하지 못했거든. — 그러면 그녀에게 꽃다발을 보내고 거기에 곁들여 순수하고 정중하게 편지를 써서, 네가 그녀를 경탄해 마지않는다는 말을 직접 하고 싶어 찾아뵙고자 하니, 그녀 측에서 방문을 허락한다는 편지를 보내 달라고 간청해봐.'

그는 얼굴이 아주 창백해지더니 온몸을 떨었다.

'하지만…… 그건 안 되잖아!'

'왜 안 되는데? 40페니히만 주면 아무 심부름꾼이나 다가.'

그는 몸을 더 심하게 떨었다.

'맙소사, — 그럴 수만 있다면야!'

'그녀가 사는 데는 대체 어디지?'

'난 — 모르겠는데.'

'아직 '그것'도 모르고 있단 말이야?! 저기요! 주소록 좀 갖다 줘요!'

뢸링은 잽싸게 그녀의 주소를 찾아내었다.

'맞지? 그렇게도 오랫동안 저 높은 세계에 살고 있었건만 이제 갑자기 호이 슈트라세 6a번지 4층에 살고 있다니. 보이니, 여기 적혀 있어. 이르마 벨트너, 괴테극장 단원이라고……야, 그런데 여기는 끝내주는 빈민 구역이야. 연극을 한다는 미덕이 이런 식으로 형편없는 보상을 받고 있군 그래.'

'뢸링 선배, 제발……!'

'그래 알았어. 그만할게. 그럼, 그렇게 하는 거다. 어쩌면 넌 그녀의 손에 한 번 키스해도 되는지 모르지, — 이 답답한 친구야! 그 3미터 길이의 1층 관람석에 대한 비용을 이번엔 꽃다발에 쓰란 말이야. —'

'맙소사, 그까짓 돈이 무슨 상관이야!'

'한번 미쳐보는 것도 괜찮지!' 뢸링이 힘주어 말했다. —

다음날 오전에 벌써 감동적일 정도로 순수한 편지 한 장이 눈부시게 아름다운 꽃다발과 함께 호이 슈트라세로 배달되었다. — 그가 그녀로부터 답장을 받는다면, — 어떤 답장이라도! 그러면 그는 얼마나 환호성을 지르며 그 편지 한 줄 한 줄에 키스할 것인가 —

하도 열었다 닫았다 하는 바람에 1주일이 지나자 현관문에 달려 있는 우편함 뚜껑이 부러져 떨어졌다. 집의 여주인이 욕을 해댔다.

눈 밑의 테가 더욱 깊고 어둡게 되어서 그는 정말로 아주 비참해 보였다. 자신이 거울을 들여다볼 때면 그는 정말로 깜짝 놀라고는 자기 연민에 사로잡혀 울었다.

'이 녀석아' 뢸링은 어느 날 아주 단호하게 말했다. '이런 식으로 계속 지내서는 안 돼. 넌 점점 더 퇴폐적으로 되어가고 있잖아. 이거 뭔가 특단의 조처를 취하든가 해야겠어. 내일 그냥 곧장 그녀한테로 가는 거야.'

그는 병색이 도는 두 눈을 아주 크게 떴다.

'그냥 곧장…… 그녀한테로……'

'그래.'

'아 그건 안 돼. 그녀가 나한테 방문을 허락하지 않았잖아.'

'글로 끄적거리는 것은 완전 어리석은 짓이었어. 그녀가 개인적으로 알지도 못하는 네게 바로 편지를 써서 호의를 보여주지 않으리라는 것을 우리가 진작 예상할 수 있어야 했어. 너는 지체 없이 '그냥' 그녀 집으로 가야 돼. 그녀가 너한테 한 번 '안녕하세요' 하고 인사를 해주기만 해도, 넌 벌써 행복에 취할 거잖아. 네가 흉물스럽게 보이는 정도까지는 아니니까, 널 당장 쫓아내거나 하지는 않을 거야. — 내일 가는 거다.'

그는 마음이 아주 어지러웠다.

'나는 못할 것 같아' 그가 나직이 말했다.

'그러면 넌 구제불능이야!' 륄링은 화를 냈다. '그렇게 되면 넌 이제 정말이지 혼자서 이 일을 극복해 내지 않으면 안될 걸!'

그리하여 이제 자신과의 어려운 싸움의 나날들이 찾아 왔는데, 마침 바깥에서도 겨울이 5월과 마지막으로 힘겨운 결투를 벌이고 있었다.

그러던 어느 날 아침, 그가 그녀를 꿈속에서 본 후 깊은 잠에서 깨어나 창문을 열었을 때 거기에 봄이 와 있었다.

하늘은 밝았다 — 부드러운 미소를 띠고 환하게 얼굴을 내미는 것처럼 아주 밝은 파란색이었다. 그리고 공기는 매우 달콤한 향신료 내음을 풍기고 있었다.

그는 봄을 느끼고, 냄새 맡고, 맛보고, 보고 또 들었다. 모든 감각이 완전히 봄 자체를 느낄 수 있었다. 그리고 그는, 집 너머 저쪽에 놓여있는 폭넓은 햇살이 아지랑이가 되어, 정신을 맑게 해 주고 원기를 북돋우어 주면서, 그의 가슴속까지 흘러들어오는 것 같은 기분이 들었다.

그러고 나서 그는 말없이 그녀의 사진에 키스하고는 깨끗한 셔츠에다 좋은 양복을 입고 턱에 난 까칠한 수염을 깎고는 호이 슈트라세로 걸어갔다. —

스스로도 놀랄 만큼의 기이한 평온이 그에게 찾아왔다. 그리고 이 평온은 계속 유지되고 있었다. 그것은 마치 여기서 계단을 올라가 문 앞에 서서 '이르마 벨트너'라고 쓰여 있는 문패를 읽고 있는 사람이 전혀 자신이 아닌 것처럼 여겨질 정도의 그 어떤 몽환적 평온 같은 것이었다.

그때, 이건 미친 짓이다, 도대체 내가 원하는 게 무엇인가, 누가 나를 보기 전에 얼른 되돌아가야 한다는 생각이 갑자기 그를 엄습했다.

그러나 그가 이렇게 두려움에 대한 마지막 신음을 발하자 이로써 여태까지의 혼란스러웠던 상태가 완전히 가셔진 것만 같았으며, 그다음에는 믿을 만하고 밝고 큰 희망이 그의 마음속에 들어섰다. 여태까지는 그가 마치 어떤 압박을 받고 있었던 것 같았고, 괴로운 필연성 앞에 처해 있었던 것 같았으며, 그러니까 마치 어떤 최면 상태에 있었던 것 같았다면, 이제 그는 환성을 지를 정도로 신나고 자유롭고 목표가 확실한 의지를 갖고 행동에 나선 것이었다.

때는 바로 봄이었던 것이다! ―

딸랑거리는 양철 종소리가 온 층을 울렸다. 한 소녀가 와서 문을 열어 줬다.

'주인 아가씨 댁에 계신가?' 그가 쾌활하게 물었다.

'댁에요? 예, 계십니다만 ― 실례지만 누구시라고 말씀드......'

'여기요.'

그는 그녀에게 명함을 내밀었고, 그녀가 그 명함을 갖고 가는 동안 그는 마음속으로 아주 신나게 웃으며 그냥 곧장 뒤따라 들어갔다. 하녀가 젊은 여주인에게 명함을 건네주었을 때 그도 벌써 방 안에 들어서서 모자를 손에 들고 똑바로 서 있었다.

그것은 소박하고 어두운 색의 가구들을 비치한 적당히 큰 방이었다.

그 젊은 숙녀는 창가에 있는 자리에서 일어나 있었다. 그녀 옆에 있는 작은 탁자 위의 책은 조금 전에 읽다가 이제 막 거기에 놓여진 것 같았다. 그 어떤 배역을 맡았어도 그녀가 이렇게 실제로 봤을 때만큼 그에게 이렇게 매혹적으로 보인 적은 없었다. 가슴 부위에 더 짙은 색의 천을 장식으로 덧댄 회색 원피스는 그녀의 가냘픈 몸매를 에워싸고 있었고 소박한 우아함을 보여주었다. 그녀의 이마 위의 금빛 곱슬머리에는 5월의 햇살이 아른거리고 있었다.

황홀감에 빠져 그의 피는 소용돌이치고 또 끓어올랐다. 이윽고 그녀가 그의 명함에 놀란 시선을 던지고 난 다음 더욱더 놀란 시선을 그에게로 던지자 그는 그녀를 향해 재빨리 두 걸음 앞으로 다가갔다. 그때 그가 지녀 오던 따스한 동경이 불안하고 격한 몇 마디 말로 터져 나왔다.

'아, 안돼요…… 화내시면 안돼요!!'

'이게 무슨 기습이랍니까?' 그녀가 재미있어 하며 물었다.

'그래도 저는 당신에게 꼭, 비록 당신이 제게 허락해 주시지 않았다 하더라도, 당신에게 제가 당신을 '얼마나' 경탄해 마지않는지 꼭 한번 직접 말씀드리고 싶었습니다. — ' 그녀가 친절하게 안락의자를 가리키고 그들이 자리에 앉는 동안 그는 약간 더듬거리며 계속해서 말을 이어갔다. '저기요, — 저는 항상 바로 모든 것을 말해야만 하는 어쩔 수 없는 그런 놈이에요. 늘 이렇게 모든 것…… 모든 것을 속에 담고 돌아다니지 못하는 놈이지요…… 그래서 그때 제가 부탁드렸던 것인데…… 아가씨, 왜 저한테 아예 답장을 하지 않으셨지요?' 그는 순진하게 물으며 하던 말을 멈췄다.

'예 — 말할 수 없이 기뻤습니다' 그녀는 미소 지으며 대답했다. '저를 인정해주는 글귀를 써주시고 아름다운 꽃다발을 보내주셔서 제가 얼마나 진심으로 기뻐했는데요. 그렇지만…… 바로 그렇게 답장을 쓸 수는 없었지요. 저로서는 알 수가 없었던 것이……'

'예, 그렇지요. 제가 누군지 아실 수가 없으셨겠지요. 그 점은 저도 이제 충분히 짐작할 수 있습니다. 그렇지만 제가 허락도 없이 이렇게 온 것에 대해 제게 화가 나신 건 아니지요, 맞지요?'

'아, 아니에요. 제가 감히 그럴 리가요!'

'당신은 아주 최근에야 비로소 P시에 오셨지요?' 그녀는 난처한 공백이 생기는 것을 섬세하게 미리 막으면서 재빠르게 말을 이어 갔다.

'아니에요, 이미 약 6-7주가 지난 걸요, 아가씨.'

'벌써 그렇게 오래됐나요? 당신의 친절한 편지를 받고서 저는 당신이 한 열흘쯤 전에 처음으로 제가 연극하는 것을 보셨다고 생각했습니다.'

'천만에요, 아가씨!! 저는 당신을 정말이지 그동안 거의 매일 밤 지켜보았습니다! 그동안 하신 여러 역할을 다 봤어요!'

'그래요? 그런데 왜 더 일찍 오지 않으셨나요?' 그녀는 짐짓 놀란 듯이 물었다.

'더 일찍 왔어야 했다고요?' 그는 장난기를 섞어 대답했다. 그는 안락의자에 앉아 그녀를 마주 보고 그녀와 친하게 대화를 나누면서 이루 말할 수 없는 행복감을 느꼈다. 그는 그 상황이 얼떨떨하여 그 달콤한 꿈에서 다시 깨어날까 두려울 지경이었다. 그는 명랑하고 편안하게, 거의 아주 느긋하게 한쪽 다리를 다른 쪽 다리 위로 포개고 싶을 정도였으며, 또한 넘치도록 행복한 나머지 금방 환호성을 지르면서 그녀의 발치에 꿇어앉고 싶을 지경이었다…… 정말이지 이 모든 것은 다 연극일 뿐이야. 난 너를 정말 사랑한다구…… 사랑해!!……

그녀의 얼굴은 약간 홍조를 띠면서 그의 재미있는 응답에 대해 진심으로 즐거워하면서 웃었다.

'미안해요, 제 말을 오해하시면 안 됩니다. 하기야, 다소 서툰 표현이긴 했지만, 그런 말을 이해 못할 분은 아니실 것 같은데요……'

'노력해 보겠습니다, 아가씨! 지금부터는 ― 훨씬 더 빠르게 이해하도록 노력할게요.'

그는 완전히 자제력을 잃었다. 이렇게 대답을 하고 나서 그는 또 금방 자기 자신에게 속삭였다 ― 여기에 그녀가 앉아 있다! 여기에 그녀가 앉아있는 것이다! 그리고 나도 그녀 옆에 앉아있는 게 아닌가! 이것이 정말 그 자신인지를 스스로 확인해 보이기 위해 그는 계속해서 자신의 모든 의식을 집중했다. 그리고 믿을 수 없을 정도로 행복에 겨운 시선이 자꾸만 그녀의 얼굴과 그녀의 자태를 향해 흘러가곤 했다…… 그래, 이것이 그녀의 연금발 머리카락이고, 귀여운 입술이며, 살짝 이중턱이 될까 말까한 그녀의 부드러운 턱이다. 이것이 그녀의 어린아이 같은 밝은 목소리이고, 이것이 그녀의 사랑스러운 말투구나! 그녀의 이 사랑스러운 말투에는 지금처럼 연극을 하지 않을 때에는 남부 독일의 사투리가 약간 섞여 있군!

지금 그녀는 그의 마지막 대답에 응답하지 않고, 탁자로부터 다시 그의 명함을 다시 한번 집어 들고는 그의 이름을 다시 한 번 자세히 읽어보고 있지 않은가! 이것이 그가 그다지도 자주 꿈속에서 키스하곤 했던 그녀의 사랑스러운 손, 이루 형용할 수 없는 그녀의 두 손이며, 이것이 바로 그녀의 눈이다. 그 눈이 이제 다시금 그에게로 향하면서 점점 더 관심 어린 친밀감을 보여 주고 있는 것이다! 이윽고 그녀의 말이 다시 그를 향하고 있었다. 이제 그녀는 묻고 대답하면서 계속 담화를 이어 가고 있었다. 그 담화가 때때로 중단되기도 했지만, 잠시 후에는 다시 가볍게 계속될 수 있었는데, 그들 두 사람의 출신에 대한 이야기로부터 시작해서 그들이 현재 하고 있는 일에 대해서, 그리고 이르마 벨트너가 맡고 있는 배역들에 대해서 화제가 연이어져 나갔다. 그녀의 배역에 대한 '견해'에 대해서 그는 물론 그녀의 편을 들며 무제한적으로 칭찬하고 그것에 대해 경탄의 말을 늘어놓았다. 그녀가 웃으면서 스스로 칭찬을 물리친 것처럼 실은 거기에 무슨 '견해'라 할 만한 것도 없었지만 말이다.

그녀의 명랑한 웃음소리에는, 마치 뚱뚱보 지휘자가 지금 막 일층 앞쪽 관람석을 향해 모저[1] 풍의 익살 섞인 재치를 부

---

1   모저(Gustav von Moser, 1825~1903)는 당시의 유명한 소극(笑劇) 작가 이름.

렸을 때처럼, 항상 어떤 연극의 사소한 지시문을 따르는 듯한 음조가 함께 울리는 듯했다. 그러나 그는 이 웃음소리에 매혹된 채 아주 순진하게 자신의 내면을 완전히 노출시키면서 그녀의 얼굴을 바라보고 있었다. 그때 그는 재빨리 그녀의 발치에 꿇어앉아 그녀에게 자신의 크나큰 사랑을 정직하게 고백해 버리고 싶은 충동을 여러 번이나 억누르지 않으면 안 되었다. ─

드디어 그가 아주 깜짝 놀라서 자기의 시계를 보고 급하게 일어났을 때는 한 시간은 좋이 지난 것 같았다.

'그런데 제가 당신을 너무 오래 붙잡고 늘어지고 있었네요, 벨트너 아가씨! 저를 일찌감치 돌려보냈어야 했었어요! 차차 아시게 되겠지만, 당신 곁에 있는 사람에게는, 시간이 참 빨리도 흘러간답니다……'

그는 자신도 의식하지 못하는 가운데에 아주 근사하게 행동하고 있었다. 이미 그는 배우로서의 아가씨를 공적으로 경탄하는 단계를 멀리 뒤로 하고 있었다. 진심으로 표현하는 그의 칭찬의 말들은 본능적으로 점점 더 순전히 개인적인 성격을 띠게 되었다.

'그런데 몇 시지요? 왜 벌써 가시려고요?' 그녀는 우울한 빛을 띤 놀람의 표정으로 물었다. 그 표정은, 설사 그것이 약간 꾸민 놀람이었다 해도, 무대 위에서의 그 어떤 연기보다도 더 생생하고 설득력이 있었다.

'아, 이럴 수가! 제가 당신을 너무 오랫동안 지루하게 해 드렸습니다! 한 시간 내내요!'

'아, 아니에요! 시간이 제게 빨리 지나갔어요!' 그녀는 의심할 바 없이 솔직하게 놀라면서 말했다. '벌써 한 시간이나 지났나요?! 그렇다면 아닌 게 아니라 저 역시 서둘러 저의 새로운 배역을 좀 익혀야 하겠네요 — 오늘 저녁을 위해서 말입니다. 오늘 저녁에 극장에 오시나요? — 총연습 때에도 저는 아무것도 이해를 못했거든요. 연출자가 저를 거의 두들겨 팰 뻔했답니다!'

'제가 그를 죽여도 될 때가 언제일까요?' 그는 엄숙하게 물었다.

'내일보다는 오늘이 더 좋겠어요!' 이렇게 말하면서 그녀는 그와 헤어지기 위해 손을 내밀며 웃었다.

그때 그는 격하고도 열정적으로 그 손 위에 몸을 구부려서 입술을 그 손 위에 누르고 만족할 줄 모르는 긴 키스를 하였다. 그의 마음속에서 사리 분별을 차려야 한다는 경고가 있었음에도 불구하고 그는 그 키스를 그만둘 수 없었고 이 손의 달콤한 향기, 이 지극히 행복한 감정의 도취로부터 떨어질 수 없었다.

그녀는 좀 서둘러 손을 뺐다. 그리고 그가 그녀를 다시 바라보았을 때 그는 그녀의 얼굴에서 어떤 혼란의 표정을 읽었다고 생각했다. 그 표정을 보고 그는 아마도 마음속으로 기뻐할 수도 있었으나, 그는 그 표정을 그녀가 그의 서투른 행동에 대해 화를 낸 것으로 해석하고 순간 수치심에 가득차서 괴로워했다.

'마음속 깊이 감사를 드립니다. 벨트너 아가씨!' 그는 빨리 그리고 전보다 더 격식을 차려서 말했다. '당신이 제게 보여주신 큰 친절에 대해서 감사드립니다.'

'천만에요, 당신을 알게 되어서 정말 기쁩니다.'

'그리고 맞지요? 당신은 간청을 제게서 잘라버리지 않으실 것이지요? 아가씨, 다시 말씀드리면 ― 제가 다시 한번 와도 된다는 간청 말입니다!'

'당연하지요!…… 그러니까…… 틀림없어요, ― 왜 안 되겠어요?' 그녀는 약간 당황했다. 그의 부탁은 이상야릇한 손 키스를 하고 난 다음에 나온 것으로 약간 때 아닌 행동으로 보였다.

'저는 당신과 또다시 이런저런 얘기를 할 수 있다면 매우 기쁘겠습니다.' 그녀는 조용히 친절하게 말을 이어갔다. 그리고 다시 그에게 손을 건넸다.

'정말 감사합니다!'

짧게 고개를 숙여 인사를 하고 그는 밖으로 나왔다. 그녀를 더는 보지 못하게 되자 그는 갑자기 다시 꿈을 꾸고 있는 것만 같았다.

그러나 그는 다시 한번 그녀 손의 온기를 자기 손에서 그리고 자기의 입술에서 느꼈다. 그런 후에 그는 다시 그것이 정말 현실이라는 것을 알게 되었고, 그의 '대담하면서도' 행복한 꿈이 정말 현실이 되었음을 알게 되었다. 그리고 그는 마치 술 취한 듯이 비틀거리며 옆쪽 난간으로 몸을 굽히며 계단을 내려갔다. 그 난간은 그녀가 아주 빈번히 몸을 스치고 지나다녔을 것이었다. 그래서 그는 그 난간에다 위에서부터 아래까지 키스를 퍼부었다, 환희의 키스를.

아래쪽에는, 한길에서 약간 들어서 있는 그 집 앞에는, 마당인지 정원인지 작은 앞뜰이 하나 있었다. 이 뜰의 왼쪽 편에는 작은 라일락 덤불이 있어 이제 막 첫꽃을 활짝 피우고 있었다. 거기서 그는 멈추어 서서 그 서늘한 관목 속에다 자신의 달아오른 얼굴을 파묻었다. 그러고는 자기 심장이 두근두근 뛰는 소리를 들으면서, 오래 오래 그 젊고 부드러운 향기를 들이마셨다.

아아, 그가 얼마나 그녀를 사랑하는가! —

그가 식당에 들어서서 열이 오른 상태로 뢸링과 몇몇 다른 젊은 사람들에게 대강 인사를 건넸을 때, 그들은 이미 조금 전에 식사를 마친 참이었다. 그는 몇 분 동안 아주 조용히 앉아 있었다. 그리고 그는, 거기 그렇게 앉아서 담배를 피우면서 아무것도 모르고 있는 그들을 마치 몰래 놀리기라도 하듯, 득의의 미소를 머금고서, 그들을 차례로 한 사람씩 훑어보았다.

'얘들아!!' 그는 이윽고 탁자 위로 몸을 숙이면서 갑자기 소리쳤다. '너희들 새로운 소식 아니? 내가 행복하단다!!'

'그래?!' 륄링이 아주 의미심장하게 그의 얼굴을 쳐다보았다. 그리고 나서 그는 점잖은 동작으로 탁자 너머로 그에게 손을 내밀었다.

'마음 속 깊이 축하해, 꼬마야.'

'대체 무슨 축하야?'

'무슨 일이야?'

'그렇지, 너희들은 아직 그걸 전혀 모르지. 그러니까 오늘이 이 친구의 생일이야. 생일 파티를 하려는 거야. 이 친구를 좀 봐, ― 완전히 새로 태어난 것 같지 않아?!'

'그래?!'

'놀랍군!'

'축하해!'

'너, 실은 한 턱……'

'물론이지! ― 여기요!' ―

사람들은 그가 생일 한번 멋지게 자축할 줄 아는 친구라는 것을 인정하지 않을 수 없었다. ―

그러고 나서, 동경과 초조에 겨워 간신히 손꼽아 기다린 일주일이 지나자, 그는 다시 그녀를 방문했다. 그녀가 그에게 그 방문을 허락했던 것이다. 첫 방문 때에 그의 마음속에 사랑의 수줍음을 불러일으켰던 그 모든 흥분된 마음의 상태는 이미 사라지고 없었다.

그때, 그리고 그 다음번에도 그는 그녀를 자주 만나서 이야기했다. 그녀는 그것을 언제나 새로이 허락해 주었던 것이다.

그들은 서로 격의 없이 대화를 나누었으며, 그들의 교제는 거의 다정한 친교 관계라 부를 수 있을 정도였다. 그러나 그렇게 부르기 어려운 점이 단 한 가지 있었는데, 그것은 가끔 문득 어떤 당혹감이라 할까, 어떤 난처한 감정이라고나 할까, 그 어떤 막연한 불안감 비슷한 그 무엇이 느껴졌는데, 이 감정이 보통 두 사람한테 동시에 나타나곤 했기 때문이었다. 이런 순간엔 대화가 갑자기 막히고, 몇 초 동안 말 없는 시선 속에서 대화가 끊어지기 일쑤였다. 이렇게 말없이 서로 바라볼 때면 마치 첫 번째의 그 손 키스 때처럼 순간적으로 뻣뻣한 형식에 맞추어 대화를 진행해야 하는 때가 찾아오곤 하였다. ―

공연이 끝나고 몇 번인가 그는 그녀를 집으로 데려다 줄 수 있었다. 그녀 곁에서 이 거리 저 거리를 거닐던 그 봄날의 저녁들은 그에게 얼마나 충만한 행복감을 주었던가! 그러면 그녀는 자기 숙소가 있는 집 현관문 앞에서 그의 수고에 대해 진심으로 감사하다고 말했다. 그는 그녀의 손에 키스를 하고는 마음속에 환호성이라도 지르고 싶은 감사함을 마음속에 지닌 채 귀갓길에 접어드는 것이었다.

이런 저녁 시간들 중 어느 날 저녁에 그는 작별을 하고 나서, 이미 몇 걸음 그녀와 떨어진 곳에서, 다시 한번 몸을 돌려 그녀 쪽을 뒤돌아 본 적이 있었다. 그때 그는 그녀가 여전히 현관문께에 서서 아마도 땅바닥에서 뭔가를 찾고 있는 것 같은 모습을 보았다. ― 하지만 그것을 그는 자기가 재빨리 돌아서는 바람에 그녀가 짐짓 갑작스레 무엇인가 찾는 자세를 취했겠거니 하고 생각했다. ―

'어제 저녁에 나는 너희를 보았어!' 어느 땐가 뢸링이 말했다. '꼬마야, 존경스럽구나. 내가 아는 한 이렇게까지 성공한 사람은 아직 없었어. 넌 영웅이야. 그렇지만 바보인 것은 어쩔 수 없구나. 그녀로서는 너에게 더 많은 호의를 보이기가 어려울 걸세. 세상이 다 알아주는 새침데기 여자거든! 그녀는 너에게 완전히 반했음에 틀림없어! 그런 판에 네가 이제 용기를 내어 새롭게 돌진을 하지 못하다니!'

그는 잠깐 동안 뢸링의 말을 이해하지 못한 채 뢸링을 쳐다보았다. 이윽고 그는 그 의미를 이해하고 나사 말했다. '아, 그 입 다물어!' ―

그러나 그는 몸을 부르르 떨었다.

그러는 동안 봄이 무르익었다. 5월 하순인데 벌써 비 한 방울 오지 않는 더운 날들이 이어지고 있었다. 흐릿하고 숨 막힐 듯한 푸른색을 띤 채로 하늘은 목말라하는 대지를 멀거니 내려다보고 있었다. 그 끈질기고 잔인한 한낮의 더위도 저녁 무렵에는 물러나고 그 대신 탁하고 짓누르는 듯한 무더위가 시작되었는데, 맥빠진 바람기가 약간 있다는 것이 도리어 이 무더위를 더욱더 실감나게 해 주고 있었다.

이러한 날의 어느 늦은 오후에 우리의 착실한 청년은 도시 교외에 있는 언덕 모양의 초지(草地)를 혼자서 배회하고 있었다.

그는 집 안에서는 더 견딜 수 없었던 것이다. 그는 다시 병이 들었다. 그 모든 행운을 얻었기 때문에 그 자신으로서는 이미 오래 전에 극복했다고 믿었던 저 목마른 동경이 다시금 그를 내몰았던 것이다. 이제 그는 다시 그녀를 갈구하면서 신음하지 않을 수 없었다. — 그는 무엇을 더 원했던가! —

그것은 룁링한테서, 그 메피스토 같은 친구한테서 유래된 욕망이었다. 이 메피스토는 보다 호의적이긴 했지만 그 대신 재치가 모자라는 메피스토였다.

> 그런 다음에 [그대 파우스트는] 그 고상한 인식을 —
>
> 내가 그 방법을 말로 해선 안 되지만 – 완성해 갈 것이다······[2]

신음소리를 발하면서 그는 고개를 흔들었다. 그러고 나서 멀리 허공 속의 황혼을 응시했다.

그렇다, 그것은 룃링한테서 유래되었던 것이다! 전적으로 그렇지는 않다 하더라도, 얼굴이 다시 창백해지는 그를 보고 그것을 잔인한 몇 마디로 먼저 꼬집어 말한 사람은 바로 룃링이었으며, 그런 말을 하지 않았더라면 여전히 부드럽고 애매한 우울증의 오리무중 속에 휩싸여 있었을 것을 그 자신에게 적나라하게 제시해 준 것은 바로 그 룃링이 아니었던가! —

그는 피곤하고도 무엇인가를 지향하고 있는 그 걸음걸이로 무더위 속에서 점점 더 멀리 배회하고 있었다.

그는 벌써부터 줄곧 재스민 향내를 감지했지만 정작 재스민 나무 덤불을 찾을 수는 없었다. 정말이지 아직 재스민 꽃이 필 철은 아니었다. 그러나 그는 바깥에 있는 동안에는 도처에서 항상 이 달콤하고 마취적인 내음을 맡았다. —

길이 후미진 한 모퉁이에 드문드문 나무들이 서 있는 방축

---

2 괴테:《파우스트》, 3291 – 3292행. 〈숲과 동굴〉의 장면에서 메피스토가 음탕한 동작을 해 보이면서 그레첸을 향한 파우스트의 숨은 욕정을 촉발시키고 있는 대목.

모양의 비탈에 기댄 벤치 한 개가 있었다. 그는 거기에 앉아서 똑바로 앞을 바라보았다.

그 길의 다른 쪽에는 바로 메마른 풀밭이, 완만히 스쳐 흘러가는 강에 이르기까지, 내리막을 이루고 있었다. 저쪽에는 두 줄의 포플러 사이에 일직선으로 도로가 나 있었다. 거기에는 희미한 보랏빛 지평선을 따라 농부의 마차 한 대가 홀로 힘겹게 느릿느릿 굴러가고 있었다.

그는 앉아서 한 곳을 응시하면서 도대체 아무것도 움직이지 않고 있기 때문에 자신도 움직일 엄두를 내지 못하고 있었다.

그런 중에도 그 후텁지근한 재스민 향내가 끊임없이 풍겨왔다.

그 숨 막힐 것 같은 답답함, 그 미적지근하고 찌는 듯 답답한 정적이 엄청난 갈증과 갈망을 충동질하며 온 세상을 뒤덮고 있었다. 그는 자신을 해방시켜줄 뭔가가 나타나야 한다고, 어디에서든 구원의 손길이 있어야 한다고 느꼈다. 그는 자신의 내면과 자연 속에서 꿈틀거리고 있는 그 모든 갈증을 폭풍우처럼 한 방에 시원히 날려줄 그 어떤 대충족이 와야 한다고 느꼈다.

그러자 그는 다시 그 아가씨를 눈앞에 그려보았다. 그녀는 밝은 빛깔의 고전적 의상을 하고 있었고 가늘고 하얀 팔이 드러나 보였는데, 부드럽고 상큼할 것이 틀림없는 팔이었다. ―

그 순간 그는 반쯤 망설이는 심정으로 어중간하게 결심하고 벌떡 일어나서, 시내로 향하는 길을 점점 더 빨리 걸어갔다. ―

그가 목적지에 도착했음을 어슴푸레 의식하며 멈춰 섰을 때, 그의 가슴은 문득 크게 놀라 두근거리기 시작했다.

어느덧 완연히 저녁이 되어 있었다. 그의 주위의 모든 것이 정적과 어두움 속에 싸여있었다. 아직도 교외와 별 차이가 없는 그곳의 이 시간에는 다만 이따금씩만 사람 하나가 모습을 보이곤 할 따름이었다. 구름 때문에 가볍게 가리워진 숱한 별들 가운데 달이 중천에 떠 있었는데, 거의 보름달이 다 된 모습이었다. 아주 먼 곳에 가스등의 희미한 불빛이 보였다.

그리고 그는 그녀의 집 앞에 서 있게 되었다. ―

아니다, 그는 이리로 오려고 한 것은 아니었다! 하지만 그가 의식하지 못하는 사이에 그의 내면에서 무언가가 이것을 원했던 것이다.

그가 여기 서서 꼼짝도 하지 않고 달을 올려다보고 있는 지금 이 순간에는 아마도 이렇게 찾아온 것이 당연한 것 같기도 했으며, 이곳이 역시 그가 있어야 할 자리인 것 같았다.

― 거기에는 달빛 외에도 어디서부터인가 더 많은 빛이 비쳐지고 있었다. ―

그것은 위쪽에서부터, 4층에서부터, 창문이 하나 열려 있는 그녀의 방에서부터 새어나오는 불빛이었다. 아마도 그녀는 극장에서 일하고 있는 중은 아닌 듯했다. 그러니까 그녀는 집에 있었고, 아직 잠자리에 들지 않은 것이었다. —

그는 울었다. 울타리에 몸을 기댄 채 울었다. 모든 것이 너무 슬펐다. 세상은 너무나 정적에 싸여있고, 갈증에 빠져 있었으며, 달은 또 너무나 창백해보였다. —

그는 그곳에 머문 그 짧은 시간을 갈망이 풀린 구제의 순간으로, 생기가 되살아난 해방의 순간으로 느꼈기 때문에 오랫동안 울었다. 그러나 다음 순간 그의 두 눈은 그 전보다 더 메마르고, 더 뜨거워졌다.

그리하여 목마르게 죄어드는 감정이 다시금 그의 온몸을 짓누르는 바람에 그는 신음하지 않을 수 없었다. 이 신음이 향하고 있는 곳은 바로 저……

— 굴복해! 굴복하고 말아! —

아니야! 굴복하지 말고, 정신을 차려야지! —

그는 온몸을 쭈욱 뻗었다. 사지의 근육이 팽팽하게 부풀어 올랐다.

그러나 다음 순간 그 어떤 아련하고 미지근한 고통이 그의 기력을 다시금 빼앗아 가 버리는 것이었다.

그래, 차라리 지친 나머지 굴복했다는 게 낫지.

그는 힘없이 대문의 손잡이를 밀쳤다. 그러고는 발을 질질 끄는 걸음으로 천천히 계단을 올라갔다.

하녀가 이 시간에 온 그를 약간 놀란 표정으로 바라보았다. 하지만 그녀는 주인 아가씨가 집에 계신다고 말했다.

하녀는 그의 방문 사실을 더는 주인 아가씨에게 알리지 않았다. 그래서 그는 곧 이어 이르마의 거실 문을 짧게 노크한 후 직접 문을 열었다.

그는 자신의 행동을 전혀 의식하지 못했다. 그가 문 쪽으로 간 것이 아니라, 그는 자기가 가는 대로 그냥 내버려 둔 것이었다. 그에게는 마치 자신이 뭔가 의지할 것을 붙잡고 있다가 힘에 겨워 그것을 놓쳐버린 것 같은 느낌이 들었으며, 그리하여 이제는 그 어떤 내밀한 필연성이 심각하고도 거의 슬픈 몸짓으로 그를 그 문 쪽으로 가도록 명령한 것 같기도 했다. 그는 이 묵묵하고도 강력한 명령에 맞서려는 그 어떤 자주적으로 숙고된 의지가 그의 내면을 단지 애처로운 저항에 빠뜨린 것같이 느꼈다. 굴복이다! — 굴복! 굴복하고 나면, 옳은 일, 필연적인 일이 일어날 테니까. —

노크를 하자 그는 말을 하기 위해 목청을 가다듬는 듯한 나지막한 기침 소리를 들었다. 이윽고 피곤하고 의아하다는 투의 '들어와!'라는 소리가 들려왔다.

그가 거실 안으로 들어섰을 때, 그녀는 방의 뒷벽에 기대어 놓은 소파 구석에서 둥근 탁자 뒤에 반쯤 어두운 조명을 받으며 앉아있었다. 열린 창가에 놓인 작은 사이드 테이블 위의 램프가 천으로 덮인 채 빛을 발하고 있었던 것이다. 그녀는 그를 쳐다보지 않고, 방금 들어온 사람이 하녀라고 믿는 듯이 피곤한 자세를 바꾸지 않았다. 이때 그녀의 한쪽 뺨은 등받이 쿠션에 묻힌 상태였다.

'안녕하신지요, 벨트너 양' 그가 낮은 목소리로 말했다.

그 순간 그녀가 소스라치게 놀라 고개를 들고는 깜짝 놀란 표정으로 한동안 그를 바라보았다.

그녀의 얼굴은 창백했고, 두 눈은 빨개져 있었다. 조용히 몰두해 있는 고통의 표정이 그녀의 입 언저리에 어려 있었다. 그리고 그녀가 마침내 질문을 하게 되었을 때, 무엇이라 형언할 수 없이 연약한 피로의 탄식이 그를 올려다보고 있는 그녀의 시선에 섞여 있었으며, 이윽고 그녀가 말을 하는 음성에도 그 탄식이 섞여 있었다.

'이렇게 늦은 시간에 어인 일이에요?'

그 순간 그의 마음속에서 무엇인가 왈칵 솟구쳐 오르는 것이 있었다. 아직까지 한 번도 제 정신을 잃어본 적이 없었던 그는 아직까지 한번도 이런 감정을 느껴 본 적이 없었다. 그것은 따뜻하고도 진심어린 고통의 감정이었다. 사랑스럽고 쾌활한 행복의 형상을 하고 그의 인생 위에 떠다니던 이 귀여운 두 눈 속에서, 이 귀엽고 귀여운 얼굴에서 괴로워하는 모습을 보게 되자 그는 함께 괴로워하는 감정을 느끼게 된 것이었다. 그랬다, 그때까지 그는 늘 자신에 대한 동정심만 느껴왔다. 그런데 이제 그는 그녀에 대해 아주 깊은, 무한히 헌신적인 동정심을 느낀 것이었다.

그러고 나서도 그는 거기 그냥 서 있기만 하다가, 이윽고 단지 소심하고 조용하게 물었다. 하지만 그의 감정이 진심어린 목소리에 섞여 함께 울리고 있었다.

'왜 우셨나요? 이르마 양?'

그녀는 아무런 말 없이 자기 품안을, 그 안에서 한 손으로 구겨 쥐고 있던 하얀 손수건을 내려다보고 있었다.

그러자 그가 그녀에게로 다가가 그녀 곁에 자리를 잡고 앉아서 그녀의 가늘고 윤기 없이 흰 두 손을 잡았다. 그녀의 양손은 차갑고 촉촉하게 젖어 있었으며, 그는 각 손에 부드럽게 입맞춤을 했다. 그의 가슴 깊은 곳에서 뜨거운 눈물이 솟아나 두 눈에 고이는 가운데 그는 떨리는 목소리로 다시 물었다.

'울고 있었지요? 그렇지요?'

하지만 그녀는 고개를 더욱더 깊이 가슴 위로 떨구었다. 그래서 그녀의 머리카락에서 은은한 향기가 그에게로 풍겨왔다. 그녀의 가슴이, 두려움에 차고 소리 없는 커다란 고통과 싸우고 있는 동안, 그리고 그녀의 여린 손가락들이 그의 손안에서 경련을 일으키고 있는 동안, 그는 그녀의 비단결같이 부드러운 긴 속눈썹에서 두 줄기 눈물이 서서히, 그리고 무겁게 흘러내리는 것을 바라보았다.

그 순간 그는 잔뜩 두려운 마음으로 그녀의 두 손을 자신의 가슴에 갖다 대면서, 절망적인 고통에 찬 나머지 목이 메어 큰 소리로 탄식했다.

'난 당신이 우는 것을 도저히 보고 있을 수가 없어요! 그걸 참고 보아낼 수가 없단 말이오!!'

그러자 그녀가 작고 창백한 얼굴을 들어 그를 쳐다보았다. 그래서 그들은 서로 상대방의 두 눈을 깊이, 깊숙이 영혼에 이르기까지 들여다 볼 수 있게 되었으며, 이 시선 속에서 그들은 서로 좋아하고 있다는 것을 서로에게 알릴 수 있었다. 그러자 환호하며 구원하는, 그리고 절망과 행복을 넘나드는 사랑의 함성이 마지막으로 남은 소심함의 벽을 헐어버리고 말았다. 그리하여 그들의 젊은 두 몸이 갑자기 솟구치는 팽팽한 욕망 속에서 서로 부둥켜안았고, 그들의 떨리는 입술은 서로 맞부딪혔으며, 주변의 온 세상을 가라앉힌 긴 첫 키스 속으로 라일락 향기가 열린 창을 통해 흘러들어왔다. 그 향기는 이제 후끈하고 탐욕스러운 내음을 풍겼다.

그가 그녀의 여리고, 거의 지나칠 만큼 날씬한 몸을 자리에서 들어 올렸고, 그들은 서로 얼마나 사랑하는지를 상대방의 열린 입술에 대고 더듬거리며 말했다.

그리고 사랑에 빠진 그의 수줍음 때문에 지고한 신과 같은 존재였고 그 앞에선 항상 그 자신이 나약하고 서투르며 왜소하게만 느껴졌던 존재인 그녀가 그의 키스 세례로 동요하기 시작했을 때 그는 이상하게도 온몸에 전율이 스침을 느꼈다……

밤중에 한번 그가 잠에서 깨어났다.

그녀의 머리카락에 달빛이 어른거렸고, 그녀의 한 손이 그의 가슴 위에 놓여있었다.

그때 그는 하느님을 우러러보았다. 그러고는 단잠에 빠진 그녀의 두 눈에 키스했으며, 그 순간 그는 지금까지의 그 어느 때보다도 더 착한 청년이었다.

밤새 폭풍우가 쏟아져 내렸다. 대자연은 그 자신의 둔중한 열병으로부터 구제를 받았다. 온 세상이 새로운 기운을 차린 신선한 향기를 들이마시고 있었다.

서늘한 아침 햇살을 받으며 창기병들이 시가지를 뚫고 행진해 갔다. 사람들은 집 문 앞에 서서 좋은 공기를 들이마시며 기뻐하고 있었다.

그리고 그가 온몸에 꿈속처럼 지극히 복된 나른함을 느끼며 다시 젊어진 봄을 뚫고 그의 숙소를 향해 천천히 가고 있었을 때 그는 연푸른 하늘을 향하여 몇천 번이고 자꾸만 환호성을 지르고 싶었다. ─ 오, 너 귀여운 여자여, 귀여운 여자, 귀여운 여자여!!! ─

이윽고 그는 집으로 돌아와 책상 앞에서 그녀의 사진을 앞에 놓고 자기 자신을 돌이켜 보았으며, 자기가 무슨 짓을 했는가, 자기가 그 모든 행운에도 불구하고 소위 말하는 놈팡이나 아닌가 하고 자신의 내심에게 양심적으로 물어보았다. 만약 그가 그런 놈팡이에 불과하다는 대답이 나왔더라면 그는 심한 양심의 가책을 느꼈을 것이었다.

그러나 그것은 선량하고 아름다운 일이었다.

그의 기분은 마치 견진 성사 때와도 같이 명랑한 축제 분위기였다. 그리고 그가 창밖으로 새들이 지저귀는 봄날의 풍경과 온화하게 미소를 머금은 듯한 하늘을 내다보고 있노라니, 그의 기분은 다시금 간밤에 그랬던 것처럼 마치 그가 진지하고도 묵묵한 감사의 심경에 차서 존경하는 하느님의 얼굴을 바라보는 듯했다. 그래서 그의 두 손은 자기도 모르게 합장이 되었으며, 그는 열렬한 애정을 다하여 그녀의 이름을 경건한 아침 기도문으로서 속삭이듯 발음함으로써 그 이름이 바깥의 봄의 계절 속으로 흘러들게 했다. ─

뢸링! 아니, 안 돼! 뢸링이 이걸 알아서는 안 돼. 그는 아주

참 좋은 친구이긴 하지만, 이에 대해서는 틀림없이 평소 버릇대로 또다시 허튼 소리나 해델 것이고, 일을 아주 — 우스꽝스럽게 만들어 버릴 거야. 그렇지만 내가 언젠가 고향 집에 가게 된다면, — 그래, 그러면 나는 전등불이 윙윙거리는 저녁 시간에 어머니에게 이 이야기를 해 드려야지, 이 모든, 모든 내 행운에 대해서 말이다……

그리하여 그는 다시금 그의 그 행운 속으로 빠져들어 갔다.

물론 뢸링은 일주일 후에는 모든 것을 다 알게 되었다.

'야, 이 꼬마 친구야!' 그가 말했다. '너, 내가 멍청인 줄 알아? 난 다 알고 있어. 그 얘기를 좀 더 상세히 내게 말해줬으면 좋겠단 말이야.'

'네가 무슨 말을 하는지, 난 몰라. 네가 무슨 말을 하는지, 설사 내가 안다고 하더라도, 네가 알고 있다는 그 내용에 대해 난 말하고 싶지 않아.' 그가 진지하게 대꾸했다. 이때 그는 자기 말의 문장을 교묘한 복합 구문으로 비비 꼬고, 제법 교훈적인 표정에다 집게손가락으로 강한 제스처까지 써가면서 질문자를 놀려댔다.

'어, 이것 보게! 이 친구가 아주 제대로 재치를 부리는군! 티없는 사파이어 같은 친구야! — 그래, 정말 행복해라, 친구야.'

'그래 난 정말 행복해, 묄링!' 그는 진지하고도 확고하게 말하며, 진심을 담아 친구와 악수를 나누었다.

하지만 묄링에게는 그의 그런 태도가 벌써 다시금 너무 감상적인 것으로 보였다.

'이 친구야!' 하고 묄링이 물었다. '귀여운 이르마가 이제 곧 젊은 아내 역을 하게 되지 않을까? 끈 달린 아줌마 모자가 그녀에게 기막히게 잘 어울릴 거야! — 말이 나왔으니 말인데, 내가 그 집을 허물없이 드나드는 친구가 될 수는 없겠나?'

'묄링, 넌 참 못 말리는 친구야!' —

— 아마도 묄링이 지껄이고 다녔을 것이다. 이 일 때문에 지인들과 그때까지의 자신의 습관으로부터 완전히 멀어져 버리게 된 우리 주인공이고 보니 아마도 이 사건이 오랫동안 비밀로 남아있다는 것 자체가 도대체 불가능한 일이었을 것이다. 얼마 가지 않아서 시내 사람들은 '괴테극장의 벨트너'가 어떤 새파랗게 젊은 대학생과 '관계'를 맺고 있다고 쑥덕거렸으며, 이제 사람들은 '그 여자'의 정숙함에 대해서는 예전에도 이미 한번도 곧이 믿은 적은 없었다고 확언을 해대었다. —

그랬다. 그는 모든 사람들로부터 멀어져 있었다. 그를 둘러싸고 있던 세상은 가라앉아버렸고, 온통 분홍빛의 구름 조각과 바이올린을 켜는 로코코식의 날개 달린 사랑의 동신(童神)들만이 떠돌고 있는 사이에서 그는 그 몇 주일 동안 둥둥 떠다녔다. — 지극히 행복한 가운데, 지복(至福)하게, 지복하게! 시간이 미처 알아차리기도 전에 휙휙 지나가 버리는 동안 그는 다만 항상 그녀의 발치에 누워 고개를 뒤로 젖힌 채 그녀의 입에서 새어나오는 숨결을 마실 수만 있으면 그만이었다. 그 외의 모든 일상생활은 끝이 나고, 완전히 끝장이 나고 이미 지나가 버린 일이 되어 버렸다. 지금은 오직 한 가지밖에 없었는데, 그것은 흔히 여러 책에서 '사랑'이란 진부한 한마디 단어로 표현되어 있는 바로 그것이었다. —

말이 났으니 말인데, 위에서 말한 그녀의 발치에 누운 그의 그 자세는 이 두 젊은이의 관계를 잘 특징지어 주고 있었다. 이와 같은 자세에서 곧 드러난 것은 같은 나이의 남자보다 여자가 한 20년의 온갖 외적, 사회적인 우위를 누리고 있다는 사실이었다. 그녀의 마음에 들고 싶은 본능적인 욕망 속에서 그녀의 비위를 맞추려면 언행을 조심해야 했던 쪽은 항상 그였다. 섹스 장면에서의 완전히 자발적인 헌신은 차치하더라도 두 사람의 단순한 일상적 관계에 있어서도 아무 구애도 받지 않은 채 자유로이 행동할 수 없으며 완전히 거리낌없는 태도를 취하지 못하는 쪽은 그였다. 그가 헌신적인 사랑을 했기 때문이었던 것도 다소간은 사실이지만, 아마도 그것보다는 그가 사회적으로 더 왜소한 자며, 더 약한 자였기 때문에 그는 그녀에게 어린아이처럼 호되게 혼나는 것도 감수했으며, 그런 뒤에는 굴종적으로 애처롭게 용서를 빌어서 그 결과 그는 다시금 머리를 그녀의 무르팍에 갖다 대도 좋게 되었으며, 그녀는 어머니와도 같이 거의 연민 어린 애정을 담아 그의 머리카락을 부드럽게 쓰다듬어 주었던 것이다. 정말이지 그는 그녀의 발치에 누워 그녀를 우러러보았고, 그녀가 원할 때에 오고, 또 원할 때에 갔으며, 그녀의 그 모든 변덕에 모두 다 장단 맞추어 주었는데, 아닌 게 아니라 그녀는 정말 변덕스러웠다.

'이 친구야' 룈링이 말했다. '내 생각에 넌 공처가 같아. 내가 보기에 넌 그런 거칠은 결혼생활을 하기엔 너무 순종적이야!'

'룈링, 자넨 바보야. 자넨 몰라. 자네가 알지 못한단 말이야. 난 그녀를 사랑하거든. 그게 전부야. 나는 그녀를 그냥 그렇고 그렇게 사랑하는 게 아니야. 그녀를 향한 내 사랑으로 말하자면, 나는…… 아, 그건 정말 말로는 도저히 표현이 안 돼……!'

'넌 정말이지 믿을 수 없을 만큼 좋은 녀석이야.' 룈링이 말했다.

'아, 무슨 당찮은 소리를!'

아, 정말 당치도 않은 소리였다! '공처가'라는 둥 '너무 순종적'이라는 둥 이런 어리석은 말을 할 수 있는 사람도 따지고 보면 룈링뿐이었다. 하지만 실제로 어떤지에 대해서는 룈링도 전혀 아무것도 모르고 있었다. 그 자신은 도대체 무엇인가? 도대체 그는 무슨 인간이 이렇단 말인가? 이 관계는 정말이지 아주 간단명료한 것이다. 사실 그는 언제나 그녀의 두 손을 자기의 두 손 안에 잡고 그녀에게 언제나 새로이 다음과 같이 되풀이할 수 있을 따름이었다 ─ '아, 당신이 나를 사랑한다는 것, 당신이 나를 조금이라도 사랑한다는 것, 그것만으로도 나는 당신에게 얼마나 고마운지!'

언젠가 그가 외로이 거리를 거닐던 어느 아름답고 온화했던 저녁에 그는 다시 한번 한 편의 시를 지었는데, 이 시가 그 자신의 마음에 썩 들었다. 그 내용은 대강 다음과 같았다.

붉게 타던 저녁노을이 주위에서 서서히 사그라지고,
이제 하루가 조용히 저문다.
그러면 두 손을 경건하게 모아
하느님을 우러러 보라.

슬픔에 가득찬 그분의 눈이
우리의 행복 위에 머물며,
그 조용한 시선으로 우리에게 말해주려는 것 같지 않은가,
이 행복도 언젠가는 사라지리라는 것을!

언젠가 이 봄이 저물고,

황량한 겨울이 오면,

가혹한 삶의 손아귀 안에서

행복도 길을 잃고 서로 주인을 뒤바꾸리라……

아니야, 네 머리를, 네 귀여운 머리를

그렇게 불안해하며 내 머리에 기대지 마라!

아직 잎을 떨구지 않은 봄이

밝은 햇살 가득 받으며 웃고 있으니!

아니야, 울지 마라! 고통은 멀리서 잠자고 있으니,

오, 오너라, 오, 그대 나의 가슴으로 오라!

아직도 사랑은 하늘을 우러러

감사하다고 환호하고 있으니!

그러나 이 시가 그의 마음에 썩 든 것은 그가 어떤 종말의
가능성을 실제로 진지하게 자기 눈앞에 떠올려 보았기 때문
은 아니었다. 그것은 정말이지 생각만 해도 말도 안 되는 망상
일 터이었다. 정말로 그의 진심에서 우러나온 것은 현재의 행
복에 즐겁게 취해 음조의 서글픈 단조로움이 빠르고 자유로

운 리듬으로 극복되고 있는 마지막 연뿐이었다. 그 밖의 것들은 그저 눈가에 막연한 눈물을 맺게 하는 음악적 분위기에 지나지 않았다.

그러고 나서 그는 다시금 고향의 가족들에게 아무도 이해할 수 없는 편지를 썼다. 사실 편지에는 아무 내용도 없었다. 그 대신 그 편지들에는 극도로 흥분된 구두점들이 찍혀 있었는데, 특히 겉보기에는 도대체 왜 찍혀 있는지 전혀 그 이유를 알 수 없는 느낌표들로 가득차 있었다. 하지만 어쨌든 그는 자신이 느끼는 그 모든 행복을 전달하고 또 털어놓지 않으면 안 되었지만, 그런데도 곰곰이 생각해 볼 때 이 일에 대해서 아주 다 털어놓을 수는 없었기 때문에 바로 이렇게 여러 가지 의미를 함축한 느낌표 남발 정도에 머무를 수밖에 없었다. 박식한 그의 아버지조차도 '저는 한—없이 행복해요!'라는 정도 이상으로는 이 상형문자들을 해석할 수 없을 것이라는 생각에 그는 가끔 슬며시 행복에 넘쳐 홀로 회심의 미소를 짓곤 했다.

그 사랑스럽고 어리석고, 귀엽고, 깨가 쏟아지는 행복 속에서도 시간은 흘러 7월 중순이 되었다. 그래서 이 이야기도 자칫 지루해질 판이었는데, 마침 재미있고 흥미로운 어느 아침이 찾아왔다.

사실 그날 아침은 놀랄 만큼 아름다웠다. 아직 꽤 이른 시간이었던 9시 경이었다. 햇볕은 단지 기분 좋을 정도로 피부를 어루만져 주고 있었다. 공기도 매우 좋은 내음을 풍기고 있었는데, 그는 이 공기가 바로 그 경이로운 첫날밤을 새우고 난 이튿날의 그 아침 공기와 꼭 같음을 알아차렸다.

그는 매우 만족스러워하며 지팡이를 짚고 눈처럼 하얀 보도 위를 경쾌하게 걸어갔다. 그는 그녀한테로 가려는 것이었다.

그녀는 그가 오리라는 생각은 전혀 하지 못할 것이지만, 바로 그 점이 더욱 그의 마음에 들었다. 이날 아침에 그는 강의를 들으러 가려했었다. 하지만 그 계획은 물론 실행에 옮겨지지 못했다 — 오늘 같은 날에 하필이면! 이 좋은 날씨에 강의실에 앉아 있어야 하는가? 비가 왔더라면 — 그는 틀림없이 계획대로 했을 것이다. 그러나 사정이 이렇고 이처럼 화창하고 부드럽게 웃고 있는 날씨에는…… 그녀에게로! 그녀에게로 가는 것이다! 이와 같은 그의 결심은 그로 하여금 최상의 즐거운 기분이 되게 만들었다. 호이 슈트라세를 내려가는 동안 그는 '농부의 기사도'[3]에 나오는 술자리 노래의 힘찬 리듬을 휘파람으로 불어 젖히고 있었다.

---

3 마스카니(Pietro Mascagni, 1863~1945)의 단막 오페라 〈카발레리아 루스티카나(Cavalleria rusticana, 1890)〉.

그녀의 집 앞에 멈춰 서서 그는 한동안 라일락 향기를 들이마셨다. 이 관목과 더불어 그는 점점 더 내밀한 우정을 맺어오고 있었다. 이곳에 올 때면 그는 항상 그 나무 앞에 멈춰 서서 지극히 정다운 잠시 동안의 말없는 대화를 나누었다. 그러면 그 라일락 나무도 나지막하고 부드러운 약속의 언어로 그에게 다시금 그를 기다리고 있는 그 모든 달콤한 사연들에 대해서 이야기해 주곤 했다. 사람들이 그 누구에게도 도저히 전달할 수 없을 만큼 큰, 그런 어떤 행복이나 고통에 직면하게 되면, 흔히 자기의 이 감정 과잉을 주체하지 못하여 위대하고 과묵한 자연에게로 다가가게 되고, 또 이렇게 되면 자연은 정말 아닌 게 아니라 이따금 마침 이런 일에 대하여 무엇인가를 이해해 주는 듯한 기색을 보이는 법인데, 그가 그 라일락 나무를 바라보는 것도 이러한 관계와 흡사하였다. 사실 그는 이 나무를 오래 전부터 이 일에 관련된 그 무엇으로서, 그 자신과 똑같이 느껴주고 서로 모든 것을 털어놓을 수 있는 그 무엇으로서 바라보아 왔으며, 그 자신의 끊임없는 서정적 감격성 탓으로 그것에다가 자신의 이야기의 한 장면에 단순히 부수적으로 등장하는 일종의 엑스트라 이상의 의미를 부여하고 있었다.

그 부드럽고 사랑스러운 향기로부터 충분한 이야기와 약속을 듣고 난 후에 그는 위로 올라갔다. 지팡이를 복도에 세워

놓은 다음, 양손은 즐거움에 넘쳐 그의 밝은 여름 양복의 바지 주머니에 찔러넣고, 둥근 모자는 그녀가 제일 좋아하는 대로 고개 뒤로 젖혀쓴 채, 그는 노크도 하지 않고 거실로 들어섰다.

'안녕, 이르마! 아하, 당신은 아마도……' — '뜻밖의 방문에 놀랐겠지?' 하고 그는 계속 말하려고 했으나, 놀란 것은 오히려 그 자신이었다. 방에 들어서면서 그는 그녀가 마치 급하게 무언가를 가져오기라도 하려는 것처럼 황급히 식탁에서 일어서는 것을 보았다. 그녀는 거기 그대로 서서 놀랍도록 크게 뜬 눈으로 그를 바라보면서 어쩔 줄 몰라 냅킨을 입에 가져다 댈 뿐이었다. 식탁 위에는 커피와 과자가 차려져 있었다. 식탁의 다른 쪽에는 눈처럼 흰 카이저수염을 하고 옷을 아주 잘 차려입은 점잖은 한 노신사가 앉아서 음식을 씹고 있다가 대단히 놀라면서 그를 쳐다보았다.

그는 재빨리 모자를 벗고는 당황한 나머지 그것을 두 손으로 잡고 빙빙 돌렸다.

'아, 미안해요' 그가 말했다. '당신한테 손님이 계실 줄은 몰랐어.' 이 '당신'이라는 말을 듣자 그 노신사는 씹는 동작을 멈추고 그때서야 그 젊은 아가씨의 얼굴을 바라봤다.

그녀가 얼굴이 하얗게 질려 아직도 여전히 장승처럼 거기 그렇게 서 있자 그 선량한 청년은 이루 말할 수 없이 놀랐다.

그러나 그 노신사야말로 훨씬 더 참혹하게, 마치 시체처럼 보였다. 그리고 몇 오라기 남지 않은 머리카락은 아직 빗질도 채 하지 않은 듯했다. 대체 이 사람이 누구란 말인가? 그는 황급히 이 의문을 풀려고 애를 썼다. 그녀의 친척인가? 그러나 그녀는 지금까지 그에게 그런 친척에 관해선 일언반구의 언급도 한 적이 없었는데? 자, 어쨌든 그는 이제 불청객이 되었으니 이 얼마나 통탄할 일인가! 그는 그렇게도 기뻐했더랬는데! 이제 그는 다시 돌아갈 수밖에! 그것은 지긋지긋한 순간이었다. 그 누구도 입을 열지 않고 있으니 말이다. ― 그러나 저러나 이제 그녀를 어떻게 대해야 하지?

'어째서?' 갑자기 그 노신사가 말했다. 그리고 그 역시 이 수수께끼 같은 질문에 대하여 아직도 대답을 기대한다는 듯이, 움푹 들어간 작고 빛나는 회색 눈으로 자기 주위를 휘이 둘러보았다. 아닌 게 아니라 그는 약간 정신이 나간 듯 보였다. 그가 짓는 표정은 멍청하기 짝이 없었다. 아랫입술은 힘없이, 그리고 어리석게 축 늘어져 있었다.

그때 우리의 주인공의 머리에는 갑자기 자기 자신을 소개해야겠다는 생각이 떠올랐다. 그는 대단히 예의 바르게 자기를 소개했다.

'제 이름은 ……입니다. 저는 다만…… 방문하고자 했을 따름입니다……'

'대체 그게 나와 무슨 상관이란 말이오?' 그 점잖은 노신사가 갑자기 큰 소리로 호통을 쳤다. '대체 뭘 원하는 거요?!'

'용서하십시오, 저는……'

'아, 무슨 소리야! 어서 계속 말해보시오. 당신은 이 자리에서 전혀 필요하지 않은 존재란 말이오. 안 그래, 자기?' 말을 하면서 그는 상냥하게 이르마를 쳐다보며 눈을 가늘게 깜빡여 보였다.

그러나 이렇게 되고 보니 우리의 주인공은 사실 무슨 '영웅' 같은 주인공이라 할 수는 없어도 ― 그 온갖 환멸이 그에게 그 좋았던 기분을 싹 가시게 한 것은 도외시한다 치더라도 ― 그 노신사의 말투가 너무나도 심하게 모욕적이었기 때문에, 그는 곧바로 태도를 바꾸고 나섰다.

'실례지만, 노인장!' 그는 조용하지만 결연하게 말했다. '저는 노인장께서 무슨 권리로 제게 그런 투로 말씀을 하시는지 정말 이해가 가지 않습니다. 더구나 저로 말하자면 이 방에 머무를 수 있는 권리를 최소한 노인장만큼은 지니고 있는 사람이라고 생각되는 터입니다.'

그 말은 그 노신사에게는 너무 심한 충격이었다. 그 노인은 그런 일에 익숙하지 못했다. 감정의 격한 동요로 인해 아랫입술이 이리저리 실룩거렸다. 노신사는 냅킨으로 자신의 무릎을 세 번 툭툭 치면서, 자신의 빈약한 발음 수단을 총동원하여 다음과 같은 몇 마디 말을 뱉어내었다.

'네 이 멍청한 젊은 놈! 이 멍청하고 또 멍청한 젊은 놈!'

이렇게 불리워진 청년은 방금 전의 응답 때까지도 아직 분노를 조용히 가라앉히며 이 노신사가 이르마의 친척일 수도 있다는 가능성을 생각했었으나, 이제는 그의 인내심도 한계선을 넘어서게 되었다. 젊은 아가씨에 대한 자신의 지위에 관한 의식이 그의 내부에서 자랑스럽게 샘솟아 올랐다. 그 노인이 누구든지 이제 그에게는 아무래도 좋았다. 극도로 무례한 모욕을 당했으므로 자기의 '가장권(家長權)'을 적절하게 행사하는 것 같은 기분을 느끼면서 그는 문을 향해 살짝 돌아서면서 분노가 서린 강력한 어조로 그 점잖은 노신사에게 당장 나가줄 것을 요구했다.

그 노신사는 잠깐 동안 할 말을 잃었다. 이윽고 그는 정신없이 방 안 이곳저곳으로 눈을 돌리며 웃는 건지 우는 건지 모르게 웅얼거렸다.

'아, 아니 어떻게…… 아니, 차마 이럴 수가…… 아이구, 이럴 수가! 이에 대해 당신은 대체 무슨 말을 할지 모르겠네?!' 이렇게 말하면서 그는 구원을 청하듯 이르마 쪽의 허공을 올려다보았다. 그러나 그녀는 벌써부터 등을 돌리고 서 있었으며 한마디 말도 하지 않았다.

그녀로부터 어떠한 지원도 바랄 수 없다는 것을 알아차렸을 때, 게다가 자신의 연적이 문을 가리키며 나가라는 동작을 위협적으로 조급하게 반복하는 것을 알아차리지 못하지는 않았기 때문에, 그 불행한 노신사는 자신이 그 싸움에서 진 것으로 치고 말았다.

'내가 가지' 그는 일종의 품격 있는 체념을 하면서 말했다. '즉시 가겠어. 그러나 우리들은 서로 두고 봐야 할 거야, 이 고얀 놈 같으니라구!'

'그럼요, 우리 두고 봅시다!' 우리의 주인공이 소리쳤다. '틀림없이 두고 봐야지요! 제 머리에다 대고 그런 험한 욕설을 퍼붓고도 무사할 걸로 생각하시는가요? 어쨌든, 일단 나가십시오!'

부들부들 떨면서 그리고 또 신음 소리를 내면서 그 노신사는 의자에서 일어나려고 애를 썼다. 바싹 마른 다리를 감싸고 있던 넓은 바짓가랑이가 부들부들 떨렸다. 노신사는 허리춤을 움켜잡았다. 하지만 그는 하마터면 그 자리에 도로 주저앉을 뻔했다. 그 때문에 노신사는 감상적인 기분에 빠지게 되었다.

'이 가엾은 늙은 몸이!' 그는 비틀거리며 문 쪽으로 가면서 흐느꼈다. '가엾고도 가엾은 늙은이구나! 이 무례한 젊은 놈!…… 오! — 어! —' 노인의 내면에는 다시금 젊잖은 분노가 솟구쳤다 — '하지만 우리는…… 두고 봐야지! 두고 보자!

두고 보자구!'

'두고 봅시다!' 노인의 잔인한 학대자는 복도 위에서 이제는 벌써 재미있다는 듯 말했다. 그러는 동안 노신사는 떨리는 손으로 그의 실린더 모자를 머리에 쓰고 두툼한 외투를 한 팔 위에 걸친 채 불안한 걸음으로 계단이 있는 데에 이르렀다. '나중에 보시지요 ─' 그 선량한 청년은, 노인의 처참한 모습이 그에게 점차 연민의 정을 자아냈기 때문에, 완전히 부드러운 어조로 되풀이해서 말했다. '원하신다면 언제든지 뵙도록 하겠습니다' 그는 정중하게 말을 계속했다. '하지만 저에 대한 노인장의 태도를 생각해 보시면 노인장께서도 제 태도를 놀랍게만 생각하실 수도 없을 것입니다.' 그는 정식으로 몸을 숙여 인사를 했다. 그리고는 아래에서 계속 신음하며 마차를 잡으려고 애쓰는 노인의 소리를 들으면서 그를 그대로 내버려두었다. ─

이제야 비로소 그의 머릿속에는 그 사람, 그 정신 나간 노신사가 대체 누구일까 하는 생각이 다시금 떠올랐다. 결국 그녀의 친척이란 게 사실일까? 아저씨 아니면 할아버지, 혹은 그 비슷한 사이? 맙소사, 그렇다면 그를 너무 심하게 대한 것이 아닐까. 그 노인은 아마도 천성이 그런 사람일 거야! ─ 하지만 만약 그렇다면 그녀가 뭔가 알아차리게 해 주었을 텐데! 그런데 그녀는 이 모든 일에 전혀 개의치 않는 듯한 태도를 취하지 않았던가! 지금에야 비로소 그 사실이 그의 머리에 떠올랐다. 이제까지는 그의 모든 주의력이 그 파렴치한 노인에게 쏠려 있었다. — 그럼 그 노인이 대체 누구란 말인가! 그는 정말 불쾌한 기분이 되었으며 자기가 교양 없이 굴었을 수도 있다는 생각 때문에 잠시 그녀가 있는 방으로 들어가기를 망설였다.

이윽고 그가 다시 방에 들어가 자기 뒤로 방문을 닫았을 때, 이르마는 소파 구석에 옆으로 앉아서 그녀의 모시 손수건의 한쪽 귀를 이로 물고 있었다. 그러면서 그녀는 그를 한 번도 돌아보지 않은 채 똑바로 허공을 응시하고 있었다.

그는 전혀 어찌할 바를 모르고 잠시 그대로 서 있었다. 그러다가 두 손을 앞으로 깍지 낀 채 어쩔 줄 모른 나머지 거의 울부짖다시피 말했다.

'자, 내게 말해줘요, 그가 대체 누군지, 세상에!!'

그녀는 꼼짝도 하지 않았고 한마디 말도 없었다.

그의 마음은 갈팡질팡이었다. 그의 마음속에서 어떤 막연한 공포가 치솟아 올랐다. 이윽고 그는 모든 것이 그냥 우스꽝스러운 일일 뿐이라며 애써 스스로를 달래면서, 그녀 옆에 나란히 앉아 마치 아버지와도 같이 그녀의 손을 잡았다.

'그래, 이르마, 이제 좀 진정해요. 당신 내게 화를 낼 수는 없겠지? 그가 먼저 시작했잖아요 — 그 노신사가. — 대체 그

가 누구였어요?'

묵묵부답이었다.

그는 일어서서 어찌할 바를 모른 채 한두 걸음 그녀로부터 물러섰다.

그녀의 침실로 통하는 소파 옆의 문은 반쯤 열려 있었다. 갑자기 그는 그 안으로 들어갔다. 젖혀진 침대 머리맡에 놓인 야간용 탁자 위에서 그는 뭔가 눈에 띄는 것을 발견했던 것이다. 다시 거실로 들어섰을 때 그는 두서너 장의 파란색 쪽지를 손에 쥐고 있었는데, 그것은 지폐였다.

그는 한순간 뭔가 다른 얘깃거리를 갖게 된 것이 기뻤다. 그는 지폐를 그녀 앞 탁자에 내려놓으며 말했다.

'이걸 잘 간수하는 것이 좋겠어. 저 위에 놓여 있더군.'

그러나 갑자기 그는 밀랍처럼 창백해졌고 두 눈은 휘둥그레지고 두 입술은 떨면서 서로 벌어졌다.

그가 지폐를 가지고 들어왔을 때 그녀는 그를 향해 두 눈을 크게 떴었는데, 이때 그는 그녀의 두 눈을 '보았던' 것이었다.

그의 내부에서 그 어떤 혐오감이 딱딱한 회색의 손가락들처럼 솟구쳐 올라와 그의 목구멍 안쪽을 콱 막는 것 같았다.

그 가엾은 청년이 두 손을 허공에 뻗치고, 마치 자기 장난감이 바닥에 박살이 나 있는 것을 본 아이의 처절한 어조로 '아, 아니야!⋯⋯ 아, ─ 아 아니야!'라고만 계속 외쳐대는 모습은 사실 보기 딱했다.

그런 다음에 그는 몰아닥치는 두려움 속에서, 마치 그녀를 자기 쪽으로 구해내고 자신을 그녀 쪽으로 구해내기라도 하려는 듯이, 그녀에게로 다가가 혼란스러운 동작으로 와락 그녀의 손을 꼭 잡았다. 그리고는 절망감에 싸여 애원하는 목소리로 말했다.

'제발 아니라고⋯⋯! 제발 — 제발 아니라고 말해 줘!! 당신은 정말 몰라 — 내가 얼마나 당신을⋯⋯ 내가 얼마나⋯⋯ 아니야!! 제발 아니라고 말해 줘!!!'

그리고 다시 그는 그녀로부터 물러나 큰소리로 탄식하며 창가에서 무릎을 꿇고 털썩 앉았다. 그리고는 머리를 벽에 심하게 부딪혔다.

아가씨는 완강한 몸짓을 하며 소파 구석으로 더 깊숙이 몸을 파묻었다.

'결국 난 연극을 해야 하는 배우예요. 난 당신이 무슨 허튼 소리를 하는 건지 모르겠어요. 이런 짓은 모든 여배우들이 다하는 것이라고요. 성녀인 체하는 데엔 난 신물이 났어요. 그래 봤자 결국 어떻게 되는지 난 다 보아 왔어요. 그렇게는 살 수 없어요. 우리 같은 사람들에겐 불가능한 일이에요. 그런 고상한 처신이라면 우린 '돈 많은' 사람들한테나 맡겨버려야 해요. 우리로서는 우리 형편에 무슨 일부터 시작할 수 있는지 살

퍼보지 않을 수 없어요. 화장도 해야 하고 또 다른 것도, 모든 것을 감당해야 하지요.' 결국 그녀는 픽 하고 웃음을 터뜨리며 내뱉었다. '내가 어차피 그렇고 그렇다는 건…… 모두가 알고 있었어요……!'

그때 그는 그녀에게 와락 달려들어 광적이고 잔인한 가학적 키스를 온몸에 퍼부어댔다. '오, 당신…… 당신은……!!' 하고 더듬거리는 그의 말 속에서는 그의 모든 사랑이 가공할 반감에 대항해서 절망적인 투쟁을 벌이고 있는 것 같았다.

그때부터 그에게는 이제 사랑은 증오 속에서 존재하고 육욕도 거친 복수 속에서 존재하게 되었는데, 이것을 그는 아마도 이 키스로부터 이미 배웠던 것일까? 또는 그렇지 않다면, 그 일이 있고 난 뒤에 또 다른 비슷한 일이 더 일어났던 것일까? 이 의문에 대해서는 그 자신도 답을 잘 몰랐다. ―

그런 다음 그는 아래쪽의 집 앞에, 부드럽게 미소 짓는 듯한 하늘 아래, 그 라일락 덤불 앞에 서게 되었다.

꼼짝도 하지 않은 채 그는 두 팔을 몸에 붙여 늘어뜨리고 오랫동안 목석처럼 거기 서 있었다. 그러나 불현듯 그는 그 라일락에서 피어나는 달콤한 사랑의 숨결이 그토록 부드럽게, 그토록 순수하고 사랑스럽게 다시금 그에게 와 닿는 것을 느꼈다.

그 순간 그는 비통과 분노에서 나온 성급한 동작으로 미소 짓는 하늘을 향해 주먹을 휘둘렀으며, 그 거짓에 찬 향기 속을, 그 향내 나는 곳의 한가운데를 잔인하게 움켜잡았다. 그 바람에 라일락 가지가 뚝 꺾어지고 으스러졌으며 부드러운 꽃잎들이 흩날렸다. —

그런 뒤에 그는 자기 방 책상 앞에, 말없이 그리고 힘없이 앉아있게 되었다.

바깥에서는 다정한 여름의 한낮이 청명한 위엄을 떨치고 있었다.

그리고 그는 그녀의 사진을 응시하고 있었다. 그녀는 여전히 거기에 서 있었다, 예전처럼 그토록 귀엽고 순수한 모습을 하고서……

그의 방 위층에서는 구르는 듯한 피아노 음악의 소절에 맞춰 첼로 소리가 매우 진기하게 비탄조로 흘렀다. 너무나 깊고 부드러운 음조가 솟아나와 그의 영혼을 맴돌 때, 부드러우면서도 우수에 젖은 두세 소절의 느슨한 곡조가, 오래전에 잊혀진 잔잔한 옛 고통처럼, 그의 마음속으로부터 떠오르는 것이었다……

…… 언젠가 이 봄이 저물고,

황량한 겨울이 오면,

가혹한 삶의 손아귀 안에서

행복도 길을 잃고 서로 주인을 뒤바꾸리라……

그래서 그 어리석은 녀석이 실컷 울 수 있게끔, 이것이 내가 맺을 수 있는 가장 유화적인 결론이야."—

우리들이 앉아있던 구석방에는 한동안 완전한 침묵이 감돌았다. 내 옆에 앉은 두 친구 역시, 박사의 이야기가 내 안에 일깨워 놓은 그 우울한 기분을 느끼지 않을 수 없었던 듯했다.

"끝난 거야?" 마침내 키작은 마이젠베르크가 물었다.

"다행히도!" 젤텐은, 내가 보기엔 좀 꾸며낸 듯한 냉정함을 보이면서, 말했다. 그러고는 일어서서 맨 뒤 가장 구석진 곳의 작은 목각 선반 위에 놓여있는, 신선한 라일락이 꽂혀있는 화병 쪽으로 다가갔다.

이제야 갑자기 나는 그의 이야기가 내게 준 기이하게도 강렬한 인상이 어디에서 온 것인지를 알게 되었다. 바로 그 라일락 때문이었다. 이 라일락 향기야 말로 이 이야기 속에서 아주 의미심장한 역할을 했고, 이 이야기 전체를 지배하고 있었던 것이다. 박사로 하여금 이 사건을 이야기하게 만든 동기가 된 것도 의심할 나위 없이 이 라일락 향기였으며, 내게 바로 암시적 작용을 한 것도 이 라일락 향기임에 틀림없었다.

"감동적이군" 마이젠베르크가 말하더니, 한숨을 깊게 내

쉬며 궐련 한 개비에 새로이 불을 붙였다. "정말 감동적인 이야기야. 그런데도 엄청나게 단순하군!"

"맞아" 내가 맞장구를 쳤다. "바로 이 단순함이 이 이야기의 진실성을 말해주고 있어."

박사는 얼굴을 한층 더 라일락 가까이에 대면서 짧게 웃음을 터뜨렸다.

금발의 젊은 이상주의자는 여태까지 한마디도 하지 않고 있었다. 그는 자신이 앉아있는 흔들의자를 계속 흔들거리도록 하면서 아직도 여전히 후식용 사탕을 먹고 있었다.

"라우베가 엄청나게 감동을 받은 것 같구먼!" 마이젠베르크가 말했다.

"분명 이야기가 감동적이기는 해!" 라우베는 의자 흔들기를 멈추고 몸을 일으키며 흥분해서 대답했다. "하지만 젤텐은 내 주장을 반박하려는 의도였어. 나는 그 반박이 성공한 점이라곤 전혀 찾지 못했어. 이 이야기를 보더라도, 그 여자를 비난할 수 있는 도덕적 정당성이 어디 있느냐 하는 것이지……."

"아, 자네의 그 진부한 상투어들은 그만 두게!" 박사가 목소리에 설명하기 힘든 흥분기를 띠고 거칠게 그의 말을 가로막았다. "아직도 나를 이해하지 못했다면 자넨 딱한 사람일세. 한 여자가 오늘은 사랑하기 때문에 넘어간다면, 내일은 돈 때문에 타락하지. 그걸 자네에게 이야기해주려 한 걸세. 그 이상 아무것도 아니야. 자네가 그토록 외쳐댄 도덕적 정당성도 아마도 거기에 포함되어 있을 걸!"

"그런데 말해 보게나" 갑자기 마이젠베르크가 물었다. "그 이야기 실화 아냐? — 대체 자네는 어떻게 이야기 전부를 그토록 세부적 사항까지 낱낱이 다 알고 있나? 그리고 자네가 그 이야기 때문에 대체 왜 그렇게 흥분하는 건가?!"

박사는 한순간 말이 없었다. 그런 다음 갑자기 그의 오른손을 거의 경련과도 같이 짧고 거칠게 홱 움직여, 자신이 여태껏 오랫동안 깊숙이 그 향기를 들이마시던 라일락 꽃 한가운데를 움켜잡는 것이었다.

"말이 났으니 할 수 없네만, 실은……" 그가 말했다. "그 '선량한 녀석'이 바로 나였거든! — 그렇지 않다면 이 이야기에 내가 대체 무슨 관심이 있겠나! —" —

사실이었다 — 이렇게 말하는 그의 태도며, 침통하고도 서글픈 잔인함으로 라일락을 움켜잡는 그의 모습이며 모두 바로 그때 그대로였다. — 그런데, 그에게서 그 '선량한 녀석'의 흔적이라고는 더는 전혀 찾아볼 수 없는 것 또한 사실이었다.

행복을 향한 의지

늙은 호프만은 남아메리카에서 농장주로서 돈을 벌었다. 거기서 그는 좋은 가문 출신의 토착민 여성과 결혼하였고 곧이어 그녀와 함께 자신의 고향인 북독일로 이주했다. 그들은 내 고향 도시에서 살았는데 그의 다른 가족 역시 거기에서 자리를 잡고 살고 있었다. 파올로는 거기서 태어났다.

파올로의 부모에 대해 나는 이 외에 더 자세히 아는 바가 없었다. 어쨌든 파올로는 그의 어머니를 꼭 닮았다. 내가 그를 처음 봤을 때, 말하자면 우리의 아버지들이 처음으로 우리를 학교에 데려왔을 때, 그는 누리끼리한 얼굴을 한 마른 사내아이였다. 지금도 그의 모습이 내 눈에 선하다. 당시 그는 길게 곱슬거리는 검은 머리를 하고 있었는데, 머리카락은 입고 있던 선원복 칼라에 흩어져 내려 닿아 그의 긴 얼굴을 감싸고 있었다.

우리 둘 다 집에서 부족한 것 없이 매우 잘 지냈기 때문에, 새로운 환경, 삭막한 교실, 특히 우리에게 Abc를 가르치려고 하는 붉은 수염의 좀스러운 교사에게 전혀 마음을 붙일 수 없었다. 아버지가 떠나려 할 때 나는 울면서 그의 윗옷을 꼭 붙잡았던 반면, 파올로는 모든 것을 받아들이는 듯한 태도를 취했다. 그는 꼼짝도 하지 않고 벽에 몸을 기대고 가는 입술을 꽉 깨물며 눈물 가득한 커다란 눈으로, 희망에 부풀어 있는 다른 아이들을 바라보았다. 그들은 서로 몸을 옆으로 부딪쳐 밀어내면서 냉담하게 희죽거리고 있었다.

이런 식으로 애벌레들의 무리에 에워싸인 채 우리는 처음부터 서로 끌리는 듯한 느낌이었으며, 붉은 수염의 그 교사가 우리를 나란히 앉혀 놓았을 때 우리는 기뻐하였다. 그 후로 우리는 서로 마음이 통했으며 우리가 왜 공부를 해야 하는지에 대한 이유를 함께 찾고 날마다 도시락을 바꿔 먹었다.

말이 나왔으니 말인데 내가 기억하는 한, 그는 그 당시 이미 몸이 좋지 않았다. 때때로 오랫동안 학교를 결석했으며, 그가 다시 나타났을 때는 관자놀이와 뺨에 바로 부드러운 갈색 피부의 사람들에게서 흔히 볼 수 있는 창백하고 푸른 핏줄이 평상시보다 훨씬 더 뚜렷하게 두드러져 있었다. 그는 항상 그

푸른 핏줄을 지니고 있었다. 우리가 뮌헨에서 다시 만났을 때, 그 후 로마에서 또 만났을 때, 맨 처음 내 눈에 띈 것도 그 푸른 핏줄이었다.

학창 시절 내내 우리의 우정은 처음 생겼을 때와 비슷한 이유에서 계속 유지되었다. 그것은 대부분의 동급생들에 대한 '거리두기의 파토스'[4]로서, 15살의 나이로 하이네를 몰래 읽고 김나지움 4학년생으로서 세상과 인간에 대한 판단을 단호하게 내릴 줄 아는 학생이라면 다 아는 것이었다.

16살 때의 일이라고 생각되는데, 이때도 우리는 댄스 교습 시간을 함께 보냈고 그런 까닭에 첫사랑의 경험도 같이 했다.

그를 매혹시킨 작은 소녀, 금발 머리를 한 쾌활한 성품의 그 여학생을 그는 우울한 열정으로 숭배하였는데, 그러한 열정은 그의 나이에는 너무 독특한 것이어서 때때로 나에게는 매우 섬뜩하게 생각되었다.

특히 어느 댄스파티가 기억난다. 그 소녀는 다른 한 학생에게는 연달아 두 번의 춤 상대가 되어주었지만 그의 상대는 한 번도 되어주지 않았다. 나는 불안에 싸여 그를 지켜보고 있

---

4 '거리두기의 파토스'는 프리드리히 니체의 후기 글들에 나오는 모티프로서, 이것은 귀족적 인간이 자신의 가치를 창조하고 표현하려는 입장을 취하는 태도이다.

었다. 그는 벽에 기대어 내 옆에 서 있었는데 미동도 없이 자신의 에나멜 구두만 물끄러미 내려다보다가 갑자기 정신을 잃고 풀썩 주저앉았다. 사람들은 그를 집으로 데려갔고, 그는 여드레를 아파 누워 있었다. 그의 심장이 그리 건강하지 않았다는 것이 밝혀진 것은 바로 그때였던 것 같다.

이 일이 있기 전부터 그는 이미 그림을 그리기 시작해 뛰어난 재능을 발전시켜갔다. 나는 데생 연필로 그 소녀의 모습을 너무나 비슷하게 옮겨 그린 그림 한 장을 간직하고 있는데, 거기에는 '너는 한 송이 꽃!⁵ 파올로 호프만 작'이라는 사인이 들어 있다.

그때가 언제였는지 정확히 모르겠는데, 어쨌든 그의 부모님이 그 도시를 떠나 그의 아버지의 연고가 있던 칼스루에에 정착하게 되었을 때 우리는 이미 상급반 학생이었다. 파올로는 학교를 바꾸면 안 된다고 해서 어떤 노 교수의 집에서 묵게 되었다

그러나 그 상황도 그리 오래 지속되지 않았다. 아마도 뒤이은 사건이 파올로가 어느날 부모님을 따라 칼스루에로 가게 된 직접적인 동기가 된 것은 아니었을지 모르지만, 어찌되었건 거기에 일조한 것은 사실이다.

───────

5 '너는 한 송이 꽃!'(Du bist wie eine Blume!)은 하이네의 유명한 시의 첫 구절임.

말하자면, 종교 시간에 담당 교사가 갑자기 그를 꼼짝 못하게 쏘아보며 성큼성큼 다가와서는 파올로 앞에 놓인 구약성서 밑에서 종이 한 장을 끄집어내었는데, 거기에는 왼쪽 발까지 완성된 매우 여자답게 생긴 여성이 아무런 수치심도 느끼지 않은 채 자신의 몸매를 보여주고 있었다.

　어쨌든 파올로는 칼스루에로 갔다. 그리고 우리는 가끔 우편엽서를 주고받다가 점차로 뜸해져 나중에는 연락이 완전히 끊기고 말았다.

　내가 뮌헨에서 그를 다시 만난 것은 우리가 헤어지고 나서 대략 5년 정도 지났을 때였다. 화창한 어느 봄날 오전에 나는 아말리엔 가(街)를 걸어 내려가다가 누군가 대학의 옥외 계단을 내려가는 것을 보았는데, 멀리서 봤을 때 그는 거의 이탈리아인 모델과 같은 인상을 주었다. 더 가까이 가보니 그는 정말 파올로였다.

　중키에 말랐고 숱이 많은 검은 머리에는 모자를 뒤로 제껴 쓰고 있었으며, 누리끼리한 얼굴에는 핏줄이 파랗게 드러나 있었다. 옷차림은 우아하지만 산만해 보였는데, 이를테면 조끼의 단추 몇 개가 채워져 있지 않았다. 짧은 콧수염은 약간 휘말려 있었다. 그런 모습으로 그는 약간 흔들거리는 무심한 걸음으로 내 쪽으로 오고 있었다.

　우리는 거의 동시에 서로를 알아보았고, 진심 어린 인사를 나눴다. 우리가 '미네르바'카페 앞에서 지난 몇 해 동안 어떻게 지냈는지에 대해 서로 번갈아가면서 물어보는 내내 그는 기분이 들떠서 거의 흥분되어 있는 것처럼 보였다. 그의 눈은 빛났고 몸 움직임은 컸다. 그러면서도 몸 상태가 나빠 보였는데 정말로 아픈 것 같았다. 그때엔 물론 가벼운 얘기를 했어야 하지만, 정말로 그게 내 눈에 띄었기 때문에, 나는 그에게 그대로 말하기까지 했다.

"그래, 여전히 그래 보여?" 그가 되물었다. "그렇군. 그렇겠구나. 나는 많이 아팠거든. 지난해까지만 해도 오랫동안 심각할 정도로까지 아팠어. 여기가 문제야."

그는 왼손으로 자신의 가슴을 가리켰다.

"심장 말이야. 그때부터 그냥 그 상태였어. 그렇지만 최근에는 아주 상태가 좋아, 최상이야. 완전히 건강하다고 말할 수 있어. 내 나이 이제 스물셋인데 말이지, 그렇지 않다면 사실 슬프기도 하겠지……"

그의 기분은 정말 좋았다. 우리가 헤어지고 난 이후의 생활에 대해 그는 쾌활하고 활기차게 이야기했다. 나와 헤어진 후 곧바로 그는 부모님을 설득해 화가가 되도 좋다는 허락을 받고는, 약 9개월 전에 대학 공부를 마쳤다 ― 그가 방금 전 거기에 있었던 것은 순전히 우연이었다. 그러고 나서 그는 잠시 여행을 했는데, 특히 파리에서 살기도 하다가 대략 5

개월 전부터는 여기 뮌헨에 정착한 것이었다…… "어쩌면 오랫동안 여기 살지도 몰라. 누가 알겠어? 혹시 영원히 살게 될지……"

"그래?" 내가 물었다.

"글쎄, 그럴지도? 말인즉슨, 안 될 이유는 없잖아? 이 도시가 마음에 들어, 각별히 내 마음에 든다! 그 전체 분위기가 말이야, 분위기가 어떤데 그러냐고? 사람들이 좋아! 그리고 이것도 중요한 이유인데, 화가로서의 사회적 위치가 매우 특별해. 비록 완전히 무명의 화가라고 해도 말이야. 정말 여기보다 더 나은 데는 없어……"

"편하게 지낼 수 있는 사람들도 사귀었어?"

"그래, 몇 안 되지만, 아주 좋은 사람들이야. 이를테면 한 가족에 대해 네게 말해줘야겠는데……. 나는 그 가족을 사육제에서 알게 되었어…… 여기 사육제는 아주 매력이 있어! 슈타인 가(家)야. 바로 말하면 슈타인 남작 댁이야!"

"그런데 어떤 귀족이지?"

"흔히들 말하기를 돈을 주고 샀다고 하는 귀족이야. 남작은 증권 거래인으로 이전에는 빈에서 굉장한 역할을 했대. 모든 군주들과 왕래하는 등등…… 그러다가 갑자기 몰락하게 되었대. 사람들 말로는 대충 백만 정도를 가지고 이리로 옮겨 왔다는군. 이제는 곤경에서 벗어나 화려하지는 않지만 품위 있게 이곳에서 살고 있어."

"그는 유대인인가?"

"내 생각에 남작은 아닌 것 같아. 그의 부인은 아마 그럴 거야. 어쨌든 지극히 유쾌하고 세련된 사람들이라는 것 말고는 달리 표현할 말이 없어."

"자녀들도 있어?"

"아니, 자녀들이 아니라 19살 된 딸만 하나 있어. 그 부모님은 매우 정이 가는 분들이야……"

그가 순간적으로 난처한 빛을 보이다가 덧붙여 말했다.

"내가 진지하게 제안하는 건데, 자네를 그 집에 데려가겠네. 그렇다면 난 기쁠 거야. 그렇게 하겠어?"

"물론이지. 데리고 가주면 고맙지. 그 19살 된 딸과 알게 되는 것만으로도 말이야 —"

그는 나를 곁눈질로 보더니 말했다.

"그럼 됐어. 그렇다면 오래 끌 거 없겠네. 자네가 괜찮다면 내일 한 시쯤이나 한 시 반에 와서 자네를 데리고 가지. 그들은 테레지엔 가 25번지 2층에 살고 있어. 그들에게 학교 친구인 자네를 데려간다니 무척 기대돼. 그럼 약속한 거네."

실제로 다음날 점심 때 우리는 테레지엔 가에 있는 어느 고상한 집 2층에서 초인종을 눌렀다. 초인종 옆에는 굵고 검은 글자로 "폰 슈타인 남작"이라는 이름이 적혀있었다.

파올로는 가는 도중 내내 흥분하고 거의 들떠 보일 만큼 신이 나 있었다. 그러나 이제 우리가 문이 열리기를 기다리고 있는 사이, 나는 그에게서 이상한 변화를 감지하였다. 내 옆에 서 있는 동안 그의 모든 것이, 눈꺼풀이 파르르 떨리는 것만 빼고는, 완전한 정적 속에 가라앉았던 것이다. 그것은 숨막힐 듯이 긴장된 정적이었다. 그의 머리는 앞으로 조금 나와 있고, 이마는 팽팽하게 당겨져 있었다. 그는 마치 귀를 쫑긋 세우고 모든 근육을 긴장시켜 귀를 기울이고 있는 한 마리의 동물 같은 인상을 주었다

우리의 명함을 가져간 하인은 다시 돌아와, 남작 부인이 곧 나오실테니 잠시 자리에 앉으라고 권했다. 그리고는 적당한 크기의 어두운 색 가구로 꾸며진 어느 방으로 들어가는 문을 열어주었다.

우리가 들어서자 거리가 내려다보이는 베란다에서 밝은 봄옷 차림의 한 젊은 여인이 몸을 일으켜 살피는 표정으로 잠시 가만히 서 있었다. 나도 모르게 내 동행인을 곁눈질하면서 나는 '19살 된 딸이로군' 하고 생각했다. 그는 "남작 따님 아다 양이야!" 하고 내게 속삭였다.

그녀는 우아한 모습이었으나 그 나이에 비해 성숙해 보였다. 몸 움직임은 매우 약하고 거의 굼뜰 정도여서 그렇게 젊은 여자라는 인상을 주지 못했다. 관자놀이 위로 넘겨져 이마로

곱슬머리 두 줄이 내려오도록 매만져진 그녀의 머리는 검은 색으로 윤기가 나면서, 창백할 정도로 하얀 피부와 효과적인 대조를 이루고 있었다. 도톰하고 촉촉한 입술과 살집이 있는 코, 편도 모양의 검은 눈, 그 위로 곡선을 그리고 있는 짙고 부드러운 눈썹은 그녀가 적어도 부분적으로는 유대 혈통을 지녔다는 것에 대해 조금도 의심의 여지가 없게 했지만, 그녀의 얼굴은 매우 독특한 아름다움을 지니고 있었다.

"아, 손님이 오셨나요?" 그녀는 몇 발자국 우리에게 다가오면서 물었다. 그녀의 목소리는 약간 꾸민 것처럼 들렸다. 그녀는 좀 더 잘 보려는 듯이 한쪽 손을 이마에 갖다 대고 다른 손으로는 벽 앞에 놓인 피아노 위를 잡고 몸을 기댔다.

"게다가 아주 반가운 손님이시네요 ―?", 하며 마치 내 친구를 이제야 비로소 알아본 것 같은 억양으로 덧붙였다. 그리고는 나를 향해 누구냐고 묻는 듯한 눈길을 던졌다.

파올로는 그녀에게 다가가 거의 졸지 않나 생각될 만큼 느리게, 귀하게 얻은 즐거움을 탐닉할 때의 느린 속도로 그녀가 내민 손 위로 말없이 고개를 숙였다.

"아가씨", 하고 그가 말을 꺼냈다. "제 친구를 소개해 드릴 게요. Abc를 함께 배운 학교 친구입니다……"

그녀는 내게도 손을 내밀었는데, 마치 뼈가 없는 것처럼 보이는 부드러운 손에는 아무런 장신구도 없었다.

"반갑습니다 —", 하고 말하면서 그녀는 그녀 고유의 가볍게 떨리는 어두운 시선으로 나를 응시했다. "저희 부모님께서도 기뻐하실 거예요. 오셨다고 부모님께 말씀드렸는지 모르겠네⋯⋯"

그녀는 등받이가 없는 긴 안락의자에 앉았고, 우리 둘은 맞은편 의자에 그녀를 마주보고 앉았다. 그녀의 희고 힘없는 손은 잡담이 오가는 동안 무릎 위에 놓여 있었다. 풍성한 소매는 팔꿈치를 간신히 덮으면서 아래로 내려와 있었다. 연약한 손목 부위가 눈에 띄었다.

몇 분이 지난 후에 인접한 방으로 난 문이 열리고 부모님이 들어왔다. 남작은 대머리에 희끗한 뾰족수염을 기른, 우아하지만 땅딸한 신사였다. 그는 두꺼운 금팔찌를 흉내 낼 수 없는 특유의 방식으로 소맷부리 안으로 집어넣곤 했다. 그가 남작으로 신분 상승을 하기 위해 자신의 이름 몇 음절을 희생했는지 어떤지는 확실히 알 수 없었다. 그와 반대로 그의 부인은 멋이라곤 전혀 없는 회색 옷차림을 한 작고 못생긴 유대인 여자였다. 그녀의 귀에는 커다란 다이아몬드가 번쩍거리고 있었다.

내가 소개되었고, 그들은 매우 친절하게 나를 맞아주었으며, 내 동행자 파올로와는 마치 가까운 집안 친구를 대하듯 악수를 했다.

내가 어디서 왔으며 어떻게 오게 되었는지에 대한 몇 가지 질문과 대답이 오간 후, 우리는 어떤 전시회에 관해 이야기하기 시작했는데, 거기에는 여자 나체를 그린 파올로의 그림도 하나 들어 있다는 것이었다.

"정말로 세련된 작품이지!" 남작이 말했다. "나는 최근에 그 앞에 반 시간이나 서 있었지요. 붉은 양탄자 위의 살색 톤이 뛰어난 효과를 나타냅니다. 정말 그렇다니까, 호프만 군!" 그러면서 그는 파올로의 어깨를 아끼듯이 툭툭 쳤다. 그러나 무리하게 일해서는 안 되네, 젊은 친구! 절대로 안 돼! 자네에겐 무엇보다도 몸을 아끼는 것이 절실히 필요한 일이네. 그래, 건강은 어떤가? ㅡ"

내가 남작 부부에게 내 개인 신상에 대해서 이런저런 필요한 것을 알려주는 동안, 파올로는 남작의 딸 맞은편에 바짝 다가앉아 소리를 죽여가며 그녀와 몇 마디 말을 주고받았다. 조금 전에 내가 그에게서 보았던 그 이상하게 숨 막힐 듯한 정적의 분위기는 결코 그에게서 가시지 않았다. 무슨 탓인지 내가 정확히 말할 수는 없어도, 그는 마치 달려들 준비가 된 한 마리의 표범 같은 인상을 주었다. 누리끼리하고 갸름한 얼굴 안의 짙은 눈은 병적인 광채를 띠고 있어서, 그가 남작의 질문에 대해 확신에 찬 어조로 다음과 같이 대답을 했을 때 나는 거의 섬뜩한 느낌이었다.

"아, 아주 좋습니다! 염려해주셔서 감사합니다! 저는 매우 잘 지내고 있습니다!"

— 대략 15분 정도 지나서 우리가 자리에서 일어났을 때, 남작 부인은 내 친구에게 이틀 후면 다시 목요일이니까 그들이 5시에 갖는 차 모임을 잊지 말아 달라고 상기시켰다. 이 기회에 부인은 나에게도 이 날을 꼭 기억해주면 좋겠다고 청했다…… 거리에 나오자 파올로는 담배에 불을 붙였다.

"그래, 어때?"

"그래, 참 편한 사람들이야!" 나는 서둘러 대답했다. "19살짜리 딸은 경탄할 정도였어!"

"경탄이라고?" 그는 짧게 웃고는 고개를 다른 쪽으로 돌렸다.

"그래, 웃게나!" 나는 말했다. "저 위에서는 자네의 시선이 우울하고 비밀스러운 그리움을 품고 있는 것 같다는 생각이 이따금 들었다네. 내가 잘못 본 건가?"

그는 한순간 침묵했다. 그러더니 천천히 고개를 흔들었다.

"자네가 왜 그런 생각을 했는지 알았으면 하는데……"

"제발 좋게 생각하게나!" — 내가 아직도 '궁금한 것'은 다만 남작의 딸 아다도 역시 자네를……"

그는 다시 한순간 아무 말 없이 자기 앞을 내려다보았다. 그러고 나서 나지막하면서도 확신에 찬 목소리로 말했다.

"난 행복하게 되리라 믿네."

마음속의 의구심을 억누를 수 없었음에도 불구하고 나는 진심어린 마음으로 그의 손을 잡고 흔들어주면서 그와 헤어졌다.

그러고 나서 몇 주가 흐르는 동안 나는 이따금 파올로와 함께 남작댁 살롱에서 오후의 차 모임을 가졌다. 작은 모임이지만 거기에는 정말 편안한 사람들이 모이곤 했다. 젊은 궁정 여배우, 의사, 장교 등 일일이 기억이 다 나지는 않는다.

파올로의 태도에서 난 새로운 것을 발견하지 못했다. 염려스러운 겉모습에도 불구하고 그는 보통은 들뜨고 즐거운 기분이었고, 남작의 딸 가까이 가게 되면 그는 매번 내가 처음에 감지했던 그 섬뜩한 정적의 분위기를 다시 보여주곤 했다.

그러던 어느 날 나는 루트비히 거리에서 우연히 폰 슈타인 남작과 마주쳤다. 어쩌다보니 난 파올로를 이틀이나 보지 못했던 참이었다. 말을 타고 가던 그는 멈추어서 안장에 앉은 채 내게 악수를 청했다.

"만나서 반갑네! 내일 오후 우리집에서 보면 좋겠네."

"허락하신다면, 여부가 있겠습니까, 남작님. 매주 목요일마다 그랬던 것처럼 제 친구 호프만이 저를 데리러 올지는 잘 모르겠지만 말이지요……"

"호프만? 아니 자네는 모르고 있었나 — 그는 여행을 떠났다네! 그가 '자네한테는' 그걸 알렸을 거라고 생각했는데."

"일언반구도 없었습니다!"

"이건 뭐 완전히 이해할 수 없는 행동이구먼…… 이런 걸 두고 예술가의 변덕이라고 하지…… 자, 그럼 내일 오후에 보세나! ―"

이렇게 말하고 그는 자신의 말을 움직여, 극도로 당황하고 있는 나를 남겨두고 가버렸다.

나는 서둘러 파올로의 집으로 갔다. ― 정말이었다, 유감스럽게도. 호프만 씨는 여행을 떠나셨다는 것이었다. 그는 주소 하나도 남겨놓지 않았다.

남작이 '예술가의 변덕' 이상의 것을 알고 있었던 것은 분명했다. 내가 이래저래 분명히 그럴 거라고 짐작하고 있었던 것을 그의 딸이 직접 확인시켜 준 것이었다.

그 일은 이자르 계곡으로 산책을 가던 중에 일어났다. 계획이 되어있던 일이었고, 나 역시 동참하도록 권유를 받았었다. 사람들은 오후가 되어서야 길을 떠났고, 그러다 보니 저녁 늦게 되돌아오게 되었는데, 돌아오는 길에 남작 딸과 나는 마지막 남은 한 쌍으로서 일행을 뒤따르게 되었다.

나는 파올로가 사라진 이래 그녀에게서 어떠한 변화도 감지하지 못했다. 그녀는 평정심을 온전히 유지하고 있었고, 그

때까지 내 친구에 대해 한마디도 언급하지 않았다. 반면 그녀의 부모는 그가 갑자기 여행을 떠난 사실에 대해 유감을 표시했다.

그때 우리는 뮌헨 인근의 가장 수려한 곳을 걸어서 통과하고 있었다. 달빛이 나뭇잎 사이로 희미하게 빛나는 가운데 우리는 한동안 말없이 모임의 다른 사람들이 발하는 수다 소리에 귀를 기울였다. 그 소리는 우리 옆에서 거품을 내며 촬촬 흐르던 물소리만큼이나 단조로웠다.

그때 그녀는 갑자기 파올로에 대해 이야기를 꺼내며 아주 차분하고 매우 확실한 어조로 말했다.

"당신은 어린 시절부터 그의 친구죠?" 그녀가 내게 물었다.

"네, 아가씨."

"그의 비밀도 알고 계시나요?"

"그가 제게 말하지 않아도 그의 가장 심각한 비밀이 무엇인지 전 알고 있다고 생각합니다."

"그럼 당신을 신뢰해도 되겠지요?"

"그 점에 대해서는 믿어 의심치 않기를 바랍니다, 아가씨."

"그럼, 좋아요", 하고 말하면서 그녀는 단호하게 머리를 쳐들었다. "그는 제게 청혼을 했고, 나의 부모님은 그걸 거절하셨지요. 그분들이 내게 말씀하시길, 그는 아프다고 했어요, 많이 아프다고요. 하지만 상관없어요. 저는 그를 '사랑합니다'. 제가 이렇게 당신께 말해도 되겠지요, 그렇죠? 저는……"

그녀는 잠시 혼란스러워하더니 아까와 똑같이 단호한 태도로 말을 이어갔다.

"저는 그가 어디에서 머물고 있는지 몰라요. 그러나 당신이 그를 다시 만나게 되면 곧바로 제가 한 말을, 그는 이미 제 입으로 말하는 걸 직접 듣긴 했지만요, 그 말을 다시 해주셔도 좋아요. 그의 주소를 찾아내는 대로 곧장 그에게 편지로 알려주셔도 좋겠네요. 전 그가 아닌 다른 남자의 청혼은 결코 받아들이지 않을 거라고요. 아, 두고 보세요!"

이 마지막 외침에는 고집과 단호함 외에도 절망적인 고통이 담겨있었기 때문에 나는 그녀의 손을 잡고는 말없이 꼭 쥐어주지 않을 수 없었다.

나는 그 무렵 호프만의 부모님에게 편지를 보내 아들의 체류지를 알려달라고 청했다. 난 남부 티롤로 되어 있는 주소 하나를 받았고, 그곳으로 보낸 내 편지는 수신인이 여행 목적지를 알려 주지 않고 이미 그곳을 다시 떠났다는 소식과 함께 내게 반송되어 왔다.

그는 어느 쪽으로도 괴로움을 당하는 걸 원하지 않았고, 그 어딘가에서 완전한 고독 속에서 죽기 위해 모든 것으로부터 도망친 것이었다. 분명, 죽기 위해서였다. 왜냐하면 이 모든 정황으로 보아 슬프게도 내가 그를 다시 보지 못할 가능성이 매우 높아졌기 때문이었다.

가망 없이 병든 이 인간이 저 젊은 처녀를 소리 없이 화산처럼 이글거리는 감각적인 열정으로, 소년 시절에 처음으로 경험하는 흥분과 같은 그런 열정으로 사랑했다는 것은 명백한 일이 아니었던가? 병자의 이기적인 본능은 한참 피어오르는 건강한 여성과의 결합에 대한 욕구를 그의 내면에다 부채질한 것이었다. 충족되지 못한 채 남아 있는 이 정염의 불꽃이 그의 마지막 생명력을 빨리 소진시키지나 않을까?

그러고는 그가 살아있다는 소식을 듣지 못한 채 5년이 흘렀다. ― 그러나 그가 죽었다는 소식도 없었다!

그런데 지난해에 나는 이탈리아에 가서 로마와 그 근교에서 체류했다. 무더운 몇 개월을 산간 지역에서 보내다가 9월 말 시내로 돌아왔다. 어느 따뜻한 저녁, 나는 아라뇨 카페에서 차 한 잔을 마시며 앉아 있었다. 난 신문을 넘겨가며 읽다가, 아무 생각 없이 빛이 가득한 넓은 공간을 지배하고 있던 활기 넘치는 분위기를 주시했다. 손님들이 오갔고, 종업원들이 이리저리 바삐 움직였다. 그리고 이따금 활짝 열린 문들을 통해 신문팔이 소년들의 길게 외쳐대는 소리가 홀 안으로까지 울려 퍼졌다.

그런데 갑자기 나는 내 나이 또래의 한 신사가 식탁 사이를 헤치고 출구 쪽으로 천천히 움직여 가는 것을 보았다…… 이 걸음걸이는 —? 하지만 그때 그 신사 역시 이미 고개를 내쪽으로 돌리고 눈썹을 추켜올리고는 깜짝 놀라 "아!?" 하고 반가워하며 나를 향해 다가오고 있었다.

"자네가 여기에?"라고 우리는 이구동성으로 외쳤고, 그가 덧붙여 말했다.

"그러니까 우리 둘 다 아직 살아 있었군!"

그러면서 그의 두 눈은 약간 엉뚱한 곳을 휘이 둘러보는 것이었다. 그는 지난 5년 동안 거의 변한 게 없었다. 변했다면 그의 얼굴이 훨씬 더 여위었고, 눈이 훨씬 더 깊게 파인 것 같았다. 그는 이따금 숨을 깊게 내쉬었다.

"로마에 있은 지 벌써 오래 되나?" 그가 물었다.

"시내에 머문 지는 그리 오래 되지 않아. 두세 달간은 시골에 있었어. 헌데 자네는?"

"난 일주일 전까지 바닷가에 있었어. 자네도 알다시피 난 항상 산보다는 바다를 더 좋아했잖아…… 그래, 우리가 보지 못하는 사이에 난 이 지구를 상당히 알게 되었지."

그리고 그는 내 옆에서 샤베트 한 잔을 들이키면서 이 몇해 동안 어떻게 지냈는지에 대해 이야기하기 시작했다. 그는 티롤의 산들을 유랑했고 이탈리아 전역을 천천히 돌아다녔으며 시칠리아에서 아프리카로 갔다. 또한 그는 알기어[6], 투니스[7], 이집트에 대해서도 말했다.

"마지막에는 독일에 얼마동안 있었지", 그는 말했다. "칼스루에에. 내 부모님이 나를 급히 보고 싶어 하셨거든. 내가 다시 떠나는 걸 마지못해 허락하셨어. 이제 3개월 전부터는 다시 이탈리아에 있어. 난 남쪽에 오면 고향처럼 느껴진단 말이야, 자네도 알지. 로마는 지극히 맘에 들어!……"

나는 그의 상태에 대해서는 아직 한마디도 묻지 않았었다. 그제서야 나는 말했다.

"모든 걸 봐서 자네 건강이 현저하게 좋아졌다고 결론지어도 되겠지?"

그는 한순간 의아한 시선으로 나를 바라보았다, 그러고 나서 대꾸했다.

"내가 이렇게 활발하게 사방을 휘젓고 다닌다고 그렇게 생각하는 거지? 아, 이렇게 말해야겠네. 그것은 아주 자연적인 욕구라고 말일세. 대체 뭘 하겠나? 음주, 흡연, 사랑은 다 금지되어 있고, 난 어떤 식으로든지 일종의 마취제가 필요해, 이해하겠어?"

---

6 알제리아의 수도.

7 튀니지 공화국의 수도.

내가 말이 없자 그가 덧붙여 말했다.

"5년 전부터는, '절실하게' 필요했지."

이로써 우리는 그때까지 회피해 오던 사안에 도달했다. 그리고 잠시 대화가 중단되었는데, 이는 우리 둘 모두의 당혹감을 말해주었다. 그는 빌로드 쿠션에 기대앉아서 샹들리에 쪽을 올려다보았다. 그러더니 갑자기 말했다.

"무엇보다도, ─ 자네는 내가 그렇게 오랫동안 아무런 소식을 전하지 못한 걸 용서해 주겠지…… 이해하지?"

"그럼!"

"자넨 내가 뮌헨에서 겪은 일에 대해 들은 바가 있나보지?" 그는 거의 딱딱한 어조로 말을 이어갔다.

"알만한 건 다 알고 있어. 그런데 자네는 내가 이제껏 자네를 위해 부탁받은 것을 내내 품고 다닌 걸 아나? 한 여성이 내게 부탁한 거 말일세."

그의 피곤한 두 눈이 짧은 순간 타올랐다. 그러고 나서 그는 앞서와 같은 건조하고 날카로운 목소리로 말했다.

"새로운 소식인지 어디 들어나 보지."

"새로운 소식이라 할 건 아니고, 이미 자네가 그녀에게서 직접 들었던 것을 확인하는 것일 뿐이야……"

그리고 나는 수다를 떨며 제스처를 취하는 군중 속에서 그날 저녁 남작의 딸이 내게 했던 말을 그에게 반복해서 들려주었다.

그는 천천히 이마를 쓰다듬으며 귀를 기울였다. 그러고 나서 그는 미동도 없이 말했다.

"정말 고마워."

그의 어조는 나를 혼란스럽게 만들기 시작했다.

"하지만 이 말을 들은 지도 여러 해가 흘렀지", 나는 말했다. "5년이나 지나갔네, 그동안 그녀와 자네, 둘 다 겪은 세월이…… 수천 가지의 새로운 인상, 감정, 생각, 소망 등……"

나는 말을 중단했다, 그가 기운을 차리고, 내가 한순간 꺼져버렸다고 생각했던 정열이 다시 생생하게 묻어나는 목소리로 이렇게 말했기 때문이다,

"'나도'─ 그 말을 '간직하고' 있네"

이 순간에 나는 그의 얼굴과 모든 태도에서 내가 남작의 딸을 처음 보았을 당시 그에게서 알아챘던 그 표정을 감지했다. 그것은 바로 맹수가 달려들기 직전에 보여주는 난폭하고 숨막힐 듯이 긴장된 정적이었다.

나는 화제를 돌렸고, 그래서 우리는 다시 그의 여행과 그가 여행 중에 만든 습작들에 대해 말했다. 그렇게 많은 습작이 있는 것 같지는 않았다. 그는 상당히 무심하게 그것들에 대한 의견을 말했다.

자정이 조금 지나 그가 일어섰다.

"나는 이제 자러 가든지 아니면 혼자 좀 있고 싶네…… 내일 오전에 도리아 화랑에 오면 날 볼 수 있을 걸세. 나는 사라체니[8]를 모사할거야. 음악을 연주하고 있는 천사[9]한테 반했거든. 제발 부탁인데 그리 와주게나. 자네가 여기 있어서 매우 기뻐. 잘 자게."

그리고 그는 나갔다. 축 늘어지고 느릿한 움직임으로 천천히 차분하게 걸어 나갔다.

그 이후 한 달 내내 나는 그와 함께 도시 곳곳을 돌아다녔다. 로마, 온갖 종류의 예술로 넘쳐나는 박물관 같은 이 현대적인 남부의 대도시, 이 도시는 요란하고 빠르며 뜨겁고 재기발랄한 삶으로 가득차 있고, 따뜻한 바람을 타고 동방의 후텁지근한 나른함이 이 도시로 실려오고 있었다.

파올로의 행동거지는 항상 같았다. 그는 대체로 진지하고 조용했으며, 간혹 맥없이 피로에 침잠해 들어가곤 했다. 그러다가도 두 눈을 반짝거리며 갑자기 몸을 추스리고 기운을 내서 멈추고 있던 대화를 열성적으로 이어나가는 것이었다.

---

8 카를로 사라체니(Carlo Saraceni, 1585~1620): 화가. 이탈리아 베네치아 태생으로 로마에서 사망. 1600년을 전후하여 로마에서 카라바지오의 영향을 받았다. 대표작으로 〈안나와 성모자〉가 있음.

9 〈이집트로의 도주 중의 휴식〉이라는 그림인데, 그것은 카라바지오의 작품이지만 1895년까지는 사라체니의 작품으로 알려져 왔다.

어느 날의 일을 이야기해야겠다. 그날 그는 지나가듯 몇 마디 말을 하였는데, 그 말들의 올바른 의미를 나는 이제야 비로소 이해하게 되었다.

어느 일요일이었다. 우리는 환상적인 늦여름의 아침을 비아 아피아 거리를 산책하며 보냈다. 그 고풍스러운 거리를 지나 꽤 멀리까지 가다가 실측백나무로 둘러싸인 작은 언덕 위에 앉아 쉬었다. 그곳에서는 고대 로마의 커다란 수도관이 설치되어 있고 햇빛 속에 펼쳐져 있는 캄파냐 지방과 옅은 아지랑이로 둘러싸인 알바냐 산맥의 황홀한 풍경을 한눈에 즐길 수 있었다.

파올로는 내 옆의 따뜻한 풀밭 위에 반쯤 누워서 손으로 턱을 괴고 휴식을 취하면서, 피곤하고 흐릿한 눈으로 먼 곳을 응시하고 있었다. 그러다가 완전한 무감각 상태에서 갑자기 다시 벗어났는데, 그러한 무감각 상태에 있을 때 내게 몸을 돌려 말했다.

"이 공기의 분위기! 이 공기가 모든 기분을 좌지우지해!"

나는 뭔가 동조하는 말을 몇 마디 했고, 다시 정적이 흘렀다. 그러다가 갑자기 그가 집요하다는 생각이 들 정도로 나를 향해 얼굴을 돌리고는 밑도 끝도 없는 말을 하였다.

"말해 보게, 내가 아직 살아있다는 게 실은 자네한테는 좀 이상하지 않나?"

나는 당황해서 말문이 막혔다. 그는 생각에 잠긴 듯 다시 먼 곳을 응시하였다.

"내게는 ― 이상하다고 생각돼", 그가 천천히 말을 이었다. "사실 나는 이에 대해 매일 놀라고 있다네. 그런데 자네는 내가 어떤 상태인지 알고 있나? 알제리에서 프랑스인 의사가 그러더군, '당신이 어떻게 아직까지도 계속 돌아다닐 수 있는지 귀신이 곡할 노릇입니다! 충고하는데 집으로 가서 누워 있도록 하시오!'라고 말이야. 그는 항상 노골적이었지. 우리는 매일 저녁 함께 도미노 게임을 했거든.

그런데도 나는 아직도 이렇게 살아있어. 나는 거의 매일 막바지에 도달해 있어. 저녁이면 어둠 속에서 오른쪽으로 누워 있어. 오른쪽으로 눕는다는 말을 이해하겠나! 심장이 목 위로까지 쿵쾅거리고 어지러워서 공포의 식은땀이 솟아나지. 그러다가 갑자기 마치 죽음이 찾아와 나를 살짝 건드리는 것 같아져. 한순간 내 안의 모든 것이 멈춘 것 같다네. 심장 박동도 멈추고 호흡도 끊어지고 해. 나는 깜짝 놀라 일어나서 불을 켜고 심호흡을 하지. 그리고는 주위를 둘러보며 사물들을 삼키듯이 살핀다네. 그리고 물 한 모금을 마신 후에 다시 드러눕지. 항상 오른쪽으로 말이야! 나는 서서히 잠이 든다네.

나는 매우 깊이 잠들고 매우 오래 자. 사실 난 항상 죽도록 피곤하기 때문이야. 자네는 내가 원하기만 하면 그냥 여기 누워서 죽을 수도 있다는 사실을 믿을 수 있겠나?

나는 요 몇 년 간 이미 수천 번도 더 죽음에 직면했다는 생각이 들어. 난 죽지 않았지. — 무엇인가가 나를 붙잡고 있어. — 벌떡 일어나서 그 무엇인가에 대해서 생각하며 한 문장에 매달리는데, 그건 나를 둘러싼 모든 빛과 삶을 두 눈으로 탐욕스럽게 빨아들이면서 스무 번 정도 되뇌는 문장이라네…… 내 말 이해하겠나?"

그는 누운 채 미동도 하지 않았으며, 대답을 바라는 것 같지도 않아 보였다. 내가 뭐라고 대답했는지는 더 이상 기억나지 않는다. 그러나 나는 그의 말이 나에게 준 인상을 결코 잊지 못할 것이다.

그리고 이제 그날, — 아, 나한테는 마치 어제 겪은 것같이 느껴지는 바로 그날이 되었다!

가을이 막 시작되던 날들 중 어느 하루였다. 우중충하면서 엄청나게 따뜻한 날들이 이어지는 가운데 거리에는 아프리카로부터 온 짓누르는 듯한 습한 바람이 불었고, 저녁이면 끊임없이 번개가 치며 온 하늘이 경련했다.

아침에 나는 바람 쐬러 가기 위해 파올로를 데리러 그의 집에 도착했다. 커다란 트렁크가 방 한가운데 놓여 있었고 옷장과 서랍장은 활짝 열려 있었다. 동방에서 가져온 그가 직접 그린 수채화 습작들과 바티칸 궁전의 주노 머리를 본뜬 석고상은 아직 제자리에 있었다.

그 자신은 창가에 꼿꼿이 서 있었으며, 내가 놀라서 소리를 내며 멈춰 섰는데도 꼼짝 않고 계속해서 밖을 내다보았다. 그런 뒤 그는 잠깐 몸을 돌려 나에게 편지 한 통을 건넸다.

"읽어보게." 이 말 외에는 아무 말도 없었다.

나는 그를 쳐다보았다. 열에 들뜬 검은 눈을 가진 이 갸름하고 누르끼리한 병색 완연한 얼굴에는 오직 죽음만이 만들어낼 수 있는 표정이 어려 있었다. 그 무시무시한 진지함으로 인해 나는 건네받은 편지로 시선을 내리깔았다. 그리고 읽어 내려갔다.

"경애하는 호프만 군!

자네의 부모님께 수소문한 결과 존경하는 그분들께서 친절하게도 자네의 주소를 알려 주셨네. 나는 이제 자네가 나의 이 서신을 호의적으로 받아주기를 바라네.

경애하는 호프만 군, 내가 지난 5년 동안 진실한 우정을 느끼며 끊임없이 자네를 생각했다는 것을 강조하는 걸 허락해 주게. 자네'뿐만 아니라' 나한테도 고통스러웠던 그날 자네가 갑자기 여행을 떠난 것이 나와 내 가족에 대한 '분노'의 표출임을 받아들여야만 한다면, 그로 인한 슬픔은 자네가 내게 와서 딸아이에게 청혼했을 때 내가 느꼈던 경악과 깊은 놀라움보다 훨씬 더 컸을 것일세.

나는 그 당시에 자네에게 남자 대 남자로 이야기했었네. 잔인해 보일 수도 있다는 위험을 무릅쓰고 허심탄회하게 그 이유를 들려주었지. 왜 내가 모든 관계에서 볼 때 — 충분히 강조할 수 없을 만큼 — 그토록 높이 평가하는 남자가 내 딸에게 한 청혼을 허락할 수 없는지에 대해서 말일세. 또한 나는 자네에게 아버지로서 이야기했었지. 하나뿐인 자식의 '지속적인' 행복을 눈앞에 그려보며, 혹시라도 자네가 말한 대로 될 가능성이 있다는 생각이 떠오르면 양측에서 다 아는 그런 소망이 싹트는 것조차 극구 불가능하게 만들었을 그런 아버지로서 말일세.

경애하는 호프만 군, 나는 오늘도 그때와 같은 입장에서 자네에게 이야기하네. 친구로서 또 아버지로서 말일세. 자네가 떠난 뒤로 5년이라는 시간이 흘렀네. 그때까지 나에게는 자네가 딸아이에게 불어 넣을 수 있었던 애정이 그 아이의 마음속에 얼마나 깊이 뿌리 내렸는지를 깨닫기에 충분한 여력이 없었다네. 최근에 어떤 사건이 일어나 이제 난 그것에 대해 완전히 눈을 뜨지 않을 수 없게 되었지. 내가 자네한테 그 일을 숨겨야할 이유가 어디 있겠나? 딸아이가 자네를 생각하며 어떤 남자의 청혼을 거절했다네. 아버지로서 내가 그 청혼을 단호하게 받아들이지 않을 수 없는 그런 훌

룽한 남자였지.

지난 세월은 딸아이의 감정과 소망에 아무런 힘을 발휘하지 못하고 흘러가 버린 것이네. 이건 솔직하고 겸손한 질문이네! 경애하는 호프만 군, 자네도 딸아이와 같은 마음이라면, 이 편지로 우리는 부모로서 자식의 행복을 위해 더 이상 방해가 되지 않겠다는 심경을 밝히는 바이네.

자네의 답장을 기다리겠네. 어떠한 내용이 담겨있든 자네에게 몹시 고마워 할 것이네. 완전한 경애심 외에 어떠한 표현도 덧붙이지 않고 이만 줄이네.

'오스카 폰 슈타인 남작' 드림"

— 나는 눈을 들어 그를 쳐다보았다. 그는 뒷짐을 지고서 다시 창문 쪽을 보고 서 있었다. 나는 단 한 가지만 물었다.

"자네 떠나려는군?"

그는 나를 쳐다보지도 않고 대답하였다.

"내일 이른 아침까지는 짐을 다 챙겨야 해."

그날은 채비를 하고 가방 챙기는 것으로 시간이 다 갔다. 나는 그를 도와주었고, 저녁에 우리는 내 제안으로 시내의 거리로 마지막 산책을 나갔다.

날씨는 아직까지도 견디기 힘들 정도로 후텁지근했으며, 하늘은 갑작스러운 번개를 일으키며 매순간 번쩍였다. — 파올로는 침착했으며 피곤해 보였다. 그러나 그는 깊고 힘겹게 숨을 몰아쉬었다.

아무 말 없이 혹은 무심한 대화를 나누며 우리는 한 시간 가량을 돌아다니다가 트레비 분수 앞에 멈춰 섰다. 그 유명한 분수대에서는 서둘러 달려가는 해신(海神)이 탄 마차의 모습이 보였다.

우리는 다시 한번 오랫동안 이 분수대를 자세히 살피며 이 화려하고 웅장한 무리에 대해 감탄하였다. 멈추지 않고 끊임 없이 비추는 새파란 조명에 둘러싸인 그 무리는 거의 마법을 부린 듯한 인상을 주고 있었다. 나의 동행자는 말하였다.

"확실히 베르니니[10]는 자기 제자들의 작품 속에서까지도 나를 매혹하는군. 나는 그의 적들을 이해할 수가 없네. — 하기야 최후의 심판이 그림으로 그려진 것보다 조각된 것이 더 많다면, 베르니니의 작품은 전체적으로 조각된 것보다는 그린 것이 더 많지. 그렇지만 그 사람보다 더 위대한 장식가가 있을까?"

"자네 그것 아나?"라고 내가 물었다. "분수대에 어떤 사연이 있는지 말이야? 로마와 작별할 때 이 물을 마시는 자는 다

---

1 0   지안 로렌초 베르니니(Gian Lorenzo Bernini, 1598~1680)는 로마 바로크 시대의 예술가. 성 베드로 성당은 그의 손을 거쳐 지금의 웅대한 모습이 되었으며, 무엇보다도 그는 아름다운 로마의 분수를 만들었다.

시 돌아온다는 것 말이야. 여기 내 여행용 컵을 자네에게 줄 테니……"라는 말과 함께 나는 물줄기 하나에 컵을 갖다 대어 물을 받았다. "자네의 로마를 다시 봐야지!"

그는 컵을 받아 들고는 입술에 갖다 대었다. 그 순간 하늘이 온통 오랫동안 지속된 눈부신 섬광 속에서 활활 타올랐고, 그 얇은 잔은 쨍그랑 소리를 내며 떨어져 분수 가장자리에서 산산조각이 나버렸다.

파올로는 손수건으로 옷에 묻은 물을 닦아냈다.

"내가 과민해서 서툰 짓을 했군", 그가 말했다. "우리 계속 걷지. 그 잔이 값비싼 게 아니기를 바라네."

다음 날 아침 날씨는 맑게 개어 있었다. 역으로 가는 동안 푸른빛 여름 하늘이 우리 위에서 환하게 웃어주었다.

이별은 짧았다. 내가 그에게 행운을, 큰 행운을 빌자, 그는 아무 말 없이 내 손을 잡고 흔들었다.

나는 그가 넓은 창가에 꼿꼿이 서 있는 모습을 한참 동안 바라보았다. 그의 두 눈에는 깊은 진지함이 담겨 있었다 — 그리고 승리감도.

더 말할 게 뭐가 있을까? — 그는 죽었다. 신혼 첫날밤을 보낸 다음 날 아침, 아니 신혼 첫날밤이 채 지나기도 전에 그는 죽었다.

그럴 수밖에 없었다. 그가 그토록 오랫동안 죽음을 억누를 수 있었던 것은 오로지 의지, 오직 행복을 향한 그 의지가 아니었던가? 행복을 향한 자신의 의지가 충족되자, 그는 어떠한 투쟁도 저항도 할 수 없이 죽어야만 했다. 그에게는 살기 위한 구실이 더는 없었던 것이다.

그가 자신과 결혼한 그녀에게 나쁘게, 의도적으로 나쁘게 처신한 것이 아닐까 하고 나는 나 자신에게 물어보았다. 그러나 나는 장례식에서 그녀가 그의 관 머리맡에 서 있는 것을 보았다. 그리고 그녀의 얼굴에서 나는 그에게서 보았던 것과 꼭 같은 표정을 알아볼 수 있었다. 그것은 승리에 찬 엄숙하고도 강력한 진지함이었다.

환멸

고백하자면, 그 이상한 신사가 들려준 이야기는 나를 완전히 혼란에 빠뜨리고 말았다. 그날 저녁 나 자신이 느꼈던 것과 같이 다른 사람들도 그와 비슷하게 느낄 수 있도록 내가 과연 그 신사의 이야기를 지금 다시 한 번 되풀이해서 옮겨놓을 수 있을지 걱정이다. 어쩌면 그 이야기의 효과는 전혀 알지 못하던 사람이 내게 털어놓은 그 보기 드문 솔직한 태도에서 연유한 것일 수도 있는 것이었다.

가을날 오전 전혀 알지 못하던 그 남자가 산마르코 광장에서 처음 내 눈에 띄었던 것은 지금부터 약 두 달 전이다. 넓은 광장에는 단지 몇 안 되는 사람들만 이리저리 움직이고 있었다. 그 경이로운 건축물, 즉 화려한 색채를 자랑하는 대성당 앞에는 가벼운 바닷바람에 여러 개의 깃발들이 펄럭거렸고, 대성당의 육중하고도 동화 같은 분위기의 외관과 황금빛 장식은 그 황홀한 명확성으로 인해 부드럽고 연푸른 하늘과 뚜렷한 대조를 이루고 있었다. 대성당 정문 바로 앞에는 옥수수 모이를 뿌려 주고 있는 한 소녀 주위에 수많은 비둘기 떼가 몰려들었고, 그러는 동안 또 다른 비둘기들이 사방에서 자꾸만 날아들고 있었다…… 그것은 어디에도 비할 데 없이 밝고 축제 분위기를 풍기는 아름다운 광경이었다.

그곳에서 나는 그를 만났다. 그리고 지금 이 글을 쓰고 있는 동안에도 그의 모습은 지극히 명확하게 내 눈앞에 보이는 듯하다. 중키가 될 듯 말 듯한 그는 지팡이를 허리 뒤로 해서 두 손으로 잡고서 구부정한 자세로 빠르게 걷고 있었다. 그는 뻣뻣한 검은 모자를 쓰고 밝은 색깔의 여름 외투에다 어두운 색상의 줄무늬 바지를 입고 있었다. 어떤 근거에서였는지는 몰라도 나는 그가 영국인일 것이라고 생각했다. 나이는 30세가량 된 것 같기도 했고, 어찌 보면 한 50세가량 되어 보이기도 했다. 약간 두툼한 코와 피곤한 듯 보이는 회색의 두 눈동자를 지닌 얼굴은 말쑥하게 면도가 되어 있었고, 입가에는 뭐라고 설명할 수 없는 약간 실없는 미소가 끊임없이 떠돌고 있었다.다만 그는 때때로 눈썹을 치켜세우며 무언가를 살피듯이 주위를 두리번거리다가는 이내 다시 시선을 바닥으로 깔고 혼자서 몇 마디 중얼거렸고, 고개를 가로 젓고는 미소를 지었다. 이렇게 그는 집요하게 광장을 위아래로 왔다 갔다 하고 있었다.

그때부터 나는 그를 매일 관찰했다. 왜냐하면 그 남자는 날씨가 좋건 나쁘건, 오전이건 오후이건, 늘 혼자서 늘 똑같은 유별난 몸짓으로 서른 번에서 쉰 번씩 광장을 오가는 것 외에는 다른 아무 일도 하지 않는 것처럼 보였기 때문이다.

내가 염두에 두고 있는 그날 저녁에는 군악대의 연주가 있었다. 나는 플로리안 카페 측에서 광장 쪽으로 주욱 내어놓은 작은 테이블들 중의 하나에 앉아 있었다. 연주회가 끝난 후 그때까지 빽빽한 인파 속에 물결치듯 이리저리 몰리던 군중들이 흩어지기 시작할 무렵, 그 미지의 남자는 늘 하던 대로 정신 나간 듯한 미소를 지으며 내 옆의 한 빈 테이블에 와 앉았다.

시간이 흘러갔고 주위는 점점 더 고요해졌으며, 넓고도 멀리 내어다 놓은 모든 테이블이 텅 비게 되었다. 광장 여기저기에 아직도 어슬렁거리는 사람이 간혹 있을 뿐이었고, 광장 위에는 웅장한 평화가 내리깔렸으며, 하늘은 별들로 뒤덮였다. 산마르코 광장의 화려한 무대가 되는 정면 건물 위에는 반달이 떠 있었다.

내 옆에 있는 남자에게 등을 돌린 채 나는 신문을 들여다보고 있었다. 그 남자를 혼자 내버려두고 막 자리에서 일어나려던 순간이었다. 그때 나는 그 남자에게로 반쯤 몸을 돌리지 않으면 안 된다는 생각이 들었다. 왜냐하면 지금까지 아무런 인기척이 없던 그 남자가 갑자기 말을 하기 시작했기 때문이었다.

"베네치아가 처음이시지요, 선생?" 그는 서투른 프랑스어로 물었다. 내가 영어로 대답하려고 애를 쓰자, 그는 사투리가 전혀 없는 독일어로 말을 이어 나갔다. 나직하고 쉰 목소리였는데, 그는 이 목소리에 생기를 부여하고자 자주 헛기침을 했다.

"전부 처음 보시는 것인가요? 기대를 충족시키는가요? ─ 아니면 혹시 그 이상인가요? ─ 아! 이렇게 아름다울 거라고는 생각하지 않으셨단 말인가요? ─ 정말인가요? ─ 단지 행복하고 부러워할 만한 사람으로 보이기 위해 그렇게 말씀하시는 것만은 아니겠지요? ─ 아!" ─ 그는 뒤로 몸을 기대더니 눈을 빠르게 깜박거리며 뭐라 설명할 수 없는 표정으로 나를 관찰하는 것이었다.

잠시 말없는 시간이 찾아왔고 그것이 오래 지속되었다. 이 이상한 대화를 어떻게 이어 나가야 할지 내가 다시 일어나려고 하자 그가 조급하게 몸을 앞으로 가져오면서 말했다.

"선생, 당신은 '환멸'이란 것이 무엇인지 아시오?" 하고 그는 두 손으로 지팡이를 짚고 자기 몸을 거기에 의지하면서 나지막하면서도 절박하게 물었다. —"사소하고 개별적인 실패나 실수를 말하는 게 아니라 큰 환멸, 일반적인 환멸 말이오. 모든 것이, 인생 전체가 우리에게 마련해 놓고 있는 그런 환멸 말이오. 분명 선생은 알지 못할 거요. 하지만 나는 어렸을 때부터 이 환멸이라는 것과 사귀며 돌아다녔고, 이것이 나를 외롭고 불행하고 약간 이상한 인간으로 만들어 놓았어요. 나도 이 사실을 부정하지 않아요.

선생이 나의 이 말을 어떻게 벌써 이해할 수 있겠소? 하지만 부탁하건대, 내 이야기에 2분만 귀를 기울여 준다면 아마도 이해하게 되실 것이오. 이야기를 할 수 있는 내용이라면 빨리 이야기해 버리는 것이 상책일 테니까 말이오……

먼저 언급해 두고 싶습니다만, 나는 아주 작은 도시에서 자랐소. 목사관에서 말이오. 목사관의 지나치게 청결한 공간들에서는 고풍스러운 열정이 넘치는 학자적 낙관주의가 지배하고 있었소. 그리고 그 안에서는 설교단의 수사학이 풍기는 독특한 공기를 들이마셔야 했지요. — 선과 악, 미와 추(醜)와 같은 위대한 단어들이 풍기는 공기 말이오. 아마도 이런 말들이, 아니, 오직 이 말들만이 나의 고통의 원인이 될 것이므로, 나는 이런 말들을 몹시 증오하오.

인생이란 내게는 온통 그런 거창한 말들로 이루어져 있었소. 그런 말들이 내 속에서 불러일으킨 거창하고도 실체 없는 예감들을 제외하면 내가 인생에 대해 아는 것이 전혀 없었기 때문에 이렇게 말하는 것이오. 나는 사람들로부터는 신적인 선과 소름끼치는 악마적인 것을 기대했고, 인생으로부터는 황홀한 미(美)와 섬뜩한 추(醜)를 기대했소. 그리고 이 모든 것에 대한 갈망이 나를 가득 채우게 되었소. 광막한 현실에 대한 깊고 불안에 가득찬 동경, 어떤 종류든 간에 체험을 하고 싶다는 동경, 도취경으로 인도하는 굉장한 행복을 향한 동경, 말할 수도 없고 예감할 수도 없는 무시무시한 고통에 대한 동경에 사로잡히게 되었지요.

선생, 나는 내 인생에서 최초로 느낀 환멸을 슬프도록 선명하게 기억하고 있소. 당신이 알아주기 바라는 것은, 이 환멸의 본질이 결코 어떤 아름다운 희망이 수포로 돌아갔다는 데에 있는 것이 아니라 어떤 불행이 시작되었다는 데 있다는 사실이오. 아직 내가 어렸을 적 일이었소만, 어느 날 밤중에 내 아버지의 집에 불이 났다오. 불길은 은밀하고도 고약하게 빨리 번져서 조그만 한 층 전체를 태우고 내 방문 앞까지 이르렀고, 계단 역시 금방 화염에 휩싸이게 될 지경이었소. 불을 제일 먼저 발견한 사람은 나였소. 내 기억에 의하면, 나는 온 집 안을 뛰어다니며 몇 번이고 이 한마디를 외쳤소. '불이야! 불이야!' 나는 지금도 그 말을 또렷하게 기억하고 있소. 그리고 어떤 감정이 그 말 밑바닥에 숨어 있었는지도 알고 있소. 비록 당시에는 그 감정을 의식했던 것은 아니지만 말이오. 아무튼 나는 이렇게 느꼈소. '이것이 화재로구나. 이제 내가 그것을 경험하는구나! 그런데 화재는 이것보다 더 끔찍한 것이 아닐까? 겨우 이게 다야?……

하기야 그것은 결코 사소한 일이 아니었소. 집 전체가 불에 다 타 버려 내려앉았고, 가족 모두가 최악의 위험에서 간신히 벗어나 목숨을 건질 수 있었으니까 말이오. 그리고 나 자신은 그 화재로 인해 상당한 부상을 입기까지 했소. 그런데 내 환상이 이 사건을 미리 짐작하고 있어서 내가 우리집 화재를 실제보다 더 끔찍하게 머릿속에 그리고 있었다고 말한다면 그건 옳지 않은 말일 것이오. 그러나 무엇인가 훨씬 더 끔찍한 것에 대한 막연한 예감과 형체 없는 관념이 내 마음속에 살아 숨 쉬고 있었고, 그러한 예감이나 관념과 비교해보면 현실이 내게는 너무 무미건조하게 느껴진 것도 사실이오. 그 화재는 나의 최초의 커다란 경험이었소. 즉 내 속의 어떤 무서운 희망이 그 화재로 인해 환멸을 맛보았던 거지요.

겁내실 건 없소. 내가 느낀 환멸들을 하나하나 자세히 계속 보고하지는 않을 테니까요. 다만 이런 것만 얘기하는 것으로 족하오. 즉 내가 인생에 대해 광대하게 기대했던 것들을 수많은 책에서 불행한 열성을 기울여 섭취했다는 것이오. 바로 시인들의 작품이었지요. 아, 그렇지만 나는 그 시인들을 미워하게 되었소. 그들이 가진 거창한 말들을 벽이란 벽에 모조리 써 놓고 싶어 하고, 베수비오 화산에 솟아 올라있는 삼나무로 그 말들을 하늘 가득히 그려 넣으려 했던 시인들 말이오. — 그런데 나는 그들의 거창한 말 하나하나가 모두 거짓말 내지 비웃음이라고 느낄 수밖에 없었소!

환희에 찬 시인들은 이렇게 노래 불렀소. '언어는 빈곤한 것, 아, 언어는 초라한 것!'이라고 말이오 — 그런데 아니었소. 선생! 언어란 내가 보기에 풍부한 것이었소, 그것도 인생의 빈약함과 한계에 비하면 넘쳐흐를 정도로 풍부한 것이었소. 고통도 그 한계가 있지요. 육체적 고통이라면 기절할 때 그럴 테고, 정신적 고통이라면 둔감 속에서 그럴 테지요. — 행복이라고 다를 것은 없지요! 그런데 인간의 전달 욕구는 이 한계를 뛰어넘어 신화에 나오는 류트[11]처럼 거짓말을 지어내는 소리를 고안해낸 것이오.

나한테 문제가 있는 걸까요? 거창한 어떤 말들의 작용이, 단지 나한테만, 척수를 타고 내려가 전혀 존재하지도 않는 여러 가지 체험에 대한 예감을 불러일으키는 걸까요?

---

1 1 　류트(lute, die Laute)는 만돌린 비슷한 모양의 현악기로서, 이집트와 아라비아를 거쳐 중세에 유럽으로 들어와 18세기 말엽까지 널리 연주되었음.

나는 그 유명한 인생 속으로 탐험해 나아갔소. 내 거대한 예감들에 상응하는 체험을 하겠다는 열망을 듬뿍 안고서 말이오. 맹세코 말하지만, 그런 체험이 내게 주어지지는 않았소! 나는 사방을 떠돌아다니며 지구상의 가장 이름난 고장들을 찾아다녔고, 인간들이 위대한 말들로 춤추듯 야단법석을 떠는 많은 예술 작품 앞에 서 있기도 하였소. 그 앞에 서서 나는 스스로에게 이렇게 말했지요. 참 아름답구나. 하지만 더 아름다워야 하지 않을까? 이게 다란 말인가?

나는 실제 사실에 대한 감각이 없소. 어쩌면 그것이 좋은 설명이 될지 모르겠소. 언젠가 한번은 이 세상 어디선가 난 산중의 깊고 좁은 협곡 앞에 서 본 일이 있었소. 암벽은 나무 하나 없이 수직으로 깎아지른 듯했고, 아래에는 계곡 물이 바위를 휘감고 세차게 흘러가고 있었소. 나는 아래를 내려다보며 생각했소. 여기서 떨어지면 어떻게 될까? 그러나 나는 지금까지의 많은 경험으로 스스로 이렇게 대답했지요. 만일 그런 일이 생긴다면, 떨어지면서 나 자신에게 이렇게 말하겠지. '이제 너는 떨어지고 있구나. 이건 사실이야! 그런데 이게 대체 왜 겨우 이것뿐인가?' ―

나도 내 의견을 한마디쯤 말할 수 있을 만큼 충분히 경험을 쌓았다는 사실을 믿어 주시겠소? 수년 전에 나는 한 여자아이를 사랑했소. 여리고 매우 고운 여자였지요. 내 손으로 그녀를 이끌며 보호하고 싶은 마음이 들었소. 하지만 그녀는 나를 사랑하지 않았소. 그건 놀라운 일이 아니었소. 다른 남자가 그녀를 보호하고 있었던 거요…… 세상에 이보다 더 고통스런 경험이 있겠소? 관능적 쾌락과 무섭도록 뒤섞인 이 쓰라린 비애보다 더 괴로운 일이 어디 있겠소? 나는 수많은 밤을 뜬 눈으로 누워 있었지요. 그런데 이 모든 것보다 더 슬프고 괴로운 것은 늘 다음과 같은 생각이었소. 이건 크나큰 고통이다! 지금 나는 그것을 겪고 있다! ― 그런데 이게 대체 왜 겨우 이 것뿐인가? ―

내가 선생에게 나의 행복에 관한 이야기도 해 드릴 필요가 있겠소? 이렇게 말하는 것은 행복 역시 나도 맛보았지만 내게 환멸을 주었기 때문이오…… 그 이야기는 할 필요가 없을 것 같소. 그런 모든 이야기들은 평범한 사례들이어서, 나에게 환멸을 안겨주고 다시 환멸을 안겨주고, 또 다시 환멸을 안겨주는 것이 바로 전체 인생, 일반적 인생이며, 평범하고 흥미 없고 무미건조하게 진행되는 인생이라는 것을 선생에게 명백하게 인식시켜 주지 못할 것입니다.

젊은 베르터는 언젠가 이런 글을 썼소 ― '인간이란 무엇인가? 반신(半神)으로 칭송받는 인간이란 무엇인가? 가장 힘을 필요로 하는 바로 순간에 그 힘이 모자라는 존재가 아닐까? 기쁨을 맛보고 하늘로 날아오르려고 할 때나 고통을 맛보고 좌절하려고 할 때, 이 두 경우에 다 바로 그 순간에 저지당하는 존재가 아닐까? 즉, 그가 무한한 충만감 속에서 무아경을 동경하는 바로 그 순간 그는 또 다시 둔감하고 냉철한 의식으로 되돌려지는 존재가 아닐까?'

나는 바다를 처음으로 보았던 날을 자주 생각하오. 바다는 크지요, 또 바다는 넓지요. 나의 눈길은 해변에서부터 먼 바다 쪽으로 향하면서 해방되기를 희망하고 있었어요. 그러나 그 뒤에는 수평선이 있었소. 왜 수평선 같은 것이 있겠소? 나는 인생으로부터 무한한 것을 기대해 왔거든요.

혹시 내 시야가 다른 사람들의 시야보다 더 좁은 것일까요? 앞에서 말했다시피, 나는 내가 실제 사실에 대한 감각이 없다고 말했소. — 어쩌면 내게는 그런 감각이 너무 많은 것일까요? 아니면, 더는 아무것도 할 수 없다고 너무 일찍 포기하는 인간일까요? 너무 빨리 만족하는 인간일까요? 내가 행복과 고통을 가장 낮은 정도에서만, 아주 묽은 상태에서만 아는 인간일까요?

나는 그렇다고 생각하지 않소. 그리고 나는 인간을 믿지 않소. 인생에 직면하여 시인들의 거창한 말에 동의하는 사람을 믿지 않소. — 그건 비겁함이고 거짓이오! 말이 나온 김에 하는 말이지만, 선생, 선생은 이런 사람들이 있다는 것을 알아차렸나요? 허영심이 너무나도 강하고 다른 사람들한테 존경과 은밀한 질투를 너무나도 받고 싶어서 행복의 위대한 말들만 체험했고 고통의 말들은 체험을 못했다고 떠들어 대는 사람들이 있다는 것 말이오.

날이 어두워졌소. 게다가 선생은 내 이야기를 거의 귀담아듣지도 않고 있소. 그 때문에 나는 오늘 다시 한 번 나 자신한테라도 고백하고 싶소 — 나도, 나 자신도 역시, 한때는 나와 다른 사람들 앞에서 행복하게 보이도록 하기 위해서 그런 인간들과 함께 거짓말을 하려고 시도했소. 하지만 그런 허영심이 붕괴된 지도 벌써 몇 해가 지났소. 지금의 나는 외롭고, 불행하고, 약간 기인처럼 되었소. 그것을 부인하지는 않겠소.

내가 가장 좋아하는 일은 총총한 밤하늘의 별을 관찰하는 것이오. 이 지상과 인생에서 눈을 돌리는 데에 그보다 더 좋은 방법이 어디 있겠소? 그렇다면 내가 최소한 나의 예감들을 간직하려 마음을 쓰는 것이 어쩌면 용서받을 만한 일이 아니겠소? 환멸이라는 고통스런 찌꺼기를 맛보지 않고 내 위대한 예감 속에서 현실이 훤히 떠오르는 그런 해방된 인생을 꿈꾸는 것 말입니다. 수평선이란 것이 더는 없는 인생을 꿈꾸는 것 말입니다!……

나는 그런 인생을 꿈꾸며 죽음을 기다리고 있소. 아, 그런데 나는 죽음도, 이 마지막 환멸도, 이미 너무 자세히 알고 있소. '아, 이게 죽음인가?' 하고 내 인생 마지막 순간에 나는 나 자신에게 이렇게 말할 것이오. '이제 내가 죽음을 체험하고 있구나! ― 그런데 이게 대체 왜 겨우 이것뿐인가?' ―

　선생, 이제 광장이 추워졌네요. 이걸 느낄 능력은 내게 아직 있군, 허허! 자, 그럼, 작별 인사를 드립니다. 아듀⋯⋯"

죽음

이제 가을이다. 여름은 다시 오지 않을 것이다. 나는 결코 다시는 여름을 보지 못하게 될 것이다……

잿빛 바다는 고요하다. 슬픔을 자아내는 이슬비가 내린다. 오늘 아침 그 풍경을 보면서 나는 여름과 작별하고 가을을 맞이했다. 이제 정말로 무자비하게 다가온 나의 마흔 번째 가을을. 그리고 이번 가을은 가차 없이 그날을 데려올 것이다. 나는 이따금 그 날짜를 혼자 나지막이 중얼거린다. 경건하면서도 은근히 두려운 기분으로……

나는 어린 아중시온(Asuncion)[12]과 잠깐 산책을 했다. 이 아이는 좋은 길동무이다. 말 수 없는 이 아이는 이따금 그냥 눈을 크게 뜨고 다정하게 나를 올려다본다.

우리는 크론스하펜으로 가는 해변 길을 걸어 산책했다. 그러나 우리는 한두 명 이상의 사람들과 마주치기 전 적절한 때에 다시 돌아왔다.

돌아오는 동안에 나는 내 집의 모습을 보고 기뻤다. 이 집을 선택한 게 얼마나 잘한 일인지! 이제는 풀이 시들고 비에 젖어 길의 땅이 물러진 언덕에서 나의 집은 소박하고 쓸쓸하게 잿빛 바다를 내려다보고 있다. 집 뒤쪽으로는 큰 길이 나 있고, 그 뒤에는 들판이 펼쳐져 있다. 그러나 나는 그것에는 관심이 없다. 나는 오직 바다에만 주목할 뿐이다.

9월 15일

잿빛 하늘 아래 바닷가 언덕 위에 있는 이 외딴집은 마치 음산하고 신비스러운 동화 속의 집 같다. 나는 내 생의 마지막 가을에 이 집이 그런 모습이길 원한다. 그런데 오늘 오후 서재의 창가에 앉아 있을 때 비축 물품을 실은 마차가 와 있었다.

---

1 2　포르투갈어로 승천(昇天, Himmelfahrt)을 의미함.

늙은 프란츠가 짐 푸는 것을 도와주고 있었다. 그래서 시끄러웠고 여러 사람들의 목소리가 들렸다. 그것이 얼마나 내 신경을 거슬리게 했는지 모른다. 나는 짜증이 나서 몸을 떨었다. 나는 그런 일은 내가 자고 있는 이른 아침에만 하라고 명령했다. 늙은 프란츠는 이렇게 말할 뿐이었다. "명령대로 합죠, 백작님". 그러나 그는 염증이 생긴 눈으로 겁먹은 듯 미심쩍어하며 나를 쳐다보았다.

그가 나를 어떻게 이해할 수 있겠는가? 그가 그것을 알 리가 없지. 나는 평범함과 지루함이 나의 마지막 날들을 휘저어 놓는 것을 원치 않는다. 나는, 죽음에 어떤 시민적인 것과 평범한 것이 내재되어 있을까봐 두렵다. 중요하고 진지하고 수수께끼 같은 바로 그날엔 내 주변이 이상하고도 기이해야 할 것이다. — 10월 12일에는……

9월 18일

마지막 며칠 동안 나는 외출하지 않고 대부분의 시간을 긴 안락의자에서 보냈다. 나는 책을 많이 읽을 수도 없었다. 책을 읽을 때면 모든 신경이 나를 괴롭혔기 때문이다. 나는 그저 조용히 누워 천천히 줄기차게 내리는 비를 바라보았다.

아중시온이 자주 찾아 왔다. 언젠가 그 애는 내게 꽃을 가져왔다. 그것은 그 애가 해변에서 주워 온 말라비틀어진 젖은 식물 몇 줄기였다. 내가 감사의 입맞춤을 하자, 아이는 내가 "아프기" 때문이라면서 울었다. 아이의 다정하고도 애처로운 사랑이 형언할 수 없을 만큼 비통하게 나를 얼마나 감동시켰던지!

9월 21일

나는 오랫동안 서재의 창가에 앉아 있었고, 아중시온은 내 무릎 위에 앉아 있었다. 우리는 넓은 잿빛 바다를 내다보고 있었다. 우리 뒤쪽, 높다란 하얀색 문과 딱딱한 등받이 의자들이 있는 넓은 거실에는 깊은 정적이 흘렀다. 나는 가녀린 어깨 위로 단정하게 흘러내리는 아이의 부드러운 검은 머리카락을 천천히 쓰다듬으면서 혼란스럽고 다채로웠던 나의 삶을 뒤돌아봤다. 나는, 평온했으며 보호받았던 나의 소년 시절을, 온 세상을 두루 여행했던 시절, 그리고 짧지만 빛났고 행복했던 시절을 회상했다.

리사본의 빌로도 하늘 아래에서 만난 우아하고, 열정적으로 애정을 표현했던 사랑스런 그 여인을 기억하는가? 그녀가 너에게 아이를 선사하고 죽은 지 12년이 지났어. 그녀의 여윈 팔은 너의 목에 감겨있었지.

어린 아중시온은 자기 엄마를 닮은 까만 눈을 가졌다. 다만 아이의 눈은 엄마의 것보다 더 지치고 더 생각이 깊어 보인다. 그러나 무엇보다도 아이는 굉장히 부드럽지만 좀 새치름하게 생긴 엄마의 입을 꼭 빼닮았다. 그 입은 말을 하지 않고 아주 엷은 미소만 지을 때 가장 예쁘다.

귀여운 내 딸 아중시온! 내가 너를 떠나야 한다는 걸 네가 안다면! 내가 "아프다"고 울 거니? 아, '그것이' 이것과 무슨 상관이란 말인가! '그것이' 10월 12일과 무슨 관계가 있단 말인가!……

9월 23일

내가 지난 일을 회상할 수 있고 추억에 잠기는 날들은 흔치 않다. 내가 앞날만을 생각할 수 있고, 오직 이 엄청나고 끔찍한 날을, 마흔 번째 내 삶의 10월 12일을 기다린 지 얼마나 많은 세월이 흘렀던가!

그날은 어떠할지, 그날은 대체 어떤 모습일는지! 나는 두렵지 않다. 그러나 이 10월 12일은 지독하게도 천천히 다가오는 것 같다는 생각이 든다.

9월 27일

늙은 구데후스 박사가 크론스하펜에서 왔다. 그는 가로수 길로 마차를 타고 와서 아중시온과 나와 함께 두 번째 아침 식사를 했다.

"움직이셔야 합니다", 그가 닭 반 마리를 먹으면서 말했다. "백작님, 신선한 공기를 마시며 많이 움직이셔야 합니다. 책은 읽지 마시고, 생각도 하지 마세요! 골똘히 생각하지 마세요! 철학자이시라고 여기기 때문에 드리는 말씀입니다, 하하!"

그의 말에 나는 어깨를 으쓱하며 그의 노고에 진심으로 고마움을 표시했다. 그는 어린 아중시온에게도 조언을 해주었고, 당황하여 억지로 미소를 지으며 아이를 눈여겨 바라보았다. 그는 내가 먹고 있는 약 브로민의 양을 늘려야 했다. 아마도 내가 좀 많이 잘 수 있도록 하기 위한 것 같았다.

9월 30일

9월 마지막 날이다! 이제 오래 남지 않았다. 이제 정말 오래 남지 않았다. 오후 3시. 나는 10월 12일이 시작되기까지 몇 분이나 남았는지 헤아려보았다. 8460분.

어젯밤에 나는 잠을 잘 수가 없었다. 바람이 세게 불어온 데다가 바다가 철썩이는 소리와 빗소리 때문이었다. 나는 누워서 시간이 흘러가게 두었다. 생각하고 또 골똘히 생각한다고? 아, 그건 아니다! 구데후스 박사는 나를 철학자라고 여긴다지만 내 머리는 매우 허약하다. 그래서 내가 생각할 수 있는 건 오직 죽음, 죽음뿐이다!

　나는 깊은 충격을 받았다. 나의 움직임에 승리의 감정이 끼어든다. 이따금, 내가 그것에 대해서 생각하거나 사람들이 의심과 걱정에 찬 눈으로 나를 쳐다볼 때면, 나는 사람들이 나를 정신 나간 사람이라고 생각한다는 것을 알아차렸다. 그래서 나는 의심을 품고 나 스스로를 살펴봤다. 아, 그건 아니다! 나는 미치지 않았다.

　나는 오늘 예의 프리드리히 황제의 얘기를 읽었다. 사람들은 그가 "플로라[꽃]로 시작되는 곳"에서 죽을 거라고 예언했다. 그러자 그는 두 도시, 플로렌츠와 플로렌티눔을 피했다. 그러나 언젠가 그는 그럼에도 불구하고 플로렌티눔으로 갔다. 그리고 죽었다. — 그는 왜 죽었을까?

　예언이란 그 자체로는 별것 아니다. 중요한 것은 그것이 그 사람의 삶에 영향력을 행사하느냐 하는 것이다. 예언이 영향력을 행사한다면 그 예언은 이미 증명된 것이며, 그 예언은 실현될 것이다. — 어떻게? 바로 우리 안에서 생겨나 강해지는 예언이 외부에서 오는 예언보다 더 가치가 있지 않을까? 죽을 시점을 확실하게 알고 있는 것이 죽을 장소를 알고 있는 것보다 더 불확실한 것일까?

　오, 그것은 인간과 죽음 사이의 불변의 관계이지! 너의 의지와 너의 확신으로 너는 죽음의 영역을 흡입할 수 있어. 죽음

이 너에게 다가서도록, 네가 생각하고 있는 그 시간에 오도록 너는 죽음을 끌어당길 수 있는 거야······

10월 3일

안개로 둘러싸여 있어서 끝이 없어 보이는 잿빛 바다처럼, 나의 생각들이 내 앞에 펼쳐질 때면 자주 나는 사물의 연관 관계 같은 것을 보게 되고 우리가 알고 있는 지식들이 아무것도 아니라는 것을 인식하게 되는 것 같다.

자살이 무언인가? 자발적인 죽음인가? 하지만 타의로 죽는 사람은 아무도 없다. 삶의 포기와 죽음에의 귀의는 별 차이 없이 허약함에서 생긴다. 그리고 이 허약함은 항상 육체 또는 영혼, 혹은 그 둘 모두가 병든 결과이다. 인간은 그것에 동의하기 전에는 죽지 않는다······

나는 동의했는가? 나는 아마도 동의했을 것이다. 내가 10월 12일에 '죽지 않는다면', 난 미쳐버릴 수도 있다고 생각하기 때문이다······

10월 5일

나는 끊임없이 그것에 대해 생각하고 있다. 그 생각이 완전히 나를 사로잡는다. ― 언제 그리고 어디서부터 그것을 알게 되었는지 곰곰이 생각해 보지만 나는 말 할 수 없다! 나는

19살인가 20살 때 내가 40세에 꼭 죽을 것이라는 것을 알았다. 그리고 어느 날인가, 그 일이 어떤 날 일어나게 될지에 대해 나에게 집요하게 물었을 때, 나는 그날도 알게 되었다!

그런데 이제 그날이 너무도 가까이 다가왔다. 내가 죽음의 차가운 입김을 느낄 수 있을 정도로 가까이 왔다.

10월 7일

바람이 더 강해졌고, 바다는 쏴쏴 소리를 내고, 빗줄기가 북을 치듯 지붕을 두드렸다. 나는 밤에 잠을 자지 않고, 우비를 입고 해변으로 내려가서 그곳에 놓여있는 바위 위에 앉았다.

내 뒤로 어둠과 빗속에 회색빛 집이 자리한 언덕이 있었다. 그 집에는 어린 아중시온이, 어린 내 딸 아중시온이 자고 있었다! 그리고 내 앞에 펼쳐진 바다는 칙칙한 거품을 내 발치까지 밀어내고 있었다.

나는 밤새도록 바다를 내다보았다. 나는 죽음 또는 죽음 이후가 꼭 저런 모습일 거라는 생각이 들었다. 저기 저쪽 세상 밖에는 끝없이 둔중하게 쏴쏴 소리를 내는 어둠이 있을 것이다. 거기서 나의 생각이나 예감이 계속 살아서 움직이고, 이해할 수 없는 저 바다의 쏴쏴 소리에 영원히 귀를 기울일 것인가?

죽음이 찾아오면 나는 죽음에 고마움을 전하려 한다. 그것
이 너무 일찍 실현된 것이기에 내가 더 기다리지 않아도 되기
때문이다. 아직 짧은 가을날 사흘이 남아있다. 그리고 그 일이
일어날 것이다. 마지막 순간, 그 최후의 순간에 대해 나는 얼
마나 기대에 부풀어있는지! 그것은 황홀한 순간, 이루 형언할
수 없는 달콤한 순간이어야 하지 않을까? 최고의 쾌락을 맛보
는 순간이지 않을까?

아직 짧은 가을날 사흘이 남아 있다. 그리고 죽음이 이곳
나의 방으로 들어설 것이다. — 대체 죽음은 어떻게 처신할 것
인지! 나를 벌레처럼 취급할까? 나의 목을 잡아 조를까? 아니
면 손으로 내 머리 속을 후빌까? — 하지만 나는 죽음이 나에
게는 위대하고 아름답고 야생적 위엄을 지닌 존재라 생각한
다!

10월 9일

아중시온이 내 무릎 위에 앉아 있을 때 나는 아이에게 말
했다. "내가 곧 어떤 식으로든 너를 떠난다면 어떨 것 같으냐?
넌 몹시 슬플까?" 그러자 아중시온은 조그만 머리를 내 가슴
에 파묻고 슬피 울었다. — 고통으로 내 목이 조여들었다.

그런데다 나는 열도 있었다. 내 머리는 뜨거웠고, 나는 오

한으로 몸을 떨었다.

10월 10일

그가 내 곁에 왔다. 오늘밤 그가 내 곁에 온 것이다! 나는 그를 보지도 듣지도 못했다. 그런데도 나는 그와 이야기를 나누었다. 웃기는 일이지만, 그는 마치 치과 의사처럼 행동했다! ─ "이런 건 바로 처치해 버리는 게 상책입니다", 그가 말했다. 그러나 나는 그러고 싶지 않아서 저항했다. 간단한 말로 나는 그를 쫓아냈다.

"이런 건 바로 처치해 버리는 게 상책입니다!" 그 말이 어떻게 들렸던지! 그 말이 내 골수에 사무쳤다. 얼마나 담담하고, 단조롭고, 시민적이었던지! 나는 이보다 더 냉혹하고 경멸에 찬 실망감을 느껴본 적이 없었다.

10월 11일(밤 11시)

내가 그것을 이해하느냐고요? 오! 내가 그것을 이해한다고 믿어들 주시길!

한 시간 반 전, 방에 앉아 있는데 늙은 프란츠가 내 방으로 들어왔다. 그는 몸을 떨며 흐느꼈다. "아가씨가", 그가 소리쳤다. "따님이! 아, 빨리 와보세요!" ─ 그래서 나는 재빨리 달려갔다.

나는 울지 않았다. 그저 차가운 전율이 나를 흔들 뿐이었다. 아이는 침대에 누워있었다. 아이의 검은 머리카락이 창백하고 고통에 찬 조그마한 얼굴을 감싸고 있었다. 나는 아이 곁에 무릎을 꿇었다. 그리곤 아무것도 하지 않았고 아무런 생각도 하지 않았다. ― 구데후스 박사가 왔다.

"심장마비입니다", 그가 말했다. 그는 놀라지 않은 사람처럼 고개를 끄덕였다. 이 무능하고 바보 같은 의사는 마치 자기는 그걸 알고 있었다는 듯이 행동했다!

그런데 나는? ― 나는 그것을 이해했는가? 오, 내가 아이와 단 둘이 있게 되었을 때 밖에서는 빗소리와 바다의 파도치는 소리가 들렸고, 난로의 연통 속에서 바람이 울부짖고 있었다. ― 그때 나는 탁자 위를 탁 쳤다. 한순간에 그것이 나에게 너무나 명백해진 것이었다! 20년 동안 나는 죽음을 끌어 당겨온 것이었다. 한 시간 안에 시작될 이 날로 말이다. 내 마음속에, 마음속 저 깊은 곳에 무엇인가가 도사리고 있었다. 그것은 내가 이 아이를 떠날 수 없으리라는 것을 은밀히 알고 있었던 것이었다. 나는 자정이 지나도 죽을 수 없었을 것이다. 그런데 죽음은 와야만 했다! 그가 왔더라면 나는 그를 다시 쫓아버렸을 것이다. 그러나 그는 먼저 아이에게로 갔다. 그는 내가 알고 있는 것과 믿고 있는 것에 복종해야 했기 때문이었다. ― 귀여운 내 딸 아중시온아, 나 자신이 죽음을 너의 침대로 이끈 것일까? 내가 너를 죽인 것일까? 아, 섬세하고 불가사의한 일들을 표현하기엔 이건 너무 엉성하고 부족한 말들이야!

잘 가라, 내 아가! 잘 가라! 혹시 저기 바깥세상에서 너에 대한 어떤 생각에 잠기고 너에 대한 어떤 아련한 감정을 재발견하게 될지도 모르겠구나. 보아라! 시계 바늘이 움직이고 있고, 귀여운 너의 얼굴을 밝히고 있는 등불도 이제 곧 꺼질 테니까 말이다. 나는 작고 차가운 너의 손을 잡은 채 기다리고 있단다. 그가 곧 나에게로 다가올 것이다. 그러면 나는 그가 "이런 건 바로 처치해 버리는 게 상책입니다"라고 하는 말을 듣게 될 것이고, 그러면 나는 그저 고개를 끄덕이며 두 눈을 감을 것이다.

키 작은 프리데만 씨

1

보모가 잘못을 저질렀다. 보모에게 첫 혐의가 나타났을 때 영사 부인이 그러한 못된 버릇을 자제하라고 엄격하게 타일렀건만, 그게 무슨 도움이 되었던가? 부인이 건강에 좋은 맥주 이외에도 적포도주 한 잔을 매일 건네주었건만, 그게 무슨 소용이 되었던가? 이 처녀가 취사용 도구에 쓰게끔 되어 있는 공업용 알코올을 대책 없이 마신 것이 예기치 않게 드러났고, 그녀 대신 새 보모가 와서 그녀를 내보낼 수 있기 전에 사고가 일어나고야 만 것이었다. 어느 날 어머니와 아직 어린 세 딸이 외출에서 돌아왔을 때 태어난 지 한 달도 안 된 조그만 요하네스가 기저귀 대(臺)에서 떨어져 바닥에서 거의 꺼져

가는 목소리로 신음하고 있었는데, 그 옆에서 보모는 멍하니 서 있었다.

사지가 오그라들며 경련을 하는 아기를 조심스러우면서도 단호한 태도로 살펴보던 의사는 대단히 심각한 표정을 지었고, 세 딸은 한쪽 구석에서 훌쩍거리고, 프리데만 부인은 두려움에 사로잡혀 큰 소리로 기도하고 있었다.

그 가엾은 부인은 아이가 태어나기 전에 이미 네덜란드 영사인 남편이 돌연사한 일을 겪었기에, 아기 요하네스만이라도 잘 키우려는 희망을 지니기에도 이미 너무 탈진해 있었다. 의사는 이틀이 지나서야 부인의 손을 잡고 격려하였다, 이제 위험한 고비는 더는 없을 것이고, 무엇보다 아기의 시선에서 볼 수 있는 가벼운 발작 증상이 완전히 없어졌고, 처음처럼 멍하니 보는 표정을 더는 짓지 않을 것이고…… 아무튼 앞으로 어떻게 될지는 물론 지켜봐야 하겠지만, 이미 말한 것처럼 가장 잘되기를…… 가장 잘되기를 바란다는 것이 그 의사의 설명이었다.

2

요하네스 프리데만이 성장한 회색 합각머리 지붕의 집은

오래된 상업 도시의 북문 곁에 자리 잡고 있었다. 그 집의 문으로 들어서면 석판이 깔린 넓은 복도가 나오고, 여기서 흰색으로 칠한 목조 난간이 설치된 계단으로 오르면 2층이 되었다. 1층 거실의 벽 양탄자는 색이 바랜 풍경화를 보여주고 있었고, 플러시 천을 씌운 진홍색의 육중한 마호가니 테이블 주위에는 등받이가 뻣뻣한 의자들이 놓여 있었다.

어린 시절 요하네스는 늘 아름다운 꽃들이 만발해 있는 여기 창가에서, 어머니의 발치에 있는 조그만 의자에 자주 앉아 있곤 했다. 그러고는 어머니의 매끄럽게 탄 가르마 부분의 흰 머리와 곱고 온화한 얼굴을 골똘히 바라보며, 어머니한테서 늘 풍겨오는 은은한 향기를 들이마시면서 놀라운 이야기에 유심히 귀를 기울이곤 했다. 그렇지 않을 때에는 아마도 그는 회색 구레나룻을 기른 다정한 신사인 아버지의 사진을 보여 달라고 했다. 그러면 어머니가 말씀하시기를, 아버지는 하늘나라에 계시고, 거기서 우리 모두가 뒤따라오기를 기다리신다고 했다.

집 뒤에는 자그마한 정원이 있었는데, 인근 제당공장에서 들척지근한 냄새가 거의 매일 바람에 실려 날아오긴 했지만, 식구들은 여름이면 하루의 대부분을 이 정원에서 보내곤 했다. 거기에는 굵은 혹 마디가 있는 해묵은 호두나무 한 그루가 서 있었는데, 그 나무 그늘에서 어린 요하네스는 이따금 나지막한 목제 안락의자에 앉아서 호두를 까곤 했다. 그러는 동안 프리데만 부인과 이제는 성장한 세 딸은 회색 범포(帆布)로 만든 텐트 안에 있었다. 그러나 어머니는 뜨개질을 하면서도 슬프고도 다정한 눈길을 쳐들어 저 건너편에 있는 아이를 자주 흘끗흘끗 보곤 했다.

키 작은 요하네스는 예쁘지 않았다. 뾰족하게 솟아난 가슴, 심하게 튀어나온 등, 퍽이나 길고 가냘픈 팔을 하고 있는 요하네스가 등받이 없는 의자 위에 쪼그리고 앉아 날쌘 동작으로 열심히 호두를 까는 모습은 정말 진기한 광경이었다. 그러나 그 아이의 손과 발의 모양은 여리면서 가느다랗고, 큰 눈은 노루와 같이 갈색이고, 입술은 선이 부드럽고, 머리카락은 고우면서 엷은 갈색이었다. 얼굴은 양쪽 어깨 사이에 고통스럽게 자리 잡고 있었지만 거의 예쁘다고 말할 수도 있을 정도였다.

3

일곱 살이 되자 요하네스는 학교에 들어갔고, 세월은 단조롭고도 빨리 흘러갔다. 그 아이는 날마다 불구자들이 전형적으로 걷는, 우스꽝스럽게 무게를 잡는 걸음걸이로 합각머리 지붕의 집들과 가게들 사이를 지나 고딕식 아치형으로 지어진 오래된 학교에 다녔고, 집에서는 해야 할 일을 마무리한 뒤, 표지가 아름답게 채색된 책들을 읽거나 정원에서 무엇인가에 몰두했다. 그러는 사이 누나들은 병치레 하는 어머니와 집안 살림을 꾸렸다. 누나들은 여러 사교 모임에도 참석했다. 왜냐하면 프리데만 가문은 그 도시의 상류 계층에 속했기 때문이다. 그러나 유감스럽게도 누나들은 아직 결혼하지 못했다. 재산이 그리 많지 않은 데다가 얼굴도 상당히 못 생겼기 때문이었다.

요하네스도 아마 이따금 같은 또래로부터 초대를 받긴 했으나 그 아이들과 사귀는 것을 즐거워하지는 않았다. 그는 그 아이들의 놀이에 참여할 수 없었고, 그 아이들이 항상 편견을 가지고 거리를 두었기 때문에 그 관계가 우정으로까지 발전할 수는 없었다.

또래 아이들이 학교 뜰에서 자신의 체험담을 이야기하는 시간에 요하네스는 그 아이들이 예쁜 이 소녀 혹은 저 소녀에 푹 빠진 이야기에다 두 눈을 크게 뜬 채 주의 깊게 귀를 기울였지만 그저 잠자코 듣기만 했다. 그는 체조나 공 던지기와 같이 누가 보더라도 멋지게 성공하는 놀이 같은 것은 자신에게는 어울리지 않는다고 스스로 생각했다. 이런 생각 때문에 이따금 약간 슬펐지만, 그는 결국 다른 사람들과 흥미를 공유하지 않으면서 혼자 독립해 살아가는 것에 이미 오래전부터 익숙해져 있었다.

그럼에도 불구하고 요하네스가 열여섯 살이었을 당시, 같은 나이의 한 소녀에게 뜻밖의 연정에 사로잡히는 일이 일어났다. 그 아이는 같은 반 친구의 동생으로, 금발의 말괄량이 소녀였다. 요하네스는 그 소녀 가까이만 있으면 희한하게도 답답함을 느꼈고, 수줍어하는 듯하면서 가식적으로 다정하게 대하는 그 아이의 태도에 요하네스 자신은 깊은 슬픔으로 흠뻑 적셔졌다.

어느 여름날 오후에 요하네스가 홀로 도시 앞 성벽 위를 산책하고 있을 때, 재스민 덤불 사이에서 속삭이는 소리를 듣고 요하네스는 조심스럽게 그 가지들 사이로 들어가 귀를 기울였다. 거기에 있는 벤치에 그 소녀가 키 큰 빨강머리 소년 옆에 앉아 있었다. 요하네스가 잘 알고 있는 그 사내아이가 팔로 그녀를 안고 입을 맞추자 그녀도 킥킥 웃으며 그것을 받아주고 있었다. 요하네스 프리데만은 이 광경을 보고 놀라 뒤돌아서서는 살며시 그곳을 떠났다.

요하네스의 머리는 어느 때보다 더 깊숙하게 두 어깨 사이로 들어갔고, 손이 부르르 떨리면서 바늘로 찌르는 듯한 극심한 고통이 가슴에서 목으로 올라왔다. 그러나 요하네스는 그 고통을 힘겹게 억누르면서 잘 이겨낼 수 있다고 결심한 듯 몸을 똑바로 세웠다. "좋아" 하고 그는 혼자 중얼거렸다. "이게 끝이야. 다시는 이런 일에 관심을 두지 않을 거야. 이런 일은 다른 사람에게는 행복과 기쁨을 선사하겠지만 나에게는 항상 원망과 고통만 가져다줄 뿐이야. 이것으로 끝이야. 이젠 나와는 상관없는 일이야. 결코 두 번 다시는……"

이렇게 결심하고 나니 편해졌다. 요하네스는 포기했고, 영원히 포기했다. 그는 집으로 와서 손에 책을 들거나, 그의 기형적인 가슴에도 불구하고 배운 바이얼린을 켰다.

4

열일곱 살에 요하네스는 그가 속한 사회계층 모두가 그러듯이 상인이 되기 위해 학교를 떠나, 강의 하류에 있는 슐리포크트 씨의 대형 목재 상사에 견습생으로 들어갔다. 사람들은 그를 관대하게 대해주었고 거기에 대해 그 역시 친절하고 붙임성 있게 응대하였다. 시간은 평화롭고 쳇바퀴 돌듯 잘 흘러갔다. 그러나 그가 스물한 살이 되던 해에 그의 어머니가 오랜 투병 끝에 돌아가셨다.

어머니의 죽음은 요하네스 프리데만에게 큰 고통이었으며, 그는 이 고통을 오랫동안 간직하고 살았다. 그는 이것을,

이 고통을 즐겼고, 마치 사람들이 큰 행복에 빠지듯이, 이 고통에 자신을 맡겼고, 어린 시절의 많은 추억과 함께 이 고통을 소중히 키워나감으로써 자신의 강렬한 첫 번째 체험으로서 십분 활용했다.

삶이 우리에게 소위 말하는 '행복'을 주든지 않든지 간에 삶 그 자체는 무엇인가 좋은 것이 아닐까? 요하네스 프리데만은 이것을 느꼈다. 그래서 그는 삶을 사랑했다. 삶이 우리에게 내어줄 수 있는 최고의 행복을 포기한 그가 자신에게 허여되는 갖가지 기쁨을 무척 내밀하고도 면밀한 조심성을 갖고 즐길 줄 안다는 사실은 아무도 이해하지 못할 것이다. 봄철에 도시 앞 공원에서의 산책, 꽃의 향기, 새의 지저귐 ― 이런 것에 대해서도 감사할 수 있어야 하지 않을까?

교양도 즐길 수 있는 능력에 속한다는 것, 심지어는 교양이라는 것 자체가 언제나 즐길 수 있는 능력이라는 것 ― 이 사실도 그는 이해하고 있었다. 그래서 그는 교양을 쌓았다. 그는 음악을 사랑했고 도시에서 열리는 모든 음악회에 참석했다. 바이올린을 연주할 때 몹시 기괴하게 보일지라도 그는 점점 더 듣기 좋게 연주했고 자신이 만든 아름답고 부드러운 음을 즐겼다. 또한 그는 많은 독서를 통해 문학적 감각을 서서히 익혀갔으나 도시 안의 누구와도 그 취미를 공유하지는 않았다. 그는 국내외의 최근 출판물에 대한 정보를 입수했고 시의 운율이 주는 매력을 맛볼 줄 알았으며, 정교하게 서술된 단편 소설의 은밀한 분위기를 감득할 줄 알았다.…… 아! 그는 거의 향락주의자였다고까지 말할 수도 있을 것 같다.

요하네스는 모든 것이 즐길만한 가치가 있고, 행복한 체험과 불행한 체험을 구분한다는 것이 거의 바보 같은 짓이라는 것을 경험으로 이해할 수 있었다. 그는 모든 감정과 분위기를 흔쾌히 받아들였고, 우울한 감정이든 명랑한 감정이든, 실현되지 않은 소망, 즉 '동경'까지도 소중히 키워나갔다. 그는 동경한다는 것 그 자체 때문에 동경을 사랑했으며, 동경이 실현되는 순간 최선의 것이 사라져 가 버릴 것이라고 자신을 달랬다. 고요한 봄날 저녁에 떠오르는 달콤하면서 고통스러운, 그러면서도 막연한 동경과 희망이 여름이 가져다 줄 수 있는 온갖 실현보다 더욱 풍요로운 기쁨을 주지 않겠는가? — 그렇다. 키 작은 프리데만 씨, 그는 향락주의자였다!

길에서 요하네스에게 예전부터 익숙한, 동정심 어린 다정한 태도로 인사하는 사람들은 아마도 이런 사실을 모르고 있었다. 밝은색의 외투와 반짝이는 실크해트를 쓰고 뽐내면서 우스꽝스럽게 거리를 행진하는 — 그는 이상하게도 약간의 허영심이 있었다 — 이 불행한 불구자가 잔잔하게 흘러가는 삶을, 격한 열정은 없지만 스스로 만들 줄 아는 고요하고 부드러운 행복으로 가득 채워가면서, 깊이 사랑한다는 사실을 몰랐다.

5

그러나 프리데만 씨가 원래 열정적으로 애착을 갖고 있는 것은 연극이었다. 그는 굉장히 강한 연극적 감성을 지니고 있어서, 비극의 무대에서 감동적인 사건이 일어나 대단원의 막이 내릴 때 자그마한 온몸에 전율을 느꼈다. 그는 국립극장의 일등석에 고정된 좌석을 정해놓고 정기적으로 관람했다. 때로는 세 누나를 동반하기도 했다. 누나들은 어머니가 돌아가신 후에 남동생과 공동으로 소유하게 된 그 오래된 집에서 자신들과 남동생만을 위한 살림을 꾸려나가고 있었다.

유감스럽게도 누나들은 여전히 결혼을 못 했고, 이미 오래전에 스스로 만족하는 나이에 들어섰다. 맏이인 프리데리케는 프리데만 씨보다 열일곱 살 많았다. 맏이와 그 아래 동생인 헨리에테는 키가 좀 큰 데다 말랐고, 반면 막내 피피는 너무 작고 뚱뚱했다. 게다가 막내는 말할 때마다 몸을 떨며 입가에 거품을 무는 별난 버릇이 있었다.

키 작은 프리데만 씨는 세 누나들에게 관심이 없었으나, 세 누나들은 함께 잘 뭉쳤고 항상 같은 의견이었다. 특히 지인들이 약혼하는 일이 생기면 그것이 '대단히' 기쁜 일이라는 것을 입을 모아 강조했다.

그들의 남동생은 슐리포크트 씨의 목재 상사를 그만두고,

일을 너무 많이 하지 않아도 되는 대리점과 비슷한 어떤 작은 상점을 인수해 회사를 직접 운영하게 되었을 때에도 계속해서 누나들과 한 집에서 살았다. 그는 식사 때만 계단을 올라가면 되도록 이 집의 1층 방 몇 개를 쓰고 있었는데, 이는 그가 이따금씩 천식을 조금 앓고 있기 때문이었다. ―

맑고 따뜻한 유월 어느 날 서른 번째 생일에 그는 점심을 먹은 후 헨리에테가 만들어준 새 원형 베개를 받치고, 양질의 시가를 입에 문 채, 고전 한 권을 손에 들고 회색으로 된 정원용 천막 안에 앉아 있었다. 그러다가 이따금 책을 옆으로 치워놓고는 오래된 호두나무에 자리 잡은 참새들의 즐거운 지저귐에 귀를 기울였고, 집으로 통하는 깨끗한 자갈길과 울긋불긋한 화단이 있는 잔디밭을 내다보곤 했다.

키 작은 프리데만 씨는 수염을 기르지 않았으며, 그의 얼굴은 거의 변한 데가 없었다. 다만 윤곽이 좀 더 날카로워졌을 뿐이다. 가늘고 옅은 갈색 머리카락은 매끈하게 옆 가르마가 타져 있었다.

한번은 그가 책을 완전히 무릎 위로 떨어뜨리고 햇살이 비치는 파란 하늘을 올려다보며 눈을 깜빡였는데, 그때 그는 혼잣말로 중얼거렸다. '이제 30년이 된 거구나. 이제 앞으로 어쩌면 10년이 더 있거나, 아니면 20년이 더 있을지도 모르겠구나. 하나님만 아실 테지. 세월은 소리없이 조용히 올 것이고

또한 흘러간 세월처럼 지나가 버리겠지. 나는 이렇게 평화로운 마음으로 다가오는 해들을 기다리고 있다.'

6

같은 해 7월 지역구 사령부에서는 세상을 떠들썩하게 한 교체가 있었다. 여러 해 동안 죽 그 직책을 맡고 있던 뚱뚱하고 호탕한 신사는 사교계에서 인기가 아주 좋았으므로 사람들은 그가 떠나는 것을 섭섭해했다. 어떠한 사정으로 인해 이런 결정이 나서 폰 린링엔 씨가 수도에서 이곳으로 부임하게 되었는지는 아무도 몰랐다.

실제로 이 교체는 나쁘지 않은 것 같았다. 그 이유는, 결혼했으나 자녀가 없다는 신임 육군 중령이 남쪽 근교에 아주 넓은 고급 저택을 빌렸는데, 사람들은 그것을 보고 그가 화려한 사교 생활을 염두에 두고 있다고 판단했기 때문이다. 아무튼, 그가 대단히 부유하다는 소문은 그가 하인 네 명, 승마용과 마차용 말 다섯 마리, 란다우식 4륜 마차와 사냥용 경(輕) 마차 한 대씩을 이끌고 온 사실로도 입증되었다.

이 집 주인 내외는 도착하자마자 곧 명망 있는 가문을 방문하기 시작했고, 그들의 이름은 모든 사람들의 입에 오르내렸다. 그러나 주된 관심의 대상은 결코 폰 린링엔 씨 자신이 아니라 그의 부인이었다. 남자들은 당혹스러워 어안이 벙벙해 하기는 했으나 일단은 판단을 유보하였다. 그러나 부인들은 게르다 폰 린링엔의 됨됨이와 본성에 대해 노골적으로 반감을 드러냈다.

"수도의 분위기가 느껴지는 것은", 하겐슈트룀 변호사 부인이 헨리에테 프리데만과 대화를 나누면서 말했다. "그것은 뭐, 당연하다고 할 수 있지요. 그녀는 담배를 피우고 승마를 하죠, ― 그것도 좋아요! 그런데 그 여자의 행동거지는 자유롭다 못해 선머슴처럼 거리낌이 없어요. 이 말도 아직 딱 맞는 표현은 아니에요…… 아시다시피 그 여자는 물론 절대로 못생긴 건 아녜요, 아니, 심지어 예쁘다고도 볼 수 있지요. 그럼에도 불구하고 그녀는 여자로서의 매력을 하나도 갖추고 있지 않아요. 그녀의 눈길, 그녀의 웃음, 그녀의 행동에는 남자들이 사랑하는 모든 게 결여되어 있어요. 그 여자는 애교가 없다고요. 그런데 세상은 몰라도 저는 이 점이 칭찬할 만하지 않다고 여길 사람은 절대 아니에요. 하지만 이렇게 젊은 여자한테 ― 그녀는 스물네 살이잖아요 ― 자연스럽게 우러나오는 고상한 매력이…… 완전히 상실되어 있어도 되는 건가요? 아가씨, 나는 말을 잘하는 편은 아니지만, 내가 뭘 말하고자 하는지는 알거든요. 우리 남자분들은 지금도 여전히 머리를 한 방 얻어맞은 기분일 거예요. 두고 보세요, 몇 주만 지나면 싫증이 나서 그 여자를 외면하게 될 테니까."

"어쨌든", 프리데만 양이 말했다. "그 부인은 굉장한 보살핌을 받고 있잖아요."

"맞아요, 남편 덕분에!" 하겐슈트룀 부인이 외쳤다. "그 여자가 남편을 어떻게 대하는지 아세요? 한번 봐야 해요! 앞으로 보게 될 거예요! 저는, 기혼녀라면 이성에게 어느 정도까지는 거절을 할 줄 알아야 한다고 가장 강력하게 주장하는 사람입니다! 그런데 자기 남편한테 어떻게 하는지 아세요? 그 여자는 그를 얼음처럼 차갑게 쳐다보면서 동정 어린 어투로 '이봐요, 친구'라고 말하는 특성이 있는데, 이게 날 화나게 한다고요! 이럴 때 그 양반을 한번 봐야 한다니까요 — 예의 바르고 건장하며 기품 있고 늠름한 모습이 여전히 간직되어 있는 40대 남자로서 훌륭한 장교라고요! 결혼한 지는 4년 되었다네요······ 이거야 원······"

7

키 작은 프리데만 씨가 처음으로 폰 린링엔 부인을 보게 된 곳은 거의 상점들만 즐비해 있는 중앙대로 위에서였고, 이

마주침은 정오쯤 그가 증권 거래소에서 발언을 좀 하고 오던 찰나에 막 이루어졌다.

둥그스름하게 깎은 구레나룻과 엄청나게 두꺼운 눈썹을 가졌고 비정상적으로 크고 억세게 생긴 신사인 거상(巨商) 슈테펜스 옆에서, 그는 쪼끄마한 모습으로 몸에 무게를 잡으면서 산책하고 있었다. 둘 다 실크해트를 쓰고 있었고, 많이 더워서 외투 깃을 열어 놓고 있었다. 그들은 산책용 지팡이를 박자에 맞춰 보도 위를 탁탁 두드리며 정치에 관해 이야기를 나누고 있었다. 그들이 거리의 중간쯤에 오게 되자 갑자기 거상 슈테펜스가 말했다.

"저기에 폰 린링엔 부인이 오는 게 아니라면 내 손에 장을 지지겠습니다."

"그래, 그거 잘 되었네요", 하고 프리데만 씨가 약간 예리하고 높은 목소리로 말하고는 기대감에 차서 똑바로 앞을 바라보았다. "난 아직까지도 그 부인 얼굴을 본 적이 없거든요. 저기 노란 마차가 오네요."

정말로 폰 린링엔 부인이 오늘 사용하고 있는 것은 노란 사냥용 마차였다. 그녀가 두 마리의 늘씬한 말을 손수 몰고 있는 동안 하인은 팔짱을 끼고 그녀 뒤에 앉아 있었다. 그녀는 아주 밝은색의 헐렁한 재킷을 입고 있었고, 스커트도 밝은색이었다. 굵은 쪽머리가 목덜미 맨 아래로 내려오자, 갈색 가죽

끈이 둘러진 작고 동그란 밀짚모자 밑으로 붉은 금발이 삐져 나왔는데, 이 붉은 금발은 귀 위로 손질되어 있었다. 그녀의 타원형 얼굴 피부색은 뿌연 흰색이었다. 비정상적으로 근접해 있는 갈색 두 눈언저리에는 푸르스름한 그늘이 드리워져 있었다. 꽤 섬세하게 생긴 짧은 코 위에는 주근깨가 덮여 있었는데 그녀에게 잘 어울렸다. 그런데 입이 예뻤는지는 알 수 없었다. 이는 그녀가 아랫입술로 윗입술을 비비면서 아랫입술을 끊임없이 앞으로 내밀었다 뒤로 끌어당겼다 했기 때문이었다.

그 마차가 다가오자 거상인 슈테펜스는 특별히 정중하게 인사했고 키 작은 프리데만 씨도 눈을 크게 뜨고 폰 린링엔 부인을 주의 깊게 쳐다보면서 자신의 모자를 살짝 쳐들었다. 그녀는 가지고 있던 채찍을 내리고 머리를 가볍게 끄덕이고는 좌우의 집들과 상점의 진열창을 살펴보면서 천천히 지나갔다.

몇 걸음을 뗀 후에 거상이 말했다.

"산책 드라이브를 하고 이제 집으로 가는 거군요."

키 작은 프리데만 씨는 응답을 하지 않은 채 포장도로를 내려다보고 있었다. 그러고는 갑자기 거상을 쳐다보면서 물었다.

"방금 뭐라고 말씀하셨지요?"

그러자 슈테펜스 씨는 그의 예리한 코멘트를 되풀이해서 말해주었다.

8

사흘 뒤에 요한네스 프리데만은 규칙적인 산책을 마치고 정오 12시에 집으로 돌아왔다. 12시 반에 점심 식사가 있었으므로 바로 현관문 오른쪽에 있는 '집무실'에 반 시간가량 가 있으려던 참에 하녀가 현관으로 와서 그에게 다음과 같이 말했다.

"프리데만 씨, 손님이 와 계십니다."

"나한테?" 그가 물었다.

"아뇨, 저 위에요, 아씨분들께요."

"누군데?"

"폰 린링엔 육군 중령 부부요."

"아, 그래", 프리데만 씨가 말했다. "그러면 나도 어디 한 번······"

그리고 그는 계단을 올라갔다. 그는 위층의 복도를 가로질러 가서 '풍경화의 방'으로 통하는 높고 하얀 문의 손잡이를 손으로 이미 잡았다가 갑자기 멈추고는 한 걸음 물러나서 몸을 돌리고, 천천히 그가 온 길 그대로 되돌아갔다. 그러고는 완전히 혼자였음에도 불구하고 아주 큰 소리로 자신에게 말했다.

"아니야, 차라리 가지 말자 —"

그는 자신의 '집무실'로 내려가 책상 앞에 앉더니 신문을 손에 들었다. 그러나 일 분 후에 그것을 내려놓고 옆쪽으로 창밖을 내다보았다. 하녀가 와서 식사가 준비되었다고 알려줄 때까지 그는 그렇게 앉아 있었다. 그리고 나서 그는 누이들이 벌써 자신을 기다리고 있는 식당으로 올라가서 세 권의 악보책이 놓여 있는 자신의 의자에 자리를 잡고 앉았다.

수프를 떠주고 있던 헨리에테가 말했다.

"요하네스, 누가 여기 왔었는지 알아?"

"누군데요?" 그가 물었다.

"새로 부임한 육군 중령 부부야."

"네, 그래요? 그것 참 친절하시군요."

"그래", 피피가 말하자 입 언저리에 침이 고였다, "두 분 모두 아주 좋으신 분들인 것 같더라."

"아무튼", 프리데리케가 말했다, "우리는 답례 방문을 지체해서는 안 돼. 모레 일요일에 가자고."

"일요일로 하자", 헨리에테와 피피가 말했다.

"요하네스, 너도 우리랑 같이 갈 거지?" 프리데리케가 물었다.

"물론이지!" 피피가 말하고 몸을 떨었다. 프리데만 씨는 질문을 완전히 흘려들었고 고요하면도 불안감에 휩싸인 표정으로 자신에게 할당된 수프를 먹었다. 그는 마치 어딘가를 향해, 뭔가 으스스한 소리를 향해 귀를 기울여 듣고 있는 것만 같았다.

<h2 style="text-align:center">9</h2>

다음 날 저녁 시립극장에서는 〈로엔그린〉이 공연되었고 교양 계층에 속한 사람들은 모두 참석했다. 작은 공간은 위에서부터 아래까지 꽉 차 있었고, 웅성거리는 소리, 가스 냄새와 향수 내음으로 가득차 있었다. 그러나 모든 오페라 쌍안경은, 1층 관람석이나 위층들의 관람석을 불문하고, 무대 바로 오른쪽 옆에 있는 13번 특석실을 향하고 있었는데, 이는 오늘 처음으로 폰 린링엔 씨가 부인과 함께 그곳에 나타났기 때문이고, 사람들은 이 부부 쌍을 한번 제대로 철저히 훑어볼 수 있는 기회를 얻었기 때문이었다.

키 작은 프리데만 씨가 흠잡을 데 없는 검은 양복에다 뾰쪽하게 튀어나온, 광택 나는 흰색 셔츠 앞단을 부착해서 입고 자신이 예약한 특석실 — 13번 특석실 — 에 들어섰을 때, 그는 움찔하면서 문에서 물러서면서 손을 이마 쪽으로 가져갔고 코의 양쪽 날개는 순간적으로 경련을 일으키며 벌름거렸다. 그러나 이윽고 그는 폰 린링엔 부인 왼쪽 자리인 자신의 의자에 앉았다.

그가 앉는 동안 그녀는 한동안 그를 유심히 살펴보면서 아랫입술을 앞으로 내밀고 나서는 자기 뒤에 서 있던 남편과 함께 몇 마디 주고받기 위해 몸을 돌렸다. 그는 양쪽으로 빗어 올린 콧수염과 갈색빛의 선량한 얼굴에다 떡 벌어진 체구를 가진 키 큰 신사였다.

서곡이 시작되고 폰 린링엔 부인이 특석실 난간 위로 몸을 구부리자 프리데만 씨는 재빨리 서둘러 곁눈질하여 부인을 훑어보았다. 그녀는 밝은색의 연회복을 입고 있었는데 심지어 참석한 부인 중에서 유일하게 가슴이 약간 패인 옷을 입고 있었다. 연회복의 소매는 매우 넓고 볼록했고, 흰 장갑은 팔꿈치까지 올라왔다. 그녀의 체형은 오늘 보니 뭔가 풍만한 듯했지만, 요전에는 헐렁한 외투를 입어서 그런지 잘 알아채지 못했었다. 그녀의 가슴은 천천히 완전히 부풀어 올랐다가 내려앉았고, 붉은 금발 머리를 들어 올려 묶은 쪽머리는 육중하게 목덜미 아래까지 내려왔다.

프리데만 씨는 창백했다. 평상시보다 훨씬 더 창백했고, 매끄럽게 가르마를 탄 갈색 머리 아래 이마에는 작은 땀방울이 맺혔다. 폰 린링엔 부인이 특석실 난간의 붉은 벨벳 위에 올려놓은 왼쪽 팔의 장갑을 벗자, 그는 아무런 치장을 하지 않은 손과 마찬가지로 아주 창백한 파란 핏줄이 온통 뻗쳐 있는 팔, 바로 그 맵시 있는 뿌연 하얀 팔을 자꾸만 쳐다보게 되었다. 도저히 달리 어쩔 수 없었다.

바이올린 선율이 흐르고, 나팔 소리도 함께 울려 퍼졌다. 텔라문트는 기진맥진하여 고꾸라지고 오케스트라 전반에 환호가 가득했다. 하지만 키 작은 프리데만 씨는 꼼짝도 하지 않고 앉아 있었다. 창백하고 조용했으며, 두 어깨 사이에 머리를 푹 숙이고, 검지는 입가에, 다른 손은 상의의 옷깃 안에 넣은 채였다.

막이 내리는 동안 폰 린링엔 부인은 남편과 함께 특석을 떠나려고 일어섰다. 프리데만 씨는 직접 쳐다보지 않고도 그 모습을 보았다. 그는 손수건으로 가볍게 이마를 닦고는 갑자기 일어나 복도로 통하는 문이 있는 곳까지 갔다. 하지만 이내 몸을 돌려 원래의 자리로 돌아와 앉았다. 그리곤 조금 전의 자세를 취한 뒤 미동도 하지 않았다.

신호 종소리가 울려 퍼지고 옆자리의 사람들이 다시 돌아왔을 때 그는 폰 린링엔 부인의 두 눈이 자신에게 향해 있음을 느꼈다. 그는 자기도 모르게 그녀 쪽으로 고개를 들었다. 둘의 시선이 마주쳤을 때 그녀는 조금도 시선을 피하지 않았다.

그녀는 전혀 당황하는 기색 없이 계속해서 그를 세심하게 관찰했다. 오히려 그 자신이 압도당한 나머지 기가 죽어서 눈을 내리깔고 말았다. 그러자 그는 더욱 창백해졌으며, 그의 마음속에는 이상야릇하면서도 달착지근하게 타들어 가는 것 같은 분노가 치밀어 올랐다……. 음악이 시작되었다.

바로 이 막이 끝날 무렵에 그 일이 일어났다. 폰 린링엔 부인의 부채가 미끄러져 프리데만 씨 바로 옆의 바닥으로 떨어졌다. 둘은 동시에 몸을 숙였다. 하지만 그녀가 직접 부채를 주워들었다. 그리곤 조롱하듯 미소 지으며 말했다.

"감사합니다."

둘의 머리는 아주 가까이 닿아 있었다. 그래서 그는 잠시 동안이나마 그녀의 가슴에서 나는 따뜻한 향기를 맡지 않을 수 없었다. 그의 얼굴이 일그러지고 온몸은 오그라들었다. 심장이 매우 격렬하고 세차게 뛰어서 숨이 멎을 지경이었다. 그는 한 30초 정도 더 앉아 있다가 의자를 뒤로 밀고 조용히 일어났다. 그리곤 소리 없이 밖으로 나갔다.

10

그는 복도를 지나갔다. 음악 소리가 그의 뒤를 따랐다. 옷

보관소에서 자기의 실크 중절모와 밝은색 외투와 지팡이를 찾은 그는 층계를 내려와 거리로 나갔다.

　고요하고 따뜻한 저녁이었다. 가스등 불빛 속에 회색 합각 머리를 얹은 집들이 하늘을 향해 묵묵히 서 있었다. 하늘에는 별들이 밝고 부드럽게 빛나고 있었다. 프리데만 씨와 마주친 몇 안 되는 사람들의 발걸음 소리가 인도 위에 울려 퍼졌다. 누군가 그에게 인사를 했다. 하지만 그는 보지 못했다. 그는 고개를 푹 숙이고 있었다. 높고 뾰족한 가슴이 떨려서 그는 힘겹게 숨을 쉬었다. 이따금 그는 나지막하게 혼잣말을 중얼거리곤 했다.

　"세상에! 이런!"

　그는 놀라고 또 걱정에 찬 시선으로 자신의 내면을 들여다보았다. 줄곧 아주 잔잔하고 부드럽게 또 현명하게 보살펴 온 자신의 감정이 지금 파헤쳐지고 강제로 끌어올려져 회오리바람처럼 몰아치고 있는 것을……. 어지러움과 도취, 동경과 고통 속에 압도당한 그는 갑자기 어느 가로등 기둥에 몸을 기댔다. 그리곤 부들부들 떨며 속삭였다.

　"게르다!"―

　사방이 고요했다. 이 순간 아주 먼 곳까지 사람의 그림자라고는 코빼기도 찾아볼 수 없었다. 키 작은 프리데만 씨는 겨우겨우 힘을 내어 계속해서 걸어갔다. 그는 극장이 위치해 있으며, 상당히 가파르게 강으로 내리뻗어 있는 거리를 올라갔었다. 지금 그는 중앙로를 따라 북쪽으로, 자기 집 쪽으로 걸음을 옮기고 있었다…….

그녀가 그를 어떻게 쳐다보았던가! 어떻게? 그녀가 눈을 내리깔도록 그를 강요했었나? 그녀가 눈빛으로 그의 자존심을 짓밟았나? 그녀는 여자고, 그는 남자가 아닌가? 그때 그녀의 특이한 갈색 눈이 예의를 차리기 위해서가 아니라 그야말로 기쁨에 겨워 떨고 있지 않았던가?

그는 무기력하면서도 관능적인 증오가 자신의 내면에서 다시 치밀어 오르는 것을 느꼈다. 하지만 다음 순간에 그는 그녀의 머리가 자신의 머리에 닿아 그녀 머리에서 나는 향기를 맡을 수 있었던 그 찰나를 떠올렸다. 그래서 그는 두 번째로 멈춰 서서 불구의 상체를 뒤로 젖히고 치아 사이로 공기를 빨아들였다. 그러고는 다시 한번 완전히 안절부절못하며 절망에 빠진 상태로 정신없이 중얼거렸다.

"원, 세상에! 이럴 수가!"

그러고는 자신의 집 앞에 멈춰 설 때까지 계속해서 천천히, 후텁지근한 저녁 공기를 뚫고, 발걸음 소리가 울려 퍼지는 인적 없는 거리를 기계적으로 걸어서 나아갔다. 그는 좁다란 현관 복도에 잠깐 서서 그곳에 감도는 차가운 지하실 냄새를 빨아들이듯 들이마셨다. 그러고는 자신의 '집무실'로 들어갔다.

그는 열린 창가에 놓인 책상 앞에 앉았다. 그러고는 커다란 노란 장미 한 송이를 똑바로 응시했다. 누가 그를 위해 거기 있는 물 잔에 꽃을 꽂아 놓았었다. 그는 장미를 집어 들었다. 그러고는 눈을 감고 향기를 맡았다. 하지만 이내 피곤하고 슬픔에 찬 몸짓으로 그것을 옆으로 치워 버렸다. 아니야, 아니야, 끝났어! 그런 향기가 그에게 다 무슨 소용이란 말인가? 지금까지 그의 '행복'을 이루어 왔던 그 모든 것이 이제 다 무슨 의미가 있단 말인가……?

그는 몸을 옆으로 돌리곤 고요한 거리를 내다보았다. 이따금 발걸음 소리가 짧게 들려왔다가 멀어져 가곤 했다. 총총히 박힌 별들이 반짝반짝 빛나고 있었다. 그가 얼마나 피곤하며 또 녹초가 되었는지! 그의 머리는 텅 비어 있었다. 그의 절망은 크고 부드러운 비애 속으로 녹아들기 시작했다. 시 몇 구절이 그의 마음속에 떠다녔고, 〈로엔그린〉음악이 다시금 그의 귓가에서 맴돌았다. 그는 다시 한번 폰 린링엔 부인의 자태를, 붉은색 벨벳 위에 놓여 있던 그녀의 흰 팔을 눈앞에 그려 보았다. 그러다가 그는 열로 인해 멍해진 잠 속으로 깊이 빠져들었다.

11

종종 그는 깨어나기 직전까지 가 있곤 했다. 그러나 그는 깨어나는 것을 두려워했다. 그래서 매번 새롭게 무의식 속으로 침잠해 들어가곤 했다. 그러나 날이 완전히 밝으면, 그는 눈을 뜨고는 크고 고통스러운 시선으로 주위를 둘러보았다. 모든 것이 그의 영혼 앞에 선명한 모습을 띠고 있었다. 자는 동안에도 그의 고통은 전혀 사그라지지 않은 것 같았다.

머리는 멍했고, 두 눈은 화끈거렸다. 하지만 세수를 하고 이마에 오드콜로뉴를 흠뻑 바르니 기분이 좀 나아졌다. 그는 열려 있는 창문 옆의 자기 자리로 다시 조용히 돌아가 앉았다. 여전히 매우 이른 시간인 약 다섯 시쯤이었다. 이따금씩 빵집 소년이 지나갔으며, 그 아이 말고는 아무도 보이지 않았다. 길 건너편의 덧문은 아직까지 모두 닫혀 있었다. 하지만 새들이 지저귀고 하늘은 눈부시게 푸른빛으로 빛나고 있었다. 정말 아름다운 일요일 아침이었다.

갑자기 안락함과 친숙함 같은 감정이 키 작은 프리데만 씨를 덮쳤다. 그가 무엇을 두려워했지? 모든 것이 여느 때와 같지 않은가? 어제 좀 고약한 발작이 있었다는 것은 인정해. 하지만 이제는 끝내야지! 아직 너무 늦진 않았어! 아직은 불행에서 벗어날 수 있다! 다시 발작을 일으킬 수 있는 모든 기회를 피해야겠어. 그는 그럴 수 있는 힘을 느꼈다. 그는 그것을 극복하고 또 자신 안에서 완전히 억누를 수 있는 힘을 느꼈다…….

시계가 일곱 시 반을 치자 프리데리케가 들어와서, 뒷벽 쪽에 있는 가죽 소파 앞의 둥근 탁자 위에 커피를 내려놓았다.

"잘 잤니, 요하네스?" 그녀가 말했다. "네 아침 식사야."

"고마워요." 프리데만 씨가 말했다. 그러고 나서 그는 말했다. "누님, 미안한데요, 오늘 방문은 누님들끼리만 하면 좋겠어요. 함께 갈 수 있을 만큼 몸이 좋지 않은 것 같아요. 잠을 잘 못 잤거든요. 두통이 있어요. 그러니 제발 부탁해요……"

프리데리케가 대답했다.

"유감이네. 방문을 끝까지 안 하는 건 절대 안 돼. 하지만 네가 아파보이는 건 사실이구나. 편두통에 바르는 연고 좀 빌려 줄까?"

"괜찮아요." 프리데만 씨가 말했다. "가라앉겠지요." 프리데리케가 나갔다.

그는 탁자 옆에 서서 커피를 천천히 마시며 뿔 모양의 빵 하나를 먹었다. 그는 스스로에게 만족스러웠고, 자신의 결단력이 자랑스러웠다. 식사를 마치고 그는 담배 한 개비를 물고 다시 창가로 갔다. 아침을 먹고 나니 행복하고 희망찬 기분이 들었다. 그는 책을 한 권 집어 들고는 읽으며 담배를 피웠다. 그러다가 눈을 깜빡이며 햇빛이 비치는 바깥을 내다보았다.

거리는 이제 활기를 띠고 있었다. 덜컹거리는 마차 소리, 사람들의 말소리, 마차 도로의 종소리 등이 그에게까지 들려왔는데, 그중에서도 특히 새들이 지저귀는 소리가 들렸다. 그리고 눈부시게 빛나는 파란 하늘로부터 부드럽고 따뜻한 공기가 불어왔다.

열 시에 그는 누나들이 마루 복도를 건너가는 소리와 현관문이 삐걱거리는 소리를 들었다. 이어서 그는 세 숙녀가 창가를 지나가는 것을 보았다. 하지만 그는 그것에 크게 신경 쓰지 않았다. 한 시간이 흘렀다. 그는 점점 더 행복한 기분이 들었다.

일종의 자만심이 그를 채우기 시작했다. 공기가 얼마나 좋아, 새들이 참으로 아름답게 지저귀고 있구나! 잠깐 산책을 하는 건 어떨까? — 하지만 그때 갑자기, 밑도 끝도 없이, 그의 내면에서 달콤한 경악과 함께 그 생각이 떠올랐다. 그녀에게 가면 어떨까? 그리고 그는 불안한 경고를 해대는 그 모든 것을 제대로 힘을 주어 억누르며 행복에 겨워 단호하게 덧붙였다. 나는 그녀에게 갈 거야!

그는 일요일에 입는 정장을 차려입고 실크 중절모를 쓰고 지팡이를 들었다. 그러고 나서 빠르고 조급하게 호흡하며 시내를 가로질러 남쪽 외곽지역으로 향했다. 성 밖의 마로니에 가로수 길에 있는 붉은색 저택 앞에 이를 때까지, 그는 단 한 명도 쳐다보지 않았다. 완전히 혼미하고 흥분된 상태에 빠져 그는 걸음을 뗄 때마다 열심히 고개를 들었다 숙였다 하는 것만을 반복했다. 그 저택의 입구에는 '육군중령 폰 린링엔'이라고 씌어 있었다.

12

여기서 그는 몸을 떨지 않을 수 없었다. 그의 심장은 경련하듯 가슴을 향해 심하게 쿵쾅거렸다. 하지만 그는 통로를 넘어갔다. 그러고는 집 안에 소리가 울려 퍼지도록 벨을 눌렀다. 이제 주사위는 던져졌고 후퇴는 없다. 될 대로 되라지! 하고 그는 생각했다. 그의 내면이 갑자기 쥐죽은 듯 고요해졌다.

문이 열리고 하인이 현관을 지나 그에게로 와서 명함을 받아들었다. 그러고 나서 붉은색 카펫이 깔려 있는 계단을 서둘러 올라갔다. 프리데만 씨는 하인이 돌아와서 귀부인께서 위층으로 모시라고 분부했음을 알릴 때까지 꼼짝 않고 서서 그 카펫을 뚫어져라 바라보았다.

위층의 응접실 문 옆에 지팡이를 세워 놓고 그는 잠깐 거울을 들여다봤다. 그의 얼굴은 창백했으며 붉게 충혈된 두 눈 위에 자리한 이마에는 머리카락이 달라붙어 있었다. 실크 중 절모를 들고 있는 그의 손은 통제 불능 상태로 떨렸다.

하인이 문을 열었다. 그는 안으로 들어갔다. 그는 상당히 크고 어스름한 방에 들어와 있는 자신을 보았다. 창에는 커튼 이 쳐져 있었다. 오른쪽에는 그랜드 피아노가 있었고, 방 가운 데에 있는 둥근 탁자 주위로는 갈색 비단으로 된 안락의자들 이 놓여 있었다. 소파가 있는 왼쪽 벽면에는 금테를 두른 육중 한 풍경화 액자가 걸려 있었다. 벽지도 어두운색이었다. 뒷쪽 의 돌출창 안에는 종려나무들이 서 있었다.

일 분이 지났다. 오른쪽에서 커튼을 젖히고 나타난 폰 린 링엔 부인이 두꺼운 갈색 카펫 위를 소리 내지 않고 걸어서 그 에게로 다가왔다. 그녀는 아주 단순하게 디자인된 검고 붉은 격자무늬 원피스를 입고 있었다. 둥둥 떠 있는 먼지까지 훤히 보이게 하는 빛줄기 하나가 돌출 창으로부터 그녀의 숱 많은 붉은색 머리카락 위로 곧게 내리 떨어졌다. 그래서 그녀의 머 리카락은 순간 금빛으로 빛났다. 그녀는 묘한 느낌의 두 눈으 로 탐색하듯 그를 응시했고, 여느 때처럼 아랫입술을 앞으로 내밀었다.

"부인!" 프리데만 씨가 말을 시작하며 그녀를 올려다보았 다. 그의 키가 단지 그녀의 가슴 부근까지밖에 닿지 않았기 때문이었다. "저도 부인을 예방하고 싶었습니다. 부인께서 영광스럽게도 제 누님들을 방문하셨을 때 저는 유감스럽게도 부재중이었습니다…… 그것을 진심으로 애석하게 생각해왔습니다……"

그는 더는 말을 잇지 못했다. 하지만 그녀는 그대로 서서 그를 냉혹한 시선으로 바라보았다. 마치 그에게 계속해서 말하라고 강요하는 것 같았다. 온몸의 피가 갑자기 그의 머리로 솟구쳐 올랐다. '이 여자가 나를 괴롭히고 조롱하려는 거야!' 그는 생각했다. '그리고 이 여자는 내 속을 훤히 들여다보고 있어! 이 여자의 두 눈이 떨리고 있군!……' 마침내 그녀는 아주 밝고 또 매우 분명한 목소리로 말했다.

"와주셔서 대단히 감사합니다. 일전에는 당신을 뵙지 못해서 저도 유감스러웠습니다. 좀 앉으시겠어요?"

그녀는 그 옆에 앉아서 안락의자의 팔걸이에 팔을 올려놓고는 뒤로 몸을 기댔다. 그는 상체를 앞으로 구부린 채 앉아서 무릎 사이에 모자를 끼고 있었다. 그녀가 말했다.

"바로 15분 전까지 누님들이 여기 있었던 것을 알고 계신가요? 그분들 말씀으로는 편찮으시다고 하던데."

"네, 그렇습니다. 오늘 아침까지만 해도 몸이 안 좋았죠. 외출할 수 있으리라곤 생각도 못했어요. 늦게 찾아뵙게 되어 죄송합니다."라고 프리데만 씨가 대답했다.

"지금도 안 좋아 보이세요." 그녀가 조용히 말했다. 그리고 여전히 그를 꼼짝 않고 바라보았다. "얼굴이 창백하고, 눈도 충혈돼 있어요. 건강에 문제 있으신 건 아니신지요?"

"아, 그게……" 프리데만 씨가 말을 더듬었다. "대체로 만족스럽습니다……"

"저도 많이 아파요." 그녀가 그에게서 시선을 떼지 않고 말을 이었다. "하지만 아무도 그걸 알아차리지 못해요. 저는 신경이 예민해요. 그래서 그런 이상한 상태를 잘 이해합니다."

그녀는 말없이 턱을 가슴까지 내리고는 기다리면서 그를 밑에서부터 위로 올려다보았다. 그러나 그는 대답하지 않았다. 그저 조용히 앉아 눈을 크게 뜨고 생각에 잠겨 그녀를 바라보았다. 그녀의 말투는 얼마나 이상야릇했던가! 카랑카랑하고 불안정한 음성이 얼마나 감동적이었던지! 그는 거기에 감동을 느끼는 것이었다. 심장의 고동은 진정되어 있었다. 그는 마치 꿈을 꾸는 듯했다. — 폰 린링엔 부인이 다시 입을 열었다.

"제 기억이 틀리지 않다면 어제 공연이 끝나기 전에 먼저 자리를 뜨셨지요?"

"그렇습니다, 부인."

"당신처럼 점잖은 옆좌석 분이 일찍 나가셔서 아쉬웠어

요. 공연은 별로였지만요, 아니, 비교적 좋았다는 것 정도로밖에 말할 수 없겠네요. 음악 좋아하시지요? 피아노를 치시나요?"

"바이올린은 조금 켤 줄 압니다. 그러니까 제 말은 별로 대수롭지 않은 수준이라는 뜻입니다……"라고 프리데만 씨가 말했다.

"바이올린을 켜신다고요?"

그녀는 이렇게 묻고는 그녀의 시선이 그를 지나쳐 공중으로 향하도록 하면서 생각에 잠겼다. 그러다 갑자기 말했다. "그럼 가끔 함께 합주도 할 수 있겠군요! 저는 피아노 반주를 좀 해요. 여기서 같이 연주할 사람을 찾은 것이라면 기쁘겠습니다. 같이 하실 거죠?"

"부인의 뜻에 기꺼이 따르겠습니다." 그는 여전히 꿈속에 있는 듯이 대답했다. 그 뒤 잠시 침묵이 흘렀다. 그때 그녀의 표정이 갑자기 바뀌었다. 그는 보았다 ― 그녀의 얼굴이 거의 알아보기 어려울 정도의 잔인한 비웃음으로 일그러지는 것을, 그녀의 눈이 예전에 두 차례 그랬던 것처럼 섬뜩하게 떨리면서 그를 꼿꼿이 탐색하듯 바라보고 있는 것을. 그의 얼굴이 벌겋게 달아올랐다. 어디에 얼굴을 두어야 할지 몰라 엄청나게 당황하고 어리둥절하게 된 그는 두 어깨 사이로 고개를 푹 떨구고 멍하니 양탄자를 내려다보았다. 그러나 이내 달콤한 고통이 뒤섞인 무기력한 분노가 짧은 전율처럼 그의 몸을 관통해서 흘렀다.

그가 죽을 힘을 다해 다시 고개를 들었을 때 그녀는 더는 그를 보고 있지 않았다. 그녀의 시선은 태연히 그의 머리를 넘어 문 쪽으로 향해 있었다. 그는 간신히 몇 마디를 입 밖에 내놓았다.

"부인께서는 저희 도시의 생활에 지금까지는 그럭저럭 만족하시는지요?"

폰 린링엔 부인은 무관심한 듯이 대답했다. "아, 그럼요. 만족 못할 이유가 어디 있겠어요? 물론 좀 답답하고, 남의 시선을 받는다는 생각이 들어요…… 그건 그렇고, 잊어버리기 전에 말씀드려야겠어요. 저희가 며칠 후에 몇 사람을 집에 초대할 생각이에요. 격의 없는 조촐한 모임이죠. 연주도 하고, 좀 수다도 떨고…… 게다가 집 뒤에 아주 예쁜 정원이 있거든요. 아래로 내려가면 강변까지 이어져요. 간단히 말씀드려서, 당신과 당신 누님들은 당연히 초대를 받으실 거예요. 하지만 이참에 바로 참석해주시길 부탁드릴게요. 오실 수 있으시겠어요?"

프리데만 씨가 감사의 인사와 더불어 초대에 응하는 순간 문손잡이가 아래로 힘차게 꺾이더니 중령이 방에 들어왔다. 두 사람은 일어났고, 폰 린링엔 부인이 서로를 인사시켰다. 그녀의 남편은 아내에게 했듯이 프리데만 씨에게도 똑같이 정중하게 허리를 굽혔다. 그의 구릿빛 얼굴이 열기로 번쩍거렸다.

중령은 장갑을 벗으면서 힘차고 날카로운 목소리로 프리데만 씨에게 뭐라고 말했다. 그러나 프리데만 씨는 크고 멍한 눈으로 그를 향해 높은 곳을 바라보며, 중령이 호의의 뜻으로 그의 어깨를 톡톡 두드려 줄 것 같은 기분이었다. 그러나 중령은 발뒤꿈치를 모으고 상체를 살짝 숙인 채 아내에게 몸을 돌리더니 눈에 띄게 낮은 목소리로 말했다.

"부인, 프리데만 씨한테 우리의 작은 모임에 와 달라는 부탁은 했소? 당신만 괜찮다면 여드레 후에 모임을 할 생각이오. 바라건대 이런 날씨가 계속되어서 우리가 정원에도 나갈 수 있었으면 좋겠소."

"당신 뜻대로 해요." 폰 린링엔 부인은 이렇게 말하더니 그녀의 시선이 남편을 스치고 다른 데로 향했다.

2분 뒤 프리데만 씨는 작별 인사를 했다. 그가 문에서 다시 한번 허리를 숙였을 때 그는 무표정하게 가만히 자신을 바라보던 그녀와 눈이 마주쳤다.

13

그는 그곳을 떠났다. 그러나 도시로 돌아가지 않고, 자기도 모르게 가로수 길에서 갈라져서 강가의 예전 성채로 이어지는 다른 길로 들어섰다. 그곳엔 잘 가꾼 녹지, 그늘진 길, 그리고 벤치가 있었다.

그는 위를 보지 않은 채 넋이 나간 듯 빨리 걸었다. 그는 참을 수 없을 정도로 더웠다. 그의 몸속에서 불길이 타올랐다가 가라앉는 느낌이었고, 무엇인가가 그의 지친 머릿속을 가차없이 두드리는 것 같았……

그녀의 시선이 아직도 그를 계속 향하고 있는 건 아닐까? 그것도 지난번처럼 공허하고 무표정한 시선이 아니라, 이전처럼, 야릇하고 조용하게 말을 건넨 뒤에 바로 보인 그 떨리는 잔인한 시선으로? 아, 그녀는 그를 당황하게 해서 어쩔 줄 모르게 만드는 것을 즐기는 것일까? 그녀가 그의 마음을 꿰뚫어 본다면 그에게 약간의 연민을 느낄 수도 있을 텐데?……

그는 아래쪽 강변을 따라가면서 풀이 무성한 방축을 지나, 재스민 덤불이 반원 형태로 둘러싸고 있는 벤치에 앉았다. 사방이 달콤하고 후덥지근한 향으로 가득했다. 그의 앞에는 떨고 있는 강물 위에 햇볕이 뜨겁게 타오르고 있었다.

그는 지금 무언가에 쫓기듯 얼마나 고단한가? 그리고 마음속에서는 얼마나 엄청난 고통의 격랑이 일고 있는가! 다시 한번 주위를 살핀 뒤에 조용히 물속으로 들어가 짧은 고통 이후에 안식의 세계로 해방되고 구원받는 것이 최선이 아닐까? 아, 안식! 안식과 평온이야말로 정말이지 그가 원하던 것이었지! 그러나 그가 원한 것은 텅 비고 공허한 무(無)의 평온이 아니라 선하고 고요한 상념들로 충만한, 부드럽고 밝은 평화였다.

이 순간 그는 삶에 대한 부드러운 사랑과 잃어버린 행복에 대한 깊은 그리움으로 몸서리쳤다. 그러나 그러고 나서, 자기 주위에서 침묵을 지키는, 무심하기 짝이 없는 자연의 평온함을 바라보게 되었다. 그는 보았다, 강물은 햇빛을 받으며 제 갈 길로 흘러가고 있었고, 풀은 떨면서 움직이고 있었으며, 꽃은 활짝 피었던 그 자리에 서 있었지만, 곧 시들고 스러져 갈 것임을. 그는 모든 것이, 정말 모든 삼라만상이 그처럼 묵묵히 현존재에 순응하며 머리를 조아리는 모습을 보았다. — 그러자 갑자기 이에 대한 친근감과 동의하고픈 느낌이 모든 운명 위에 군림할 수 있는 필연성을 지닌 채 그를 엄습해왔다.

그는 자신의 서른 번째 생일의 오후를 생각했다. 그때 그는 행복하고 평화롭게 두려움도 희망도 없이 자신의 남은 삶을 내다본다고 생각했었다. 거기에서 그는 어떤 빛도 그림자도 보지 못했고 그의 앞에 있는 모든 것이 부드러운 어스름한 불빛 속에 놓여 있다가, 저 뒤편으로, 거의 눈에 띄지 않게 어둠 속으로 사라져 갔다. 그리고 그는 우월감에 젖은 평온한 미소로 다가올 시간들을 바라보았었다. 그로부터 얼마나 세월이 흘렀는가?

그때 이 여자가 온 것이었다. 그녀는 와야만 했다. 그것이 그의 운명이었던 것이다. 아니, 그녀 자체가 그의 운명이었다. 오직 그녀만이! 그녀를 만난 첫 순간부터 그는 이것을 느끼지 않았던가? 그가 아무리 자기 삶의 평화를 지키려고 시도했지만, 그녀는 오고야 말았던 것이다.— 사춘기 시절부터 그의 마음 속에 있던 모든 감정, 이 감정들이 그에게는 바로 고통과 파멸을 의미하는 것을 느꼈기 때문에, 그는 이 감정을 억눌러 왔던 것이다. 그런데 이제 그녀가 왔으니, 이것들이 폭발하지 않을 수 없는 것이었다. 이것들은 저항할 수 없는 무서운 힘으로 그를 사로잡아 그를 파멸의 구렁텅이에 빠뜨렸다.

이 감정들이 지금 그를 파멸의 구렁텅이에 빠뜨렸다. 이것을 그는 느낄 수 있었다. 그러나 무엇 때문에 더 싸우면서 자신을 괴롭혀야 한단 말인가? 모든 것이 자기 길을 가도록 내버려 둘 수밖에 없는 것이다! 그도 자기 길을 계속 걸어가, 입을 쩍 벌리고 있는 저 뒤의 심연 앞에서 그만 두 눈을 감은들 어쩌리! 운명에 순종할 일이다! 피해 갈 수 없는 위력, 가학적이면서도 달콤한, 저 어마어마하게 강렬한 힘에 순종할 일이다!

강물이 반짝거렸다. 재스민은 자극적이고 후덥지근한 향을 뿜어내었고, 새들은 사방의 나무들 속에서 지저귀고, 나무 사이로는 빌로드색의 짙은 청색 하늘 한 조각이 빛나고 있었다. 그렇지만 키 작은 곱사등이 프리데만 씨는 아직도 한참 동안 더 벤치에 앉아 있었다. 그는 몸을 앞으로 숙인 채 이마를 양손으로 받친 채 앉아 있었다.

14

폰 린링엔의 저택이 담소를 나누기에 탁월한 장소라는 점에 대해서는 모든 사람의 의견이 일치하였다. 폭이 넓은 식당 홀을 가로지르며 놓여 있는 식탁은 멋스럽게 장식이 되어 있었고 거기에는 약 30명의 인원이 앉아 있었다. 이 집 하인 하나와 일당을 주고 고용한 일꾼 둘이 벌써 부지런히 아이스크림을 들고 돌아다니고 있었다. 홀 안에서는 잔 부딪치는 소리와 그릇 달가닥거리는 소리가 끊이지 않았고, 음식에서 피어오르는 따뜻한 김과 향수 냄새가 가득했다. 좀 여유로운 대상인들은 아내와 딸들을 데리고 이 자리에 모여 있었다. 그 밖에 위수 지역의 거의 모든 장교와 나이 지긋한 평판 좋은 의사 한 명, 법률가 몇 명 그리고 그 외에 이 지역 유지에 속하는 사람들도 있었다. 수학을 전공하는 대학생도 하나 있었는데, 삼촌 집에 방문한 중령의 조카였다. 이 대학생은 프리데만 씨 맞은 편에 앉은 하겐슈트룀 양과 깊은 대화를 나누고 있었다.

프리데만 씨는 테이블 아래쪽 끝 부분의 의자에 근사한 우단 방석을 놓고 앉아 있었다. 예쁘지 않은, 김나지움 교장 부인 옆자리였는데, 슈테펜스 영사가 테이블로 안내한 폰 린링엔 부인과도 멀지 않은 자리였다. 지난 여드레 사이 키 작은 프리데만 씨에게 일어난 변화는 놀랄 정도였다. 그의 얼굴이 기겁할 정도로 창백한 것이야 홀을 가득 채운 가스등의 흰 불빛 때문이기도 했으나, 그의 볼은 푹 꺼져 있었고, 어둡게 그늘진 충혈된 그의 눈은 말할 수 없을 정도로 슬픈 빛을 보여주고 있었다. 그의 형체는 평소보다 더 기형인 것처럼 보였다. 그는 포도주를 많이 마셨고, 이따금 옆에 앉은 교장 부인에게 몇 마디를 건넸다.

폰 린링엔 부인은 식사를 하면서는 한마디도 프리데만 씨에게 말을 건네지 않더니 이제야 몸을 살짝 앞으로 굽혀서 그에게 말을 했다.

"요 며칠 당신이 오셔서 바이올린을 켜 주길 기다렸는데 오시지 않더군요."

그는 대답을 하기 전에 잠시 넋이 나간 상태로 그녀를 바라보았다. 그녀는 하얀 목이 드러나는 밝고 가벼운 드레스를 입고 있었는데, 빛나는 머리에는 활짝 핀 노란색 장미 한 송이를 꽂고 있었다. 이날 저녁 그녀의 뺨은 약간 붉었지만, 여느 때처럼 눈가에는 푸르스름한 그늘이 드리워져 있었다.

프리데만 씨가 접시를 내려다보며 뭔가 대답이라고 하긴 했다. 그러자마자 옆자리의 교장 부인에게 자신이 베토벤을 좋아하는지를 대답하지 않으면 안 되었다. 그런데 이 순간 테이블 상석에 앉아 있던 중령이 아내에게 눈길을 던지더니 잔을 두드리며 말했다.

"신사 숙녀 여러분, 커피는 다른 방에서 마실 것을 제안 드립니다. 그리고 오늘 저녁엔 정원에 나가는 것도 괜찮을 것 같습니다. 정원에서 바람을 쐬고 싶으신 분이 계시면 제가 친구가 되어 드리겠습니다."

그때 좌중에 퍼진 정적을 깨고 다이데스하임 소위가 재치 있게 우스갯소리를 던지는 바람에 모든 사람들이 웃음을 터뜨리며 자리에서 일어났다. 프리데만 씨는 옆에 앉았던 숙녀를 대동하고, 홀을 나서는 마지막 사람들 사이에 섞여서 나갔다. 그는 자신에게 맡겨진 숙녀를 안내하여, 벌써 사람들이 담배를 피우기 시작하는 독일의 고풍스러운 방을 가로질러, 은은한 조명이 되어 있는 안락한 거실 안으로 들어오자, 그녀에게 인사하고 헤어졌다.

그는 옷에 꽤 신경을 쓴 모습이었다. 연미복은 흠잡을 데 없이 완벽했고, 셔츠는 눈부시게 하얀빛을 발했으며, 가늘고 곱게 생긴 두 발은 에나멜 가죽구두를 신고 있었다. 그리고 그가 붉은색 비단 양말을 신고 있다는 것이 가끔씩 엿보였다.

그가 복도 쪽으로 눈길을 돌렸을 때는 꽤 많은 사람들의 무리가 계단을 내려가 정원으로 나가고 있는 것이 보였다. 하지만 그는 담배와 커피를 들고 고풍스러운 방의 문가에 자리를 잡고 앉았다. 방 안에는 몇몇 신사들이 모여 서서 잡담을 하고 있었으며, 그는 거실 안쪽을 바라보고 있었다.

프리데만이 앉은 문가에서 바로 오른쪽에는 작은 원탁을 둘러싸고 사람들이 모여 앉아 있었다. 그들 중에서 중심인물은 매우 열심히 말을 쏟아내는 그 대학생이었다. 그는 하나의 직선에 점 한 개를 가지고 한 개 이상의 평행선을 그을 수 있다는 주장을 하는데, 하겐스트룀 변호사 부인이, "그건 불가능해요!"라고 맞받아치던 참이었다. 그래서 그는 너무나 명확하게 증명을 해보였고, 모든 사람들은 마치 그것을 이해하기라도 한 것 같은 표정을 지었다.

그런데 거실의 배후에서는 게르다 폰 린링엔이 나지막하고 붉은색으로 덧씌워진 램프 옆의 터키식 긴 의자에 앉아 젊은 슈테펜스 양과 대화를 나누고 있었다. 폰 린링엔 부인은 노란 비단 방석에 몸을 약간 깊숙이 기댄 채 한쪽 다리를 다른

쪽 다리 위에 꼬아 올린 자세를 유지하고, 천천히 담배를 피우며 연기를 코로 내뿜는가 하면, 아랫입술을 앞으로 삐죽이 내밀다. 슈테펜스 양은 마치 목제 인형처럼 몸을 똑바로 세우고 폰 린링엔 부인 앞에 앉아 있었고, 소심하게 미소를 띠며 대답하고 있었다.

아무도 키 작은 프리데만 씨에게 신경을 쓰지 않았고, 아무도 그의 커다란 두 눈이 끊임없이 폰 린링엔 부인을 향하고 있다는 사실을 알아채지 못했다. 그는 맥이 빠진 자세로 앉아서 그녀를 바라보고 있었다. 그의 시선에는 열정적인 구석이라곤 전혀 없었으며, 괴로움의 흔적도 없었다. 뭔가 무감각하고 생기 없는 기운이 눈빛에 서려 있었고, 기력도 의욕도 없이 멍한 모습이었다.

그렇게 대략 십 분이 흘러갔다. 그러자 폰 린링엔 부인이 갑자기 몸을 일으켰다. 그녀는 마치 자신이 내내 그를 몰래 지켜보고 있기나 했었던 것처럼, 그를 쳐다보지도 않고 그를 향해 걸어오더니 그의 앞에 멈춰 섰다. 그가 몸을 일으켰다. 그는 그녀를 향해 위로 쳐다보며, 다음과 같은 말을 알아들었다.

"저를 정원으로 데려다주시겠어요, 프리데만 씨?"

그가 대답했다.

"그럼요, 부인."

15

"우리 집 정원을 아직 못 보셨지요?" 그녀가 계단을 내려
가면서 그에게 말을 건넸다. "정원이 꽤 커요. 거기에 아직 사
람들이 너무 많이 있지 않았으면 좋겠네요. 제가 숨을 조금 돌
리고 싶거든요. 식사 중에 두통이 생겼지 뭐예요. 어쩌면 그
적포도주가 제겐 너무 독했는지도 모르겠네요…… 우린 여
기 이 문으로 나가야 해요." 문은 유리문이었으며, 그들은 앞
뜰에서 문을 지나 작고 서늘한 빈터로 나갔다. 그러고 나서 몇
개의 계단을 지나자 건물 바깥이 나타났다.

별이 너무나 멋지게 빛나는 따뜻한 밤에 화단마다 향기가
진동하였다. 정원은 휘영청 밝은 보름달의 빛을 받고 있었으
며, 하얗게 빛이 반사되는 자갈길에서는 손님들이 잡담을 하
고 담배를 피우면서 이리저리 거닐고 있었다. 어떤 그룹은 분
수를 둘러싸고 모여 있었는데, 인기 많은 노의사가 좌중의 폭
소에 둘러싸여 작은 종이배를 띄우고 있었다.

폰 린링엔 부인이 지나가며 가벼운 목례를 하였고, 손으로
먼 곳을 가리켰다. 거기에는 향기를 풍기는 예쁜 꽃정원이 공
원 쪽을 향해 어둠에 둘러싸여 가고 있었다.

"저 중간 가로수 길을 따라 가보지요." 그녀가 말했다. 입
구에는 나지막하고 넓은 오벨리스크 두 개가 서 있었다.

그곳의 뒤편, 일직선의 마로니에 가로수 길이 끝나는 부분에 강물이 달빛 속에서 푸르스름하게 반짝이는 것이 보였다. 사방은 온통 어둡고 서늘했다. 가끔씩 샛길이 나타났는데, 아마 그 길도 빙 돌아서 강에 닿을 것이었다. 한참 동안 아무런 소리도 들려오지 않았다.

"저 물가에", 그녀가 말했다. "제가 이미 자주 앉곤 했던 좋은 자리가 있어요. 거기서 우리는 잠시 얘기를 좀 나눌 수 있을 거예요. — 보세요, 나뭇잎들 사이로 이따금 별 하나가 반짝이곤 해요."

그는 대답하지 않았고, 두 사람이 다가가고 있는 푸르고 어슴푸레 반짝이는 장소를 바라다보았다. 건너편 강변과 방축이 알아볼 만하게 보였다. 두 사람이 가로수 길을 벗어나, 강 쪽으로 경사가 진 풀밭 위에 발을 들여놓았을 때 폰 린링엔 부인이 말했다.

"여기서 오른쪽으로 조금만 가면 우리가 앉을 자리가 있어요. 보세요, 아직 자리가 비어 있네요."

그들이 자리를 잡은 벤치는 가로수 길 언저리로부터 여섯 발자국 떨어진 곳에서 공원에 접해 있었다. 그곳의 공기는 큰 나무들 사이보다 더 따뜻했다. 강가에 바짝 붙어 가느다란 갈대숲으로 이어지는 풀밭에서는 귀뚜라미들이 찌르르 울고 있었다. 밝은 달빛 속의 강물은 부드럽게 빛났다.

두 사람은 잠시 침묵을 지키며 강물을 바라다보고 있었다. 그러던 중 그가 몹시 당황하며 귀를 기울였다. 그가 일주일 전에 들었던 음성, 그 나지막하고 신중하며 부드러운 음성이 다시 그를 건드렸기 때문이다.

"언제부터 장애를 갖게 되었나요, 프리데만 씨?" 그녀가 물었다. "태어날 때부터 그랬나요?"

그는 숨을 삼켰다. 후두가 꽉 조이는 것 같았기 때문이다. 그러고 나서 그는 나지막하고 공손한 목소리로 대답했다.

"아닙니다, 부인. 어릴 때 누가 바닥에 떨어뜨린 거예요. 그래서 이렇게 된 거지요."

"그럼, 이제 나이가 얼마나 되셨나요?" 그녀가 계속 물었다.

"서른입니다, 부인."

"서른" 그녀가 반복했다. "그럼, 지난 삼십 년간 행복하지 않으셨겠네요?"

프리데만 씨는 머리를 가로저었고, 그의 입술이 떨렸다. "네, 행복하지 않았습니다", 라고 그가 말했다. "행복했다는 것은 거짓이었고, 착각이었어요."

"그러니까, 행복하다고 믿으셨던 거군요?" 그녀가 물었다.

"그러려고 노력했지요." 그가 대답했다. 그러자 그녀가 대꾸했다.

"용기가 있으셨던 거예요."

일 분이 지나갔다. 귀뚜라미만 계속 찌르르 하고 울었다. 그들 뒤에서는 나무들 사이에서 아주 나지막하게 쏴쏴 거리는 소리가 들렸다.

"저는 불행이 뭔지를 조금 이해해요." 그녀가 다시 말했다. "그럴 땐 이렇게 물가에 앉아서 여름밤을 보내는 게 최선이에요."

그는 그 말에 대해서는 아무런 대꾸를 하지 않고, 어둠 속에 평화롭게 놓여 있는 건너편 강변 쪽으로 힘없는 몸짓을 해보였다.

"얼마 전에 저기에 혼자 앉아 있었더랬지요." 그가 말했다.

"우리 집을 다녀가신 후에요?" 그녀가 물었다.

그는 고개만 끄덕였다.

그러더니 갑자기 그가 앉은 자리에서 몸을 위로 세우며 떨었고, 흐느낌 속에 외마디 소리, 비탄의 소리이자 또 어쩐지 해방되는 것 같은 소리를 발했다. 그러고는 그녀 앞에서 서서히 땅바닥으로 주저앉았다. 그는 벤치의 자기 옆자리에 놓여 있던 그녀의 손을 잡았는데, 이젠 아예 그 손을 꽉 잡고 또 다른 손마저 움켜쥐면서, 이 작고 완전히 기형으로 생긴 인간이 몸을 떨고 경련을 일으키며 그녀 앞에 무릎을 꿇은 채 그녀의 품에 자신의 얼굴을 묻으면서, 인간적이라고 할 수 없는 헐떡이는 목소리로 더듬거리며 말했다.

"당신은 다 아시잖아요…… 날 그냥 두세요…… 더는 견딜 수가 없어요…… 오 맙소사…… 오 맙소사……"

그녀는 그를 막지 않았다. 그렇다고 그를 향해 낮게 몸을 굽혀주지도 않았다. 그녀는 허리를 똑바로 세우고, 그로부터 몸을 약간 뒤로 뺀 채 앉아 있었다. 미간이 좁은 그녀의 작은 두 눈, 촉촉하고 희미한 강물을 반사하는 것 같은 그 두 눈은 멍하면서 긴장에 찬 표정으로 그의 머리 위를 지나 먼 곳을 향하고 있었다.

그러더니 갑자기, 단번에, 짧고 당당하며 경멸에 찬 웃음소리를 터뜨리며 그녀가 그의 뜨거운 손가락 사이에서 자신의 두 손을 홱 빼버렸고, 그의 팔을 움켜잡더니 그를 옆으로 끌어당겨 완전히 땅바닥에 내동댕이쳤다. 그리고는 벌떡 몸을 일으켜 가로수 길로 사라져 가 버렸다.

그는 그렇게 내동댕이쳐진 채로 누워 있었다. 얼굴을 풀밭에 박고, 감각이 마비된 채 제 정신이 아니었으며, 매 순간 경련이 그의 온몸을 훑고 지나갔다. 그는 간신히 몸을 일으켜 두어 걸음을 옮기다가 다시 땅바닥에 쓰러졌다. 그는 물가에 누워 있게 되었다. ─

그런데 그의 내심에서 무슨 일이 일어났던가? 그렇게 일이 벌어진 상황에서? 그가 느낀 것은 어쩌면 저 관능적인 증오였을 것이다. 그녀가 예의 눈빛으로 그에게 굴욕감을 줄 때면 그가 느꼈던 그 증오 말이다. 그녀에게 개처럼 취급당한 뒤 땅바닥에 누워 있는 지금은 그 분노가 엄청난 분노로 바뀌었다. 그것은 자기 자신을 향해서라도 분출할 수밖에 없는 그런 분노…… 그것은 어쩌면 자기 자신에 대한 혐오감이었을지도 모른다. 자신을 파괴하고, 자신을 산산조각 내버림으로써 자신을 완전히 소멸시켜 버리고 싶은 갈망으로 가득찬 그런 혐오감……

그는 엎드린 채로 몸을 조금 더 앞으로 밀다가, 윗몸을 일으켜 자신을 물속으로 떨어지도록 했다. 그는 다시는 머리를 들어 올리지 않았다. 그는 아직 강가에 놓여 있던 그의 두 다리조차도 더는 움직이지 않았다.

강물이 첨벙 하는 소리에 귀뚜라미들이 잠시 울음을 멈추었다. 그러다가 찌르르 우는 소리가 다시 시작되었고, 공원은 나지막하게 쏴쏴 하는 소리를 내었으며, 억지로 참는 듯한 웃음소리가 그 긴 가로수 길을 따라 아래쪽으로 울려 내려갔다.

어릿광대

지나간 모든 세월을 되돌아보며 마지막으로 그리고 품위 있는 결론으로 말하건대, 사실 그 모든 세월이 이젠 혐오감을 불러일으킨다. 삶이, — 아니, 내 삶이 — 나 자신에게 불러일으키는 혐오감, '그 모든 것', '그 전체'가 내게 불러일으키는 이 혐오감 말이다. 구토가 날만큼 나를 역겹게 하고, 놀라 펄쩍 뛰어 일어서게 하고, 역겨워 온 몸을 떨게 하다가 다시 매몰차게 내동댕이치며 마냥 비참하게 만드는 혐오감. 어쩌면 조만간 한번 내가 그 우스꽝스럽고 하찮은 걱정거리들을 서둘러 끝내버리고, 그냥 도망쳐버리기 위해선 반드시 필요한 도약의 힘을 가져다줄 혐오감. 아무튼 내가 아직 몇 달간 더 돌아다닐 가능성은 매우 크다. 아직 석 달 혹은 반년 동안은 더 먹고, 더 잠자고, 더 일할 수 있을 것이다. — 내가 이번 겨울 내내 살았던 방식 그대로 기계적이고 잘 정돈되어 안정적으로 지낼 것이다, 또한 나의 내면이 아주 혼란스럽게 붕괴되던 과정과는 정반대의 방식으로 지낼 것이다. 인간은 외적으로 자유로울수록, 세상과 동떨어져 있을수록, 즉 조용히 살아갈수록 내적 체험들은 더욱 강력하고, 더욱 공격적이 되는 것 같지 않은가? 아무 소용이 없다. 살아가는 도리밖에 없는 거다. 설혹 행동하는 인간이기를 거부하며, 가장 평화롭고 인적이 드문 곳에 혼자 묻혀 지낸다 하더라도, 내면에서는 삶의 길흉화복이 덮치게 될 것이고, 그러면 그런 화복의 와중에 자신의 품성을 증명해보여야 하는 법이다. 이때 그가 영웅이든, 혹은 익살광대이든 그런 것은 아무 의미가 없다.

나는 내 '이야기'를 적고자 여기에 말끔하게 빈 노트를 준비해두었다. 그런데 도대체 왜 그것을 적고자 하는가? 어쩌면 뭐라도 그냥 할 일을 만들어내기 위해서인가? 혹시 뭔가 심리학적인 것에 대한 흥미 때문에, 그리고 그 모든 삶의 필연성을 즐기고 싶기 때문인가? 필연성이라는 것은 꽤 위로가 되니까! 또 어쩌면 나 자신에 대해 잠시나마 일종의 우월감, 뭔가 냉정한 무관심 같은 것을 즐기기 위해서인가? — 내가 익히 알고 있거니와, 무관심이란 건 일종의 행복 같은 것일 수도 있으니까 말이다.

1

그 도시는 여기서 너무나 멀리 떨어져 있다. 오래된 그 소도시에는 좁고 모퉁이가 많은 거리들, 즉 합각머리 지붕의 집들이 늘어선 거리들과 여러 고딕식 교회들과 우물들이 있고, 부지런하며 건실하고 소박한 사람들이 살고 있다. 또 그곳에는 내가 자라왔고, 세월이 흘러 회백색으로 변한 상류층 대저택이 있다.

그 대저택은 시내 한복판에 자리 잡고 있었으며, 4대에 걸친 부유하고 명망 있는 상인 가문과 함께 존속해왔다. 현관문 위에는 "기도하고 일하라"라는 글귀가 걸려 있었다. 하얀색 래커를 칠한 목제 회랑이 위쪽을 에워싸고 있는 넓은 석제 홀에서 널찍한 계단을 따라 올라가고, 또 넓은 대기실을 거쳐서 기둥이 있는 작고 어두운 홀을 더 통과해야만 높다란 흰색 문들 중 하나를 지나 거실에 이를 수 있었다. 그곳에서 내 어머니는 그랜드 피아노 앞에 앉아 연주를 했다.

어머니는 어스름 속에 앉아 있었다. 두텁고 짙은 붉은색 커튼이 창문 앞에 드리워져 있었기 때문이다. 그러면 벽지에 흰색으로 묘사된 신들의 형상이 푸른색 배경에서 입체감을 드러내며 튀어나와, 마치 쇼팽의 야상곡에서 울려 퍼지는 육중하고 낮은 시작음들에 귀를 기울이는 것처럼 보였다. 어머니는 그 곡을 특히 좋아하여, 화음 하나하나에서 흘러나오는 멜랑콜리를 맘껏 즐기려는 듯이 늘 아주 느릿느릿하게 연주했다. 그랜드 피아노는 낡아서 음이 제대로 울리지는 않았지만, 그래도 피아노 페달을 밟으면 높은음들이 부드러워지면서 은은한 음을 연상시킴으로써 아주 묘한 효과를 낼 수 있었다.

나는 등받이가 딱딱하고 육중한 문직물(紋織物) 소파에 앉은 채 귀를 기울이며 어머니를 바라보았다. 그녀는 작고 여린 몸매에다, 주로 부드럽고 밝은 회색 천으로 만든 옷을 입고 있었다. 그녀의 갸름한 얼굴은 예쁘진 않았지만, 가르마로 나뉘고 살짝 곱슬곱슬한 데다 옅은 금발머리 아래로 조용하고 여리며 몽상적인 어린아이의 용모를 띠고 있었다. 그리고 그녀가 머리를 약간 옆으로 기울인 채 피아노 앞에 앉아 있을 때면, 마치 옛날 그림에서 흔히 성모마리아의 발치에 앉아 열심히 기타를 치고 있는 감동적인 작은 천사들과 닮아 보였다.

내가 어렸을 때 어머니는 나지막하고 은근한 목소리로 내게 여러 동화를 들려주곤 했었는데, 그런 것들은 나 외에 아무도 알지 못했다. 아니면 자신의 품 안에 놓인 내 머리 위에 그냥 손을 얹은 채 꼼짝도 하지 않고 말없이 앉아 있기도 했다. 그때가 내 생애에서 가장 행복하고 평화로운 시절이었다는 생각이 든다. — 어머니의 머리는 희끗희끗해 지지 않았으며,

내겐 그녀가 늙지도 않을 것 같았다. 다만 그녀의 모습이 갈수록 연약해지고, 얼굴은 더 수척해졌으며, 점점 더 말이 없어지고 꿈꾸는 듯한 모습만 두드러졌을 뿐이다.

반면 나의 아버지는 큰 키에 풍채가 좋은 신사로서 세련된 검정 직물 상의에 흰 조끼를 입고 다녔으며, 조끼에는 금테 코안경이 걸려 있었다. 회백색의 짧은 구레나룻 사이로는 입술 윗부분처럼 매끄럽게 면도된 턱이 둥글고 강하게 튀어나와 있었고, 눈썹 사이에는 늘 두 개의 주름이 수직으로 깊게 패여 있었다. 그는 공적인 사안들에서 막강한 영향력을 발휘하는 힘 있는 인물이었다. 나는 아버지를 면담하는 사람들 중에서 안도의 숨을 내쉬며 밝은 눈빛으로 사무실을 나가는 사람들, 또 풀이 죽고 완전히 절망에 빠진 사람들을 목격하게 되곤 했다. 왜냐하면 나는 종종 어머니와 손위의 두 누이들과 함께 그런 일이 벌어지는 현장에 있었던 것이다. 그것은 어쩌면 아버지가 내게 당신처럼 세상에서 크게 성공하고 싶다는 공명심을 불어넣고자 했기 때문이었을 수도 있다. 아니면 그가 관객을 필요로 했던 것인지도 모르겠다는 의심도 든다. 그는 의자 뒤로 기대어 앉아 한 손을 상의 옷깃에 찔러 넣은 채, 자신의 사무실에서 기분이 좋아지거나 혹은 절망한 사람이 나가는 모습을 바라보곤 했는데, 아버지의 그런 태도는 내가 어렸을 때에도 이미 그러한 의심을 품게 했다.

나는 방의 한구석에 앉은 채, 마치 두 사람 중 한쪽을 선택이라도 하듯이 아버지와 어머니를 주시하고 있었다. 그리고 더 나은 인생을 살아가려면 몽상적인 감각의 세계에 머무는 것이 좋을까, 아니면 실질적인 활동과 힘이 있어야 할까, 하고 곰곰이 생각해보았다. 그러다가 내 두 눈은 결국 어머니의 조용한 얼굴 위에 머물렀다.

2

나는 외적으로 살아가는 방식에서 어머니를 꼭 닮은 것은 아니었다. 내가 관심을 기울였던 일들이 대부분 전혀 조용하다거나 별 잡음이 없었다거나 하지 않았기 때문이다. 그중 한가지가 생각나는데, 나는 동년배들과 어울리는 일이나 그들이 노는 방식보다는 그와 사뭇 다른 어떤 놀이에 열정적으로 몰두했고, 서른 살이 다 된 지금까지도 그 놀이를 생각하면 내가슴은 즐거움과 만족감으로 가득찬다.

내가 즐기던 놀이는 뛰어난 여러 장치들을 갖춘 큰 인형극장과 관련된 것이었다. 나는 완전히 홀로 내 방에 틀어박혀 그인형 극장을 가지고 지극히 기이한 음악극들을 공연했다. 내방은 3층에 있었는데, 안에는 발렌슈타인 장군처럼 수염을 기른 선조의 어두운색 초상화 두개가 걸려 있었다. 공연을 할 때 나는 방의 조명을 줄이고, 극장 옆에 등불 하나를 세워두었다. 분위기를 고조시키려면 인공조명이 필요해 보였기 때문이다. 나는 악단 지휘자였기에 무대 바로 앞에 자리를 잡았다. 그리고 크고 둥근 골판지 상자 위에 왼손을 올려놓았는데, 그 상자가 눈으로 볼 수 있는 유일한 관현악단 악기였다.

그러고 나면 함께 공연할 예술가들이 등장했다. 나는 그들을 잉크와 펜으로 직접 그리고 오린 뒤, 뒤에 나무를 대어 세울 수 있게 만들었다. 그들은 외투를 입고 실린더 모자를 쓴 신사들과 무척 아름다운 숙녀들이었다.

"즐거운 저녁 시간을 가지시기 바랍니다, 여러분!" 하고 내가 인사를 했다. "자, 모두 안녕하시지요? 저는 몇 가지 더 정돈할 것이 있어서 벌써 현장에 나와 있습니다. 그런데 이젠 옷을 갈아입을 곳으로 가실 시간이 된 것 같네요."

우리는 무대 뒤쪽에 있는 의상실로 갔다. 그리고 얼마 후 완전히 다른 모습으로 바뀌어 각양각색의 등장인물이 되어 돌아왔고, 내가 커튼에 뚫어놓은 구멍을 통해 객석이 얼마나 채워졌는지를 확인했다. 실제로 객석은 꽤 가득차 있었다. 나는 공연 시작을 알리는 종을 나 자신에게 울린 뒤에 지휘봉을 들어 올리고서 이 손짓이 초래한 완전한 정적을 잠시 즐겼다. 하지만 곧 새로운 동작에 따라 예감으로 가득찬 둔중한 북소리가 연타로 울리며 서곡이 시작되었다. 내가 왼손으로 골판지 상자 위를 두드리면서 그런 연타를 연출해 낸 것이었다. ─ 내가 입으로 기가 막힌 음색을 흉내 내며 만들어낸 트럼펫, 클라리넷, 플루트 소리가 시작되고, 음악은 계속 흘렀다. 그러다가 강력한 크레셴도 음이 나올 때 무대 커튼이 올라갔고, 어두운 숲 혹은 화려한 홀에서 극이 시작되었다.

이 모든 것은 사전에 미리 머릿속에서 짜여있었지만, 세부적인 것은 즉석에서 만들어져야 했다. 열정적이고 달콤한 노래에 클라리넷의 떨리는 음과 골판지 상자의 우렁찬 소리가 더해지는 가운데 울려 퍼지는 것은 기이하고 낭랑한 음의 시 구절들이었다. 거창하고 대담한 말로 가득찬 그 구절들은 이따금 운율도 맞았지만, 이치에 맞는 내용은 거의 되지 못했다. 하지만 오페라는 계속되었다. 나는 왼손으로 북을 치면서 입으로는 노래를 부르고 연주를 하는가 하면, 오른손으로는 연기자들뿐 아니라 그 밖의 모든 것을 최대한 신중하게 지휘했다. 그 결과 막이 끝난 후에는 열광적인 박수 소리가 울려 퍼졌고, 커튼은 수차례나 다시 올라가야만 했다. 가끔씩 악단 지휘자도 자신의 자리에서 몸을 돌리고, 당당하면서도 고무된 기분으로 객석을 향해 감사의 인사를 해야 할 정도였다.

정말이지, 그렇게 힘든 공연을 마치고 열에 들뜬 머리로 연극 장비들을 정리할 때면, 내겐 행복한 노곤함이 가득 밀려왔다. 그것은 한 위대한 예술가가 자신의 최대 능력을 발휘하여 작품을 성공적으로 완성했을 때 느낄 법한 감정 같은 것이었다. ― 이러한 유희는 열서너 살이 될 때까지 내가 가장 좋아하던 일이었다.

3

그런데 그 큰 저택에서 보낸 나의 유년기와 소년 시절은 어떻게 지나갔는가? 그 집의 아래층에서는 아버지가 업무를 보고 있었고, 위층에서는 어머니가 안락의자에 기대어 꿈을 꾸거나 조용히 생각에 잠긴 채 피아노를 쳤으며, 나보다 각각 두 살 그리고 세 살 위의 두 누이들은 주방에서나 옷장들 사이에서 분주하게 일을 하고 있었다. 내가 기억하는 것은 이처럼 얼마 안 되는 것들뿐이다.

내가 무척 활달한 소년으로서 동급생들 사이에서 큰 관심과 인기를 얻어낼 줄 알았다는 점은 확실하다. 그것은 혜택을 받은 내 출신 때문이기도 했고, 완벽하게 교사들 흉내 내기를 잘해서이기도 했으며, 수많은 연기 목록과 일종의 뛰어난 화술을 지닌 덕분이기도 했다. 그러나 수업시간은 내게 고역이었다. 왜냐하면 나는 교사들의 동작에서 우스꽝스러운 점을 찾아내는 데 너무 깊이 몰두한 나머지 그밖의 일엔 도무지 주의를 기울일 수 없었기 때문이다. 또한 집에서는 오페라 소재와 시 구절, 그리고 온갖 쓸데없는 생각으로 머리가 꽉 차 있어서 진지하게 공부할 수 있는 상태가 아니었다.

점심 식사를 마치고 내가 성적표를 거실로 가져가 아버지에게 보여주면, 그는 손을 상의 옷깃에 찔러 넣은 채 성적표를 훑어보고는, "어이구, 이런!" 하고 말했다. 이때 그의 눈썹 사이에 패인 주름은 깊어져 갔다. ─ "정말이지, 널 보면 기쁘지가 않아. 넌 대체 뭐가 되려는 건지, 어디 내게 말 좀 해줄래? 넌 결코 제 구실을 하며 살지 못할 거야."

그런 말은 나를 우울하게 했다. 하지만 그것이 내가 오후에 써둔 시를 저녁 식사 후에 벌써 부모님과 누이들 앞에서 낭독하는 일을 방해하지는 않았다. 그때 아버지는 하얀 조끼에 걸린 코안경이 이리저리 흔들릴 정도로 웃었다. ─ "이 무슨 실없는 짓이람!" 하며 그는 언젠가 내가 한 농담을 듣고 소리쳤다. 하지만 어머니는 나를 자신의 품으로 끌어당겨 이마의 머리카락을 쓸어주며 말했다. "전혀 나쁘지 않구나, 애야. 내가 보기엔, 몇몇 대목은 꽤 멋지구나."

후에 내가 좀 더 나이가 들었을 때, 나는 혼자서 일종의 피아노 연주법을 익혔다. 이때 검은건반이 특히 매력적으로 보여서 일단 올림바장조 화음을 치는 것부터 시작했다. 그리고 다른 조성으로 넘어가는 방법들을 실험하다가, 매우 오랜 시간을 피아노 앞에서 보낸 끝에 차츰 박자와 멜로디에 구애받지 않고 화성의 변화를 주는 데에 어느 정도 숙달한 경지에 이르게 되었다. 그러면서 나는 그 신비한 화음의 물결 속에 가능한 한 많은 표현을 담아냈다.

어머니가 말했다. "저 애가 건반 치는 소리를 들어보면, 소질이 있다는 게 드러나지." 그래서 어머니는 내가 피아노 교습을 받도록 해주었는데, 교습은 반년밖에 지속되지 않았다. 내가 제대로 된 운지법이나 박자 익히기 따위에는 정말 매력을 느끼지 못했기 때문이다. ―

그렇게 몇 년이 흘러갔다. 나는 학교 때문에 생겨난 걱정거리에도 불구하고 무척 쾌활한 모습으로 자라났다. 나는 사뭇 경쾌한 모습으로 돌아다녔고, 여러 지인들과 친척들 사이에서 인기를 끌었다. 하지만 내가 사랑스러운 사람인 체하고 싶어서 재치 있고 사랑스럽게 굴던 것일 뿐이었다. 사실 나는 무미건조하고 상상력이 없는 그 모든 사람들을 육감적으로 꿰뚫어 보고 경멸하기 시작했다.

4

열여덟 살 가량 되어 상급반의 문턱에 서 있던 어느 날 오후, 나는 부모님이 거실의 둥근 소파탁자를 사이에 두고 마주 앉아 나누는 짧은 대화를 엿듣게 되었다. 그 둘은 내가 바로 옆에 붙은 식당에서 할 일 없이 창턱에 몸을 기대고 누워 합각머리 지붕의 집들 너머로 희뿌연 하늘을 쳐다보고 있는 중이라는 것을 알아채지 못했다. 나는 내 이름이 언급되고 있음을 알아차리고, 반쯤 열려있는 흰 여닫이문으로 조용히 다가갔다.

아버지는 한 다리를 다른 다리 위로 걸치고 안락의자에서 뒤로 기대어 앉아 한 손으로는 무릎 위의 주식신문을 쥐고, 다른 손으로는 구레나룻 사이의 턱을 천천히 쓰다듬고 있었다. 어머니는 소파에 앉아 자수틀 위로 평온한 얼굴을 기울이고 있었다. 둘 사이에는 등불이 놓여 있었다.

아버지가 말했다. "내 생각에는 저 아이를 곧 학교에서 데리고 나와, 큰 상회에서 일을 배우도록 하는 것이 좋겠소."

"아", 어머니가 몹시 침울해하며 고개를 들고 말했다. "저렇게 재능 있는 애를요!"

아버지는 잠시 아무 말도 하지 않고, 상의에 묻은 실 먼지를 세심하게 불어냈다. 그런 다음 어깨를 들썩하고 양팔을 쭉 펴서 두 손바닥을 어머니 쪽으로 드러내며 말했다.

"여보, 상인의 활동에 재능이 전혀 필요하지 않다고 생각한다면, 그건 잘못된 생각이요. 또 한편, 유감스럽게도 내가 점점 더 인정할 수밖에 없는 사실은 그 애가 학교에서 전혀 아무 일도 못 해내고 있다는 점이오. 당신이 말하는 저 아이의 재능이란 것도 일종의 어릿광대 재능이지. 물론 내가 그런 재능을 전혀 하찮게 여기지 않는다는 말도 곧 바로 덧붙이고 싶소. 그 애는 기분이 내키면 사랑스럽게 굴 수 있어요. 사람들과 어울리며 그들을 즐겁게 해주고 비위를 맞출 줄 알지요. 사람들의 마음에 들고, 또 성과를 거두고 싶은 욕구가 있어요. 그런 소질 덕분에 이미 여러 사람이 자신의 행운을 얻었고, 우리 아이도 다른 일에는 아주 무관심한 것을 보면, 그런 소질로는 대규모의 사업을 할 상인으로 상당히 적합하오."

이렇게 말하며 아버지는 만족스럽게 안락의자에 등을 기댔고, 담배 케이스에서 담배 한 개비를 꺼내어 천천히 불을 붙였다.

"당신 말은 분명 옳아요." 어머니는 슬픈 표정으로 방 안의 이곳저곳에 시선을 보냈다. "다만 나는 종종 저 아이가 언젠가는 예술가가 될 수 있다고 생각했고, 어느 정도 기대도 했던 거예요…… 제대로 키워지지도 않은 아이의 음악적 재능을 높이 평가하면 안 되는 것이 사실이죠. 하지만 저 아이가 최근에 작은 미술전시회를 다녀오고 난 뒤부터 그림 그리기에 조금 집중하고 있는 것을 알아챘나요? 그게 전혀 나쁘지 않다는 생각이 들거든요……"

아버지는 담배 연기를 내뿜고 안락의자에서 윗몸을 바로 세우며 다음과 같이 짧게 말했다.

"그런 것은 모두 어릿광대짓이고 허풍이오. 말이 나왔으니 하는 말이오만, 물론 저 애 자신은 뭘 원하는지 물어볼 수는 있을 거요."

글쎄, 나는 어떤 걸 원해야 했을까? 나의 외적인 삶이 변화할 것이라는 전망은 내게 완전히 고무적으로 다가왔고, 그래서 나는 상인이 되기 위해 학업을 그만 두는 것을 진지하게 받아들였다. 그리고 도시 아래쪽 강변에 있는 슐리포크트 씨의 목재 도매상에 견습생으로 입사하게 되었다.

5

변화가 전적으로 외형적이었다는 점은 자명하다. 슐리포크트 씨의 목재 도매상에 대한 내 관심은 지극히 미미했다. 나는 예전에 학교에서 그랬듯이 이제는 좁고 어두운 사무실에서 가스등 아래에 놓인 회전의자에 앉자 낯선 심정으로 딴 생각에 빠져 있었다. 이제 내가 걱정이 조금 줄었다는 점은 달랐다.

벌건 얼굴에 희고 뻣뻣한 구레나룻 수염을 길렀으며 퉁퉁한 몸매의 슐리포크트 씨는 내게 거의 신경을 안 썼다. 그가 대개 사무실과 목재 저장소에서 상당히 먼 제재소에 머물러 있었기 때문이다. 목재상 직원들은 나를 정중하게 대했다. 나와 우정 어린 교류를 나눈 직원은 그들 가운데 한 사람뿐이었는데, 그는 좋은 가문 출신에다 재능 있고 유쾌한 청년이었다. 나는 그를 이미 학창 시절부터 알고 있었으며, 덧붙여 말하자면 이름은 쉴링이었다. 그는 나와 마찬가지로 모든 세상 사람을 비웃었으나, 동시에 목재업에도 관심이 컸고, 어떻게든 부자가 되겠다는 확고한 의도를 하루도 빠짐없이 꾸준히 드러냈다.

나로 말하자면, 나는 내가 꼭 해야 할 업무들을 기계적으로 처리하였다. 그밖에는 그냥 목재 저장소에 쌓아놓은 판자 더미와 인부들 사이를 이리저리 돌아다니거나 높은 목재 격자울타리 사이로 드러나는 강을 바라보곤 했다. 간혹 강변을 따라 화물열차가 달려가고 있는 것이 보일 때면, 나는 내가 관람했던 콘서트나 연극 공연, 또는 내가 읽었던 책을 생각했다.

나는 책을 많이 읽었으며, 손에 넣을 수 있는 모든 책을 읽었고 자주 크게 감명을 받곤 했다. 나는 각 작가의 개성을 느낌으로 이해했고, 그런 개성에서 나 자신을 인식하게 되었다고 믿었다. 그리고 어떤 책의 문체에 빠져 생각하고 느끼던 버릇은 새로운 책이 나타나 내게 영향력을 발휘할 때까지 지속되었다. 한때 인형 극장을 세웠던 내 방에서 나는 이제 무릎 위에 책 한 권을 올려놓고 앉아, 두 선조의 초상화를 올려다보며 방금까지 열심히 읽었던 언어의 억양을 음미해보고자 했다. 그럴 때면 정리되지 않은 생각과 상상의 이미지들이 쓸모없이 뒤엉킨 채 나를 가득 채웠다……

내 누이들이 짧은 기간에 연달아 출가를 한 까닭에 나는 사무실에서 일을 하지 않을 때면 자주 응접실로 내려갔다. 그곳에는 이제 자잘한 병치레를 하며 점점 더 어린아이 같아지고 조용해진 표정으로 어머니가 대개는 아주 외롭게 앉아 있었다. 그녀가 내게 피아노로 쇼팽의 곡을 들려주고, 또 내가 새롭게 떠오른 화성의 결합을 그녀에게 보여주고 나면, 그녀는 보통 내게 내 직업에 만족하고 행복하냐고 물었다…… 내가 행복했던 것은 의심의 여지가 없었다.

나는 스무 살을 조금 넘겼고, 나의 삶은 완전히 임시적인 성격을 띠었다. 그래서 내가 슐리포크트 씨의 상회나 또는 조금 더 큰 규모의 목재상에서 내 삶을 보낼 필요가 전혀 없다는 생각은 내게 낯설지 않았다. 나는 언젠가는 그런 일을 그만 두고, 합각지붕 집들이 들어찬 그 도시를 떠나 세상 어딘가에서 내 성향대로 살아갈 생각을 얼마든지 할 수 있었다. 가령 섬세한 묘사가 빼어난 소설들을 읽고, 공연을 보러 극장에 가는가 하면, 직접 음악도 조금 해보면서…… 행복하냐고? 글쎄 나는 잘 차려진 음식을 먹었고, 옷도 최상으로 차려입고 다녔다. 그리고 이미 일찍부터, 예컨대 학창 시절에 가난하고 형편없는 옷을 걸친 동급생들이 습관적으로 주눅이 들어 뭔가 아첨이 섞인 수줍은 태도로 나 혹은 나와 같은 계층 사람들을 기꺼이 주인이자 주도권을 쥔 사람들로 인정하는 것을 볼 때면, 나는 가난하고 불행하며 선망의 눈길을 보내는 그들에 대해 짐짓 호의 어린 경멸의 시각으로 내려다 볼 당연한 권리를 가진 부유하고 부러움을 사는 상류층에 속해 있음을 즐겁게 의식하고 있었다. 그러니 내가 어찌 행복하지 않았으랴? 모든 일이 제각기 돌아가도 괜찮았다. 한동안 친척들과 지인들 사이에서 거리를 두며 우월감을 가지고 명랑한 태도로 행동하는 일은 매력적이었다. 나는 그들의 편협함을 비웃는가 하면, 또 그들의 마음에 들고 싶어서 능수능란하게 사랑스러운 태도로 그들을 대했다. 그리고 그들 모두가 나의 존재와 특성에서 뭔가 저항하는 낌새와 유별난 점을 어렴풋이 짐작함으로써 드러내는 모호하게 정중한 태도를 기분 좋게 즐기기도 했다.

6

한 가지 변화는 아버지와 함께 일어나기 시작했다. 그가 네 시에 식사를 하러 올 때 그의 눈썹 사이의 주름은 날이 갈수록 깊어지는 것 같았다. 그는 더는 당당한 몸짓으로 상의 옷깃에 손을 찔러 넣지 않았으며, 풀이 죽고 신경이 예민해져서 소심한 모습을 보였다. 어느 날 아버지가 내게 이렇게 말했다.

"이제 너도 내 건강을 갉아먹고 있는 걱정거리들을 나와 함께 나눌 만큼 충분히 나이를 먹었다. 게다가 난 네게 그 걱정거리들을 알려줄 의무도 있다. 네가 앞으로 네 삶의 형편에 대해 잘못된 기대에 빠지지 않도록 말이야. 네 누이들의 결혼이 상당한 희생을 요구했다는 점을 너도 알 거다. 최근에 우리 회사는 자산을 크게 감축시킬 만큼 많은 손실을 입었지. 나는 이제 늙은 사람이야. 패기는 많이 사라졌고, 현재 상황에서 본질적인 변화가 가능할 것이라고 생각하지도 않아. 그러니 부디 네가 자립하여 살아갈 수밖에 없으리라는 사실을 깨닫기 바란다……"

아버지가 이와 같이 말한 것은 작고하기 두 달 전이었다. 어느 날 그는 자신의 개인 사무실에서 팔걸이가 있는 안락의자에 앉은 채 얼굴이 누렇게 변한 데다 몸이 마비되어 혀가 꼬이는 상태로 발견되었고, 일주일 후에는 온 도시 사람들이 그의 장례식에 다녀갔다.

어머니는 조용하고 여린 모습으로 거실의 둥근 테이블 옆 소파에 앉아 있었으며, 대개 두 눈을 감고 있었다. 누이들과 내가 그녀를 걱정하면, 그녀는 어쩌면 고개를 끄덕이는 것 같다가 미소를 지어보였다. 그러고는 여전히 한마디도 하지 않고, 두 손을 무릎에 포갠 채 미동도 없이 앉아서 이상스레 슬프고 커다란 눈으로 벽지 위 신들의 형상을 계속 바라보기만 했다. 프록코트를 입은 신사들이 찾아와 회사의 청산 과정에 대해 보고할 때에도 그녀는 그저 고개를 끄덕이고 다시 눈을 감아버렸다.

어머니는 더 이상 쇼팽을 연주하지 않았으며, 가끔씩 가르마 위를 살며시 어루만질 때면 그녀의 창백하고 여리며 지친 손이 떨렸다. 아버지가 작고한 지 반년도 못 되어 그녀는 몸져누웠고, 한마디의 비탄이나 살기 위한 그 어떤 몸부림도 없이 숨을 거두었다……

그렇게 모든 것이 끝났다. 대체 무엇이 나를 그곳에 붙들어 둘 수 있었겠는가? 회사 사업은 끝장이 났고, 좋게든 나쁘게든 내게는 십만 마르크 정도의 유산이 주어졌으며, 그것은 내가 독립하기에 충분했다. ― 세상 모든 것으로부터의 독립 말이다. 내가 별 대수롭지 않은 이유로 군 복무에 부적합하다는 판결이 났을 때는 더욱 그랬다.

　내가 성장하는 동안에 함께 지냈던 사람들과 나를 연결시켜주는 것은 더 이상 아무것도 남아 있지 않았다. 그들은 점점 더 낯설고 놀란 시선으로 나를 쳐다보았고, 그들의 세계관은 너무나 편협해서 내겐 그런 것에 따르고 싶은 마음이 추호도 없었다. 그들이 나를 제대로 알고 있었다고 해도, 즉 전혀 쓸모없는 인간이라고 여겼던 것을 내가 인정한다 해도, 나 또한 나 자신을 알고 있었다. 나는 — 아버지의 말대로 — 나의 "어릿광대 재능"을 유쾌한 측면에서 보기에 충분히 회의적이었고 숙명론적이었다. 그리고 내 방식대로 삶을 즐기려고 기꺼이 마음을 먹기에 내겐 자기 만족감이 전혀 부족하지 않았다.

　나는 나의 작은 재산을 빼내어 거의 아무런 작별 인사도 없이 일단 여행에 몸을 맡기기 위해 그 도시를 떠났다.

7

　이후 내가 열망에 찬 수용력을 발휘하여 수천 가지 새롭고 변화무쌍하며 풍부한 인상들에 몰두했던 삼 년이 내겐 마치 아련하게 멀고 아름다운 꿈처럼 떠오른다. 내가 눈과 얼음으로 둘러싸인 생플론[13] 고개 위의 수사들 거처에서 신년 축제를 보냈던 것이 벌써 언제 적이던가? 베로나의 에르베 광장[14]을 어슬렁거리며 걸었던 적은 언제였나? 보르고 산 스피리토[15] 거리를 나와 처음으로 성 베드로 주랑[16] 아래로 들어섰다가 엄청나게 큰 광장에서 기가 죽은 내 두 눈이 휘둥그레지던 때는 또 언제던가? 코르소 비토리오 에마누엘레[17] 거리에 선 채 저 아래에서 하얗게 빛나는 나폴리 위를 내려다보다가, 먼 바다에서 카프리의 우아한 실루엣이 푸른 연무 사이로 아른거리는 것을 본 때는 또 언제였던가?…… 실제로는 그런 것들이 육년보다 더 오래 되지는 않았다.

오, 나는 매우 신중하고 내 형편에 맞게 생활했다. 소박한 개인 숙박실이나 염가의 여관에서 지냈으니까 말이다. ― 하

---

1 3   생플론(Simplon): 스위스와 이탈리아를 연결하는 해발 2000여 미터 고지의 긴 통로로서 약 20킬로미터에 달함.

1 4   에르베 광장(Piazza Erbe): 이탈리아의 베로나에 있는 광장.

1 5   보르고 산 스피리토(Borgo San Spirito): 바티칸으로 향하고 있는 로마의 거리 이름.

1 6   바티칸의 성 베드로 광장을 에워싼 열주회랑. 원기둥 위에는 3미터 높이로 142명의 성상이 있음.

1 7   코르소 비토리오 에마누엘레(Corso Vittorio Emanuele): 나폴리의 주요 거리 이름.

지만 장소 변화가 잦은 데다, 또 오랫동안 익숙했던 상류 사회
의 습관을 처음에는 쉽게 떨쳐버리지 못해 조금 큰 지출을 피
할 수 없었다. 나는 내 방랑 시기를 위해 일만 오천 마르크를
쓸 요량이었지만, 그 금액은 당연히 초과되었다.

말이 나온 김에 덧붙이자면, 나는 여러 여정 중에 여기저
기서 만나게 된 사람들 사이에서 무난히 잘 지냈다. 그들은 내
게 별 관심을 안 보였으나, 내겐 종종 매우 흥미로운 존재들이
었다. 그들에게 나는 물론 예전에 내 주변에서처럼 존중받는
대상은 아니었지만, 그들이 내게 낯선 시선과 질문을 던질까
봐 두려워할 필요도 없었다.

나는 내 나름의 사교적 재능으로 가끔씩 여러 여관에서 다
른 여행자들로부터 큰 인기를 끌었다. — 이와 관련하여 팔레
르모[18] 시의 미넬리 여관 담화실에서 있었던 한 장면이 떠오
른다. 다양한 연령으로 구성된 프랑스인 그룹 사이에서 나는
우연히 작은 피아노 앞에 앉아 비극적인 표정 연기와 낭송조
의 노래에 곁들여 진동하는 소리의 화음을 총동원하며, "리하
르트 바그너가 작곡한" 음악극에 대한 즉흥 연주를 대충 시작
했다. 그리고 엄청난 갈채와 함께 연주가 끝나자마자 한 노신
사가 서둘러 내게 다가왔다. 그의 머리에는 머리카락이 거의

---

18   팔레르모(Palermo): 이탈리아 시칠리아의 주요 도시.

없었고, 희고 숱이 듬성듬성한 구레나룻 수염이 그의 회색 여행용 윗옷 위로 흘러내리고 있었다. 그는 내 두 손을 부여잡고 눈물을 글썽이며 소리쳤다.

"이건 정말 놀라운 일이요! 놀라운 일이라구요, 선생! 맹세컨대, 나는 지난 삼십년 동안 이보다 더 유쾌하고 재미있는 시간을 가져본 적이 없소! 아, 내가 선생에게 진심으로 감사드리는 것을 허락해 주시겠지요, 그럼요! 선생은 반드시 배우나 음악가가 되어야 하오!"

내가 그런 칭찬을 받는 기회를 맞이하였을 때, 어느 위대한 화가의 천재적 오만함 같은 걸 느꼈던 것은 사실이다. 친구들이 청하면 우스꽝스러우면서도 재기발랄한 캐리커처를 식탁 위에 그려주는 화가 말이다. 그러나 저녁 식사 후에 나는 홀로 다시 담화실로 물러나, 예의 악기로부터 장중한 화음들을 이끌어내며 외롭고 애수에 찬 시간을 보냈다. 그리고 내가 그 화음들 속에 팔레르모의 경관이 내 마음 속에 불러일으키는 기분을 불어넣고 있다고 생각했다.

나는 시칠리아를 출발해서 아주 잠깐 아프리카를 경유한 다음 곧 스페인으로 갔다. 그리고 그곳, 즉 마드리드 근처 시골에서 흐리고 비가 내리는 어느 겨울 오후에 처음으로 독일로 돌아가고 싶다는 소망을 느꼈다. ― 더욱이 독일로 돌아가야 할 필연성까지 느꼈다. 왜냐하면 내가 조용하고 잘 정돈된 정착 생활을 그리워하기 시작했다는 점은 제쳐놓더라도, 독일에 도착할 때까지 아무리 절약한다 해도 이만 마르크를 지출하게 될 것이라는 계산쯤은 어렵지 않았기 때문이다.

나는 너무 오래 망설이지 않고, 프랑스를 느긋하게 통과하는 귀로에 올랐다. 그렇게 돌아오는 길에 각 도시에서 꽤 오래 체재함으로써 거의 반년을 소모했다. 그래서 나는 여행을 시작할 때 이미 선정해놓았던 중부 독일 궁성도시의 기차역에 들어서던 그 여름 저녁을 비애에 찬 기분으로 뚜렷이 기억할 수 있다. ― 당시 나는 그 도시에 대해 약간 알고 있었을 뿐더러 어느 정도의 경험과 지식도 갖춘 데다, 아무 걱정 없이 거기서 독립된 가계를 꾸린 가운데 얼마 안 되는 내 재력에 기꺼이 순응하며 마침내 방해받지 않고 평온한 삶을 살아갈 수 있겠다는 어린애 같은 기쁨에 가득차 있었던 것이다.

그 당시 나는 스물다섯 살이었다.

8

그런 장소를 선택한 것은 나쁘지 않았다. 그곳은 명망 있는 도시로서, 아직 너무 시끄러운 대도시의 혼잡함이 없고 상업적인 번잡함이 지나치게 불쾌할 정도도 아니다. 다른 한편,

꽤 볼 만한 옛날 광장들도 몇 개 있고, 길거리의 삶을 보더라도 활기가 없지 않은 데다 부분적으로나마 우아한 멋까지 있다. 교외에도 여러 쾌적한 장소들이 있다. 하지만 나는 항상 '종달새 산'으로 한참 동안 올라가며 멋지게 꾸며진 산책로를 선호했다. 그 산은 폭이 좁지만 길게 뻗어 있는 언덕이다. 도시의 큰 부분이 이 언덕에 기대어 발달해 있고, 사람들은 언덕에서부터 집들과 교회들, 그리고 부드럽게 굽이쳐 흐르는 강 저 너머로 멀리 탁 트인 전망을 즐길 수 있다. 몇몇 장소에서는, 특히 여름날 날씨가 좋은 오후에 군악대가 연주를 하고, 마차들과 산책객들이 이리저리 움직이고 있을 때에는 로마의 핀치오 언덕이 연상되기도 한다. — 그런데 이 산책로에 대해서는 나중에 다시 언급하게 될 것이다……

나는 도시 한가운데쯤의 활기찬 구역에서 침실이 붙은 널찍한 방을 빌렸다. 내가 얼마나 세심하게 신경을 쓰면서 즐거운 마음으로 그 방을 꾸몄는지 아무도 모를 것이다. 부모님의 가구들은 대부분 내 누이들의 소유로 넘어갔지만, 그래도 내가 쓰던 것들은 나한테 돌아왔다. 그것은 내 책들 그리고 선조들의 초상화 두 점과 함께 도착한 위풍당당하고 튼튼한 물건들이었다. 그중에는 무엇보다도 어머니가 나에게 특별히 물려준 오래된 그랜드 피아노가 있었다.

모든 가구들이 세워지고 정돈되었을 때, 그리고 내가 여행

중에 수집했던 사진들이 사면의 벽과 묵직한 마호가니 책상, 가운데가 불룩하게 튀어나온 옷장을 장식하게 되었을 때, 또 내가 정리를 다 마치고 푸근한 심정으로 창가의 안락의자에 푹 파묻혀서 바깥의 여러 거리와 나의 새 숙소를 번갈아 주시하게 되었을 때, 실제로 내 기분은 꽤 쾌적했다. 그럼에도 불구하고 — 나는 그 순간을 잊지 않았다 — 내 마음 속에는 만족감과 확신에 이어 그 어떤 다른 감정, 은근히 불안하고 혼란스러운 느낌이 슬며시 생겨나고 있었다. 그것은 그 어떤 위협적인 힘에 대한 내 나름의 분노와 반항 같은 아련한 의식이었다…… 그때까지 결코 그 어떤 잠정적인 것 이상의 무엇이 될 수 없었던 나의 상황이 이제부터는 생전 처음으로 확정되어 더는 변경될 수 없는 것으로 간주될 수밖에 없다는 약간은 침울한 생각이 들었던 것이다……

이런 생각, 또 이와 비슷한 감정들이 때때로 반복되어 나타나곤 했음을 나는 숨기지 않겠다. 그런데 날이 점차 어두워지는 데다, 아마 비까지 느릿느릿 내리고 있는 창밖을 내다보는 중에 우울한 변덕에 시달리게 되는 어떤 오후 시간들을 피하는 일이 과연 가능하기는 한가? 아무튼, 확실한 것은 나의 미래가 완전히 보장되어 있다는 점이었다. 나는 팔만 마르크라는 아귀가 딱 맞는 금액을 시영 은행에 맡겨놓았고, 그 이자는 — 아, 때가 좋지 않다! — 석 달에 약 육백 마르크였다. 그

이자 덕분에 나는 품위를 지키고 살면서 읽을거리도 구입하고, 가끔 극장에도 갔다. — 가벼운 소일거리를 위해 드는 약간의 비용도 물론 여기에서 제외되지 않았다.

사실 그때부터는 나의 하루하루가 옛날부터 내가 목표로 삼았던 이상적인 모양대로 흘러갔다. 가령 나는 열 시에 일어나서 아침을 먹고 정오까지 피아노 앞에서, 또 어떤 문학잡지나 책을 읽으면서 시간을 보냈다. 그 다음에는 거리를 어슬렁거리며 올라가서, 내가 규칙적으로 다니던 조그만 레스토랑에서 점심 식사를 했다. 이어서 나는 조금 긴 산책을 했는데, 여러 길거리를 따라 걷다가 어느 화랑을 둘러보기도 하고, 교외로 나가 종달새 산을 오르기도 했다. 집에 돌아와서는 오전에 하던 일을 다시 계속했다. 즉 독서를 하고 음악 연주를 하는가 하면, 게다가 이따금 그림 같은 것을 그리거나 정성을 기울여 편지 한 통을 썼다. 저녁 식사 후에 극장이나 연주회에 가지 않을 때에는 카페에 앉아 있었고, 잠자러 가기 전까지 여러 신문을 읽었다. 내가 피아노 앞에서 새롭고 훌륭하다고 여겨지는 어떤 모티프를 창안하는 데에 성공했거나, 어떤 단편 소설을 읽고, 또는 어느 그림을 보다가 쉽게 가시지 않는 부드러운 느낌을 갖게 되는 날이면, 그날은 정말 좋고 아름다운 날이었고, 행복감을 선사 받은 내용 있는 날이 되었다……

말이 났으니 하는 말인데, 나는 내 생활을 설계함에 있어서 늘 어떤 이상성을 추구했으며, 내가 맞이하는 하루하루에다 가능한 한 많은 '내용'을 부여하고자 진지하게 생각했음을 숨기지 않겠다. 나는 검소하게 식사를 했고, 옷은 통상 단 한 벌로 지냈다. 요컨대 나는 내 육체적인 욕구들을 조심스럽게 제한했던 반면, 오페라나 연주회의 좋은 좌석을 얻고자 높은 가격을 지불하고 문학 신간들을 구입하며 이런저런 미술 전시회를 방문하기 위해 신경을 썼다……

그러나 하루하루가 흘러갔다. 그리고 그런 날들이 모여 여러 주가 되고, 또 여러 달이 되었다. — 지루함? 몇 시간 내내 알찬 내용을 마련해줄 수 있는 책이 항상 손에 들려 있지는 않다는 것을 나는 인정한다. 말이 나온 김에 덧붙이면, 피아노 앞에서 환상곡을 시도해 보았으나 아무런 행운도 따르지 않는 적이 있고, 창가에 앉아서 담배만 피워대는 때도 있다. 그럴 때면 온 세상으로부터, 그리고 자신으로부터도 혐오감이 엄습해 오는 것을 억제할 수 없다. 불안감, 기분 나쁘게 익숙한 그 불안감이 다시금 엄습해 오는 것이다. 그럴 때면 벌떡 일어나 그 자리에서 도망쳐서 길거리로 나가게 된다. 그리고는 스스로 행복한 사람인 양 유쾌하게 어깨를 으쓱해 보이며, 정신적으로나 물질적으로 여가를 향유할 재주가 없는 직장인들이나 노동자들을 관찰하는 것이다.

9

스물일곱 살밖에 안 된 청년이 자기 처지가 더는 변하지 않을 것이라고 진심으로 믿을 수 있는가? 그렇게 변하지 않을 가능성이 상당히 다분해 보인다 하더라도 정말 그렇게 믿을까? 한 마리 새의 지저귐, 언뜻 엿보이는 푸른 하늘 한 조각, 간밤에 꾸었으나 반쯤만 기억되는 희미한 어떤 꿈 — 이 모든 것은 문득 솟구치는 막연한 희망의 물결을 그의 가슴에 부어 넣고, 어떤 예견하지 못한 큰 행운에 대한 신명나는 기대로 가슴을 벅차오르게 하는 계기가 될 수 있는 법이다…… 나는 하루하루를 빈둥거리며 보냈다. — 평온하게, 그 어떤 목표도 없이, 이런 저런 사소한 희망에 마음을 쓰면서 지냈다. 그 희망이란 것이 비록 어떤 읽을 만한 잡지가 나오는 날이라는 사실에 지나지 않는다 하더라도, 나는 내가 행복하다고 확고하게 믿으며 지냈고, 가끔씩 고독한 나머지 약간 피곤해지기도 했다.

내가 다른 사람들과 교제하고 만나는 기회가 부족하다는 불만에 사로잡히는 그런 시간들이 실제로 그리 드물지 않았다. — 그런 부족함을 굳이 설명해야 할 필요가 있을까? 나에게는 상류사회, 그리고 이 도시에서 다소 잘 나가는 부류의 사람들과의 접촉이 전혀 없었다. 나는 밤나방이 되어 금수저 청년들 사이에 끼어들기에는 정말이지 재력이 부족했다. — 그렇다면 예술가 기질의 집시로는 어떨까? 하지만 나는 제대로 교육을 받은 사람이고 깨끗한 내의와 흠 없는 옷을 입고 다니는데, 압생트[19]가 흘러 찐득찐득하게 들러붙은 탁자 앞에 앉아 세련되지 못한 젊은이들과 어울리며 무정부주의 성향의 대화를 나누는 데에는 전혀 흥미를 느끼지 못한다. 간단히 말하면, 내가 당연하게 소속될 수 있을 만한 특정한 사회 부류가 존재하지 않았던 것이다. 그리고 이런저런 계기를 통해 저절로 알게 되는 사람들도 드물었고, 설령 있다 하더라도 피상적이고 냉랭한 관계로 남을 뿐이었다. — 그것은 내 자신의 잘못 때문이었음을 인정한다. 왜냐하면 그런 경우에도 나는 불안정한 감정으로 뒷전에 머물러 있었기 때문이다. 더군다나 어떤 보잘것없이 되어버린 화가에게조차 나는 내가 누구며 무엇을 하는 사람인지, 짤막하고도 명확하게, 또 나를 인정할 수밖에 없도록 당당하게 말을 건네지 못한다는 그런 불쾌한 의식에 사로잡혀 있었다.

말이 났으니 말인데, 내가 어떤 식으로든 '사회'에 봉사하지 않고 나 자신의 길을 가려는 자유를 택했을 때, 아마 나는 이미 '사회'와의 관계를 끊었고, '사회'를 단념했던 것 같다.

---

19 19세기 말 유럽의 보헤미안적 예술가들이 즐겨 마시던 값싼 독주.

만약 내가 행복해지기 위해 '사람들'이 필요했다면, 나는 스스로에게 자문하지 않을 수 없었을 것이다 — '그렇다면 내가 진작 제법 큰 규모의 상인이 되어 공익을 위해 돈을 벌고, 일반 사람들의 부러움과 존경을 받기 위해 애를 썼어야 하지 않았을까'라고 말이다.

하지만 — 하지만! 분명한 사실은, 나의 철학적인 고독 때문에 내 불만이 무척 커졌다는 점이었고, 그 철학적인 고독감이 결국에는 '행복'에 대한 나의 견해, 즉 내가 행복하다는 의식 내지 확신과는 일치하기가 매우 힘들게 되었다는 점이었다. 이런 확신이 뒤흔들린다는 것은 — 의심할 나위 없이 명백하거니와 — 전혀 불가능했던 것이다. 행복하지 않다는 것, 불행하다는 것, 그런 것이 도대체 생각할 수나 있는 일이던가? 그것은 생각할 수도 없는 일이었다. 이와 같은 판단과 함께 그 질문은 처리되었다. 그러나 이렇게 홀로 앉아있는 일, 이런 은둔 생활과 국외자 처지가 내겐 비정상적으로, 그러니까 전혀 정상적이지 않아 보였고, 스스로도 깜짝 놀랄 만큼 언짢은 기분을 불러일으키는 그런 시간들이 다시 찾아오곤 했다.

'언짢은' 상태 — 이것이 행복한 사람의 속성이던가? 나는 고향 도시의 제한된 계층 내에서 보냈던 나의 삶을 회상해 보았다. 그 안에서 나는 천재적이고 예술가적인 재능을 타고났다는 유쾌한 의식을 가지고 활동할 수 있었다. — 사교적이고 친절한 사람으로서 눈에는 명랑함과 장난기, 그리고 온 세상 사람들에 대한 넉넉한 선의가 넘쳐났으며, 약간 기인이라는 세평이 있기는 했지만, 그래도 인기가 많았다. 그 당시 나는 행복했었다. 비록 슐리포크트 씨의 목재 도매상에서 일하지 않으면 안 되었음에도 불구하고, 나는 만족했다. 그런데 지금은? 지금은 어떠한가?⋯⋯

그래도 대단히 재미있는 책 한 권이 출간되었다. 프랑스의 한 소설책인데, 큰맘 먹고 구입한 그 책을 나는 안락의자에 편안히 앉은 채 한가로이 즐길 참이다. 또 다시 삼백 쪽이나 되는 책을 갖게 된 것이다! 높은 미적 감각과 재담으로 가득하여 빼어난 예술작품이다! 아, 나는 내 삶을 내 마음이 내키는 대로 정립해 놓았다! 그런데도 내가 행복하지 않다는 말인가? 이런 질문은 우스꽝스러운 짓, 그 이상도 이하도 아니다⋯⋯

10

또 다시 하루가 저물고 있다. 다행히도 오늘은 내용이 있는 하루였다는 사실을 부인할 수 없다. 저녁이 되었고, 창문에는 커튼이 쳐졌으며, 책상 위에는 등불이 켜져 있다. 벌써 자정이 가깝다. 잠자리에 들 수도 있겠지만, 안락의자 속에 반쯤 누운 채 무엇인가를 기다리고 있다. 두 손을 무릎 위에다 포개어 놓은 채 천정을 올려다본다. 그리고는 쫓아버릴 수 없었던 그 어떤, 딱히 뭐라 형언할 수 없는 희미한 고통이 아련히 파고들며 가슴을 갉아먹는 상태를 순순히 실감해 보고 있다.

불과 몇 시간 전만 해도 나는 한 편의 위대한 예술작품에 대한 감동에 푹 빠져 있었다. 지독하리만큼 엄청난 창조물 중의 하나인 이 작품은 기고만장하게 독창적인 딜레탕티즘의 타락한 화려함을 과시하며, 보는 사람을 뒤흔들고, 마비시키고, 괴롭히고, 또 행복하게 만들다가 끝내 바닥에 내동댕이쳐 버린다…… 내 신경은 여전히 떨고 있고, 내 환상은 온통 파헤쳐지며, 또 특이하게 뒤섞인 기분이 내 안에서 위아래로 출렁댄다. 이것은 동경, 종교적 열정, 승리감, 신비로운 평화의 기분이다. ― 그리고 그런 기분을 끊임없이 새로 솟구치게 하며 밖으로 내몰고 싶은 욕구가 함께 있다. 그런 기분을 표현하고, 전달하여 드러내며, "그것을 가지고 무언가를 만들어 내고 싶은" 욕구……

내가 실제로 예술가가 되어 음향, 그리고 언어나 그림으로 스스로를 표현할 수 있다면 어떨까? ― 솔직히 말해, 내가 가장 원하건대 이 모두를 동시에 한다면? ― 하긴 내가 많은 일을 해낼 수 있다는 것은 사실이지! 좋은 예로, 나는 작고 조용한 방 안에서 그랜드피아노 앞에 앉아 내 멋진 감정들을 유감없이 맘껏 표현할 수 있으며, 그걸로 내겐 충분해야 할 것이다. 왜냐하면 내가 행복해지려고 '사람들'이 필요하다면, — 고백하건대, 이 모든 것이 필요하다면! 나 역시도 성공에 약간 가치를 두고 있다면, 명성, 인정, 칭찬, 부러움, 사랑을 소중히 여긴다면?…… 그래, 맹세코! 팔레르모의 그 담화실에서 있었던 장면을 떠올리기만 해도, 지금 이 순간 그 비슷한 사건이 일어난다면 그건 내게 비교할 수 없을 만큼 큰 용기를 주리라는 점을 인정할 수밖에 없다.

잘 생각해 보면, 나는 이 궤변에 차고 우스꽝스러운 개념 구별을 인정하지 않을 수 없다. 내적 행복과 외적 행복 사이의 구별! — '외적 행복'이란 대체 무엇인가? — 세상에는 신의 총아 같은 부류의 사람들이 있는 것 같다. 그들의 행복이 천재성이고, 그들의 천재성이 행복이다. 그들은 빛의 인간들로, 태양의 반사광과 여운을 눈에 담고서 가볍고 우아하며 사랑스럽게 평생 시시덕거리며 지낸다. 그러면 온 세상이 그들을 에워싼 채 경탄하고 칭찬하며 부러워하고 사랑하는데, 그건 질투조차도 그들을 미워하게 할 수 없기 때문이다. 하지만 그들은 어린아이 같은 표정을 짓는다. 조소에 찬 말투에, 버릇없으며, 변덕스럽고, 오만한 데다, 또 밝고 친근하게, 자신의 행복과 천재성을 확신하면서, 그리고 이 모든 것이 전혀 달리 될 수 없다는 듯이……

　나로 말할 것 같으면, 이런 부류의 사람들에게 속하고 싶은 나의 약점을 부정하지 않는다. 그리고 옳은 생각이든 그릇된 생각이든, 어쨌거나 내가 한때는 그들에게 속했던 것 같은 생각이 늘 새롭게 머릿속에 떠오른다. 정말 '어쨌거나' 그러하다. 솔직히 말해, 그런 일은 자신을 어떤 사람으로 간주하고, 어떤 사람으로 행세하며, 또 어떤 사람으로 행세할 확신이 있는가에 달려있기 때문이다!

　어쩌면 실제로는 내가 '사회'에 대한 헌신으로부터 멀어짐으로써 '사람들' 없이 나의 삶을 꾸려나가면서 '외적 행복'을 단념했다는 것이 전부일지도 모른다. 그런데 이에 대한 나의 만족감에 대해서는 당연히 한순간도 의심할 수 없고, 그런 의심이 일어날 수 없으며, 일어나서도 안 된다. ― 왜냐하면 반복해서 말하건대, 절망적으로 강조하며 반복하거니와, 나는 행복해지고자 하며, 행복해야만 하기 때문이다! '행복'을 일종의 공로, 천재성, 고귀함, 사랑스러움이라고 보고, 반면에 '불행'을 뭔가 혐오스러운 것, 음울한 것, 경멸할 만한 것, 한마디로 우스꽝스러운 것이라고 이해하는 시각은 나의 내면에 너무 깊숙이 자리 잡고 있어서, 나는 내가 불행하다면 스스로를 존중할 수 없을 것이다.

　내가 어떻게 스스로에게 불행함을 허락할 수 있겠는가?

내 앞에서 나는 어떤 역할을 해야 할까? 일종의 박쥐나 부엉이처럼 어두운 곳에 쪼그리고 앉아서 '빛의 인간들', 사랑스럽게 행복한 인간들을 부러워하며 쳐다보고 있어야 하지 않을까? 나는 어쩌면 그들을 증오해야 할 것이다. 독을 품은 사랑일 뿐인 그런 증오심으로 그들을 미워하고, ― 또 나를 경멸해야만 할 것이다!

"어두운 곳에 쪼그리고 앉아서!" 아, 내가 수개월 전부터 때때로 '국외자 처지'와 '철학적인 고독'에 대해서 생각하고 느꼈던 것들이 떠오른다! 그러자 불안감이 다시 느껴진다. 역겹고 익숙한 이 불안! 그리고 위협적인 어떤 힘에 대한 일종의 분노 같은 의식이 생긴다……

― 위로가 될 만한 일이 분명히 있었다. 이번, 그리고 다음번과 또 그 다음번을 위한 기분 전환, 말하자면 마비의 순간이 있었다. 그러나 문제는 다시 돌아왔다. 그 모든 것들은 달이 가고 해가 지나면서 수천 번 다시 돌아오는 것이었다.

11

마치 기적과 다를 바 없는 가을날들이 있다. 여름은 지나갔고, 밖에서는 오래 전부터 잎이 노랗게 물들기 시작했으며,

시내에서는 이미 하루 종일 바람이 온갖 모퉁이에서 윙윙대는 데다 거리의 배수구에서는 깨끗하지 못한 도랑물이 솟아났다. 그런 상황에 몸을 맡긴 것은, 말하자면 겨울을 무난히 지내려고 난로 앞에 채비를 잘하고 앉은 셈이다. 그런데 어느 날 아침에 잠에서 깨어났을 때 두 눈을 믿을 수 없는 광경이 눈앞에 펼쳐지는 것을 보게 된다. 푸르게 빛나는 가느다란 줄무늬가 창문의 커튼 사이를 뚫고 방 안으로 반짝이며 들어온다. 깜짝 놀라 침대에서 일어나 창문을 열면, 떨리는 햇빛의 파도가 밀려들어오고, 동시에 거리의 온갖 소음들 사이로 새들이 수다를 떨며 활기차게 지저귀는 소리가 들린다. 그러면 시월 어느 날의 신선하고 가벼운 공기를 들이키며, 비교할 수 없이 달콤한 길조의 향기들을 함께 들이마시는 것과 다름이 없다. 그런데 바로 그 향기는 여느 때 같으면 오월의 바람에서 풍기는 것들이다. 봄이다. 달력과 무관하게 눈으로 명백하게 보이는 봄이다. 그래서 급히 옷을 걸치고, 희미하게 반짝이는 하늘 아래에서 펼쳐지는 거리를 통과하여 야외로 서둘러 나간다……

그처럼 기대하지도 않던 이상한 어느 날이 지금으로부터 대략 넉 달 전에 있었다. — 지금은 눈으로 보기에 분명 2월 초이다. — 바로 그날 나는 몹시 매력적인 무언가를 보았다. 아침 아홉 시 전에 길을 나선 나는 경쾌하고 즐거운 기분, 변화와 예기치 않은 좋은 일과 행운에 대한 막연한 희망에 가득 찬 채 종달새 산으로 향한 길에 들어섰다. 나는 길의 오른쪽 끝에서 언덕을 오르며, 긴 산등성이를 따라 걸었다. 그러면서 계속 중앙 산책로 가장자리에, 마차를 대는 낮은 길 쪽에서 걷는 위치를 유지했다. 그렇게 하면 반시간 가량 걸리는 거리의 전체 길에서 테라스 형태로 살짝 경사져 내려간 시내와 강을 훤히 내려다볼 수 있었던 것이다. 굽이쳐 돌아가는 강물은 햇빛을 받아 반짝였고, 그 뒤로는 언덕들과 푸른 나무들로 이어지는 풍광이 햇빛의 연무 속에서 흐릿하게 보였다.

그 위쪽에는 아직 사람이 거의 없었다. 길 건너편의 벤치는 외롭게 놓여 있었고, 때때로 나무들 사이로 햇살을 받으며 하얗게 반짝이는 동상 하나가 눈에 띄었다. 다만 가끔씩 시든 나뭇잎 하나가 그 위로 천천히 흔들거리며 떨어지기도 했다. 나는 걸으면서 길옆에 펼쳐지는 훤한 파노라마를 쳐다보는 동안 주변의 고요함에도 귀를 기울였다. 그 고요함은 내가 언덕 끝에 다다랐다가 오래된 밤나무들 사이로 내리막길이 시작되는 지점에 이르기까지 지속되었다. 그런데 바로 그곳에서 내 뒤쪽으로부터 말발굽 소리와 마차 바퀴 구르는 소리가 들려왔다. 마차는 빠른 속도로 가까이 다가왔고, 그래서 나는 대략 내리막길의 가운데에서 자리를 내주어야 했다. 나는 옆으로 비켜서 가만히 서 있었다.

그것은 아주 작고 가벼운 이륜 사냥 마차로, 크고 윤이 나며 콧숨을 활기차게 씩씩거리는 두 마리의 밤색 말에 묶여 있었다. 말고삐는 아마 열아홉 살이나 스무 살 정도의 젊은 숙녀가 잡고 있었는데, 그녀 옆에는 당당하고 품위 있는 외모의 노신사가 앉아 있었다. 그는 러시아식으로 다듬은 흰 콧수염과 촘촘하고 흰 눈썹을 달고 있었다. 또 검은색과 은색이 섞인 간단한 제복의 하인이 뒷좌석을 장식하고 있었다.

말들의 속도는 내리막길이 시작되는 곳에서 보통 걸음으로 느려졌다. 말들 중의 한 마리가 신경이 예민하고 불안한 것 같았기 때문이다. 말은 수레 채에서 옆으로 멀리 떨어진 채 머리를 가슴에 박고는 가느다란 다리를 몹시 떨며 저항했다. 그래서 약간 걱정이 된 노신사가 몸을 구부리고 우아하게 장갑을 낀 왼손을 뻗어, 젊은 숙녀가 고삐를 팽팽하게 쥐어 잡도록 도와주었다. 말을 부리는 일은 단지 일시적으로, 그리고 반은 장난삼아 그녀에게 맡겨진 것처럼 보였다. 적어도 겉보기에 그녀는 일종의 어린아이처럼 과장된 표정과 미숙함을 동시에 내보이며 마차를 모는 것 같았다. 두려워서 비틀거리는 말을 진정시키려고 애쓰는 동안 그녀는 분노에 차서 짐짓 근엄하게 머리를 약간 흔들었다.

그녀는 갈색 머리에 날씬한 체구였다. 머리카락은 목덜미 위에서 단단한 매듭으로 틀어 올려진 채 이마와 관자놀이 주변으로 아주 가볍고 느슨하게 흩날리고 있어서, 밝은 갈색의 머리카락이 한 올 한 올 분간될 수 있을 정도였다. 그런 머리 위에는 어두운 색깔의 둥근 밀짚모자가 씌워져 있었으며, 모자는 오직 리본 장식들로만 조금 꾸며져 있었다. 말이 나온 김에 덧붙이면, 그녀는 짙은 푸른색의 짧은 상의와 밝은 회색 천으로 단순하게 만들어진 치마를 입고 있었다.

연한 갈색 피부색이 아침 공기에 신선하게 발그스름해진 데다, 섬세한 선을 드러내는 그녀의 타원형 얼굴에서 매력적인 것은 확실히 눈이었다. 가늘고 길게 찢어진 두 눈에서 미처 반쯤도 보이지 않는 홍채는 검은색으로 반짝였고, 눈 위로는 마치 펜으로 그려놓은 것 같은 데다 매우 균형 잡힌 두 눈썹이 곡선을 그리고 있었다. 코는 어쩌면 조금 긴 감이 있었으며, 선만은 분명하고 정교한 입술도 조금 더 얇았더라면 좋았을 것이다. 그러나 그 순간에는, 사이가 살짝 듬성하고 반짝이는 흰 치아들 때문에 입술도 매력적으로 보였다. 말을 부리려고 애쓰는 동안 젊은 아가씨는 그 치아를 아랫입술 위로 힘차게 누르면서 거의 어린아이처럼 둥근 턱을 위로 약간 치켜 올렸다.

그녀의 얼굴이 유난히 눈에 띄게, 경탄할 만큼 아름다웠다고 말한다면, 그건 아주 틀린 말일 것이다. 그 얼굴은 젊음과 명랑한 신선함이라는 매력을 지니고 있었으나, 이런 매력이

유복하게 걱정 없이 사는 삶과 훌륭한 교육, 그리고 사치스러운 보살핌 덕분에, 말하자면 매끈해지고, 차분히 다듬어지며 고상해진 것이다. 가늘게 반짝이는 두 눈은 잠시 까탈스럽고 노여운 시선으로 고집 센 말을 내려다보고 있었지만, 다음 순간에는 다시 확실하고 당연한 행복을 드러내는 표정을 띨 것이 분명했다. ― 어깨 부분이 넓고 불룩한 재킷의 소매는 가느다란 손목을 아주 바짝 조이고 있었는데, 나는 그렇게 가늘고 광택 없이 하얀 맨손이 고삐를 잡고 있을 때 풍기는 인상보다 더 매혹적이고 우아한 것을 본 적이 없다! ―

마차가 지나가는 동안 나는 어느 누구의 눈길도 받지 못한 채 길가에 서 있었다. 그리고 말이 다시 뛰기 시작하고 빠르게 사라졌을 때, 나는 다시 천천히 걷기 시작했다. 내가 그때 느낀 것은 기쁨과 경탄이었다. 그러나 뭔가 이상하고 찌르는 듯한 고통이 동시에 나타났다. 그것은 씁쓸하게 밀려드는 ― 질투의 감정이었을까? 사랑의 감정이었을까? ― 나는 감히 끝까지 생각해볼 엄두가 나지 않았다 ― 글쎄, 자기 경멸의 감정이었을까?

내가 이 글을 쓰고 있는 동안에 초라한 걸인의 행색이 떠오른다. 그 걸인은 어떤 보석 가게의 진열장 앞에 서서 보석 장신구가 고급스럽게 반짝거리는 것을 뚫어지게 들여다보고 있다. 이 사람은 그 귀중품을 소유해보고 싶은 분명한 소망을 마음에 품을 수가 없을 것이다. 왜냐하면 이런 소망을 떠올리는 것 자체가 이미 우스꽝스러울 만큼 비상식적인 일이 될 것이고, 따라서 결국 그 자신을 스스로 조롱하게 되고 말 것이기 때문이다.

12

나는 우연으로 인해 이 젊은 숙녀를 일주일 후에 벌써 두 번째로 보게 된 이야기를 하겠다. 그것은 오페라 공연장에서였다. 구노의 〈파우스트〉 중 '마르가레테'가 공연될 예정이었는데, 나는 일층 상등석 중 내 자리로 가기 위해 밝은 조명이 비치는 홀로 들어서자마자 다른 쪽의 칸막이 귀빈석에서 노신사의 왼편에 앉은 그녀를 알아보았던 것이다. 덧붙여 말하면, 우습게도 나는 약간 놀라면서 뭔가 혼란 같은 것을 느꼈으며, 내가 무슨 이유에서인지 곧바로 내 눈길을 딴 곳으로 돌려 다른 관람 층들과 칸막이 특별관람석들을 훑어보았음을 알아챘다. 그리고 서곡이 시작될 때에야 비로소 나는 그 사람들을 조금 더 자세히 관찰해야겠다고 마음먹었다.

노신사는 꽉 여민 프록코트에 검은 나비넥타이를 매고 차분하며 위엄 있게 관람 의자에 뒤로 기대앉아서, 갈색 장갑을 낀 한 손을 벨벳으로 씌워진 귀빈석 난간에 가볍게 올려놓고, 다른 한 손으로는 가끔씩 턱수염을 천천히 쓰다듬거나 짧게 깎은 허옇게 센 머리카락을 쓰다듬고 있었다. 그에 반해 젊은 여성은 — 분명히 그의 딸이리라! — 무척 관심에 찬 표정으로 활기차게 몸을 앞으로 굽히고 앉은 채 부채를 든 양손을 벨벳 쿠션에 올려놓고 있었다. 그녀는 이따금씩 머리를 살짝 움직이며, 이마와 관자놀이에 느슨하게 흘러내린 옅은 갈색 머리카락을 뒤로 넘기려고 했다.

그녀는 아주 가볍고 옅은 비단 블라우스를 입고 있었으며, 그 허리띠에는 작은 제비꽃 다발이 꽂혀 있었다. 그녀의 가는 눈은 강한 조명 아래서 일주일 전보다 더 검게 반짝거렸다. 말이 나왔으니 덧붙이면, 나는 그 전에도 알아차렸던 그녀의 입 놀림이 전적으로 그녀 특유의 습관이라는 점을 관찰하게 되었다. 그녀는 짧고 규칙적인 간격을 두고 반짝이는 그녀의 하얀 치아를 매순간 아랫입술에 올려놓으며, 턱을 위로 약간 치켜 올리는 것이었다. 어떤 교태도 보이지 않는 그 순진무구한 표정, 침착하면서도 동시에 즐겁게 여기저기 둘러보는 그녀의 시선, 맨살에 허리띠와 같은 색의 가느다란 비단 초커목걸이가 둘러져 있는 보드랍고 하얀 목덜미, 교향악단이나 무대 커튼 혹은 칸막이 특별관람석에 있는 무언가에 대해 주의를 환기시키고자 이따금씩 노신사를 향해 몸을 돌리는 동작 —

그 모든 것이 말할 수 없이 고상하고 사랑스러운 천진난만함을 드러냈다. 하지만 조금이라도 감동이나 '동정심'을 유발하는 뭔가는 없었다. 그것은 세련되고 침착하며, 풍족한 삶을 통해 자신 있고 우월하게 키워진 천진난만함으로, 어떤 오만함이 아니라, 행복이 당연한 것이기 때문에 오히려 뭔가 차분함이 어울리는 행복함을 보여 주고 있었다.

나는 구노의 재치 있고 감미로운 음악이 앞에서 말한 광경에 딱 맞는 반주라는 생각이 들었다. 나는 온화하고 신중한 분위기에 푹 빠진 채 무대는 의식하지도 않고, 그 음악 소리에 귀를 기울였다. 그러한 분위기에서 오는 애수에 찬 감정은 아마도 그 음악이 없었더라면 더 고통스럽게 느껴졌을 것이다. 하지만 어느덧 1막이 끝나고 이어진 휴식 시간에 스물일곱 살에서 서른 살쯤 되어 보이는 한 신사가 일층 상등석에서 일어나 사라지더니, 바로 내가 주시하고 있던 칸막이 귀빈석에 나타나 세련되게 몸을 숙여 인사를 했다. 노신사가 그에게 곧바로 악수를 청한 데에 이어서 젊은 숙녀도 상냥하게 머리를 끄덕이며 손을 내밀자, 젊은이는 예의 바르게 그녀의 손을 자신의 입술로 가져갔다. 그러고 나서 그는 자리에 앉으라는 적극적인 권유를 받았다.

나는 그 신사가 내 일생에서 본 그 어떤 것과도 비길 데 없는 셔츠 앞단을 걸치고 있었다고 고백한다. 바로 그 셔츠 앞단

은 완전히 노출되어 있었다. 왜냐하면 조끼는 좁고 검은 선에
불과했고, 배 부위보다 훨씬 더 아랫부분에 가서야 단추로 채
워져 있었던 연미복은 어깨 부분에서부터 엄청나게 큰 곡선
을 그리며 패여 있었기 때문이다. 그리고 뒤로 확실하게 젖혀
진 높은 칼라에서 넓고 검은 나비넥타이로 채워져 있고, 마찬
가지로 검고 큰 네모단추 두 개가 적당한 간격으로 달려있던
셔츠 앞단은 눈부시게 하얀색이었다. 그것은 풀을 먹여 놀라
움을 자아낼 만큼 빳빳했으나, 그렇다고 해서 신축성이 없는
것도 아니었다. 왜냐하면 셔츠 앞단이 배 부위에서 보기 좋을
정도로 들어갔다가, 다시 맵시 있게 살짝 위로 볼록하게 올라
왔던 것이다.

그 셔츠가 가장 주목을 끌었던 것은 당연했다. 그러나 머
리를 볼 것 같으면, 그것은 완전히 둥근 형상인데다, 두상은
아주 짧게 깎은 연한 금발로 덮여 있었다. 또 얼굴은 끈도 없
고 테도 없는 코안경과 너무 굵지 않고 약간 곱슬곱슬한 금발
의 콧수염으로 장식되어 있었으며, 한쪽 볼에는 결투에서 생
긴 작은 여러 개의 상처들이 관자놀이까지 올라가 있었다. 덧
붙여 말하자면, 그 신사는 결점 없는 체격에다 행동거지도 확
신에 차 있었다.

나는 저녁 시간이 경과 되는 동안 ─ 그가 계속 귀빈석에
머물러 있었기에 ─ 특히 고유한 그의 버릇으로 보이는 두 가

지 태도를 관찰할 수 있었다. 즉 자신을 초대한 사람들과의 대화가 멈추게 되면, 그는 한 다리를 다른 다리 위에 얹고 망원경은 무릎에 올려놓은 채 편안하게 뒤로 기대어 앉았고, 머리를 숙인 뒤에 입 전체를 맹렬하게 앞으로 내밀고 콧수염의 양 끝을 관찰하는 데 푹 빠졌다. 이때 그는 마치 그런 일로 인해 완전히 최면에 걸려 있는 것처럼 보였다. 그러면서 그는 평온하고 느릿느릿하게 머리를 한쪽에서 다른 쪽으로 돌리는 것이었다. 다른 한편, 그가 젊은 숙녀와 대화를 나누고자 할 때는 경의를 표하고자 다리의 자세를 바꾸었으나, 두 손으로 관람 의자를 잡으면서 윗몸을 훨씬 더 뒤로 젖히고 앉았다. 그리고 머리는 가능한 한 높이 들어 올렸고, 입을 매우 크게 벌린 채 사랑스럽기는 하지만 어느 정도 우월감을 드러내는 표정으로 옆에 있는 젊은 여성을 내려다보며 미소를 지었다. 분명 그 남자에게는 굉장히 행복한 자의식이 충만해 있었다……

진지하게 말하건대, 나는 그러한 점들을 높이 평가할 줄 안다. 그의 행동에는 어디에도 — 짐짓 무심함을 대담하게 감행했다 하더라도 — 난처해하고 당황하는 기색이 보이지 않았다. 그는 자만심이 강했던 것이다. 그리고 그렇지 말라는 법도 없지 않은가? 분명했던 것은, 그가 어쩌면 별로 두각을 드러내지 않고도 자신의 길을 갔다는 것이고, 또 명료하고 유용한 목표를 달성할 때까지 계속 그렇게 갈 것이라는 점이었다.

마찬가지로 그가 온 세상과의 화합을 감수했기 때문에 일반적으로 인정을 받으며 살고 있다는 점도 분명했다. 그러다가 그는 저기 귀빈석에 앉아 젊은 아가씨와 수다를 떨고 있는 것이다. 아마도 그녀의 순수하고 근사한 매력을 알아차리게 된 것이고, 그래서 이 경우에 그녀에게 기분 좋게 청혼도 할 수 있을 것이다. 정말로 나는 그 신사에 대해 어떤 경멸의 말도 하고 싶지 않다!

그런데 나는? 내 경우는 어떠했던가? 나는 거기 아래에 앉아서, 예의 저 소중하고 범접하기 어려운 아가씨가 그 하찮은 인간과 수다를 떨며 웃고 있는 모습을 먼 거리에서, 어두운 곳에 앉아 언짢은 기분으로 관찰이나 하고 있었던 것이다. 사람들 사이에서 배제되고, 주목받지 못하며, 어떠한 권한도 없고, 낯설고, '아무런 연고도 없이'(hors ligne), 영락하고, 비천한 자가 되어, 내가 봐도 불쌍한 모습으로……

나는 공연이 끝날 때까지 남아 있었고, 옷 보관소에서 그 세 사람과 다시 마주쳤다. 그곳에서 그들은 모피 옷을 받아 걸치며 잠시 머무는 사이에 이 사람 저 사람과, 한 번은 이쪽의 어떤 부인, 또 한 번은 저쪽의 어떤 장교와 몇 마디를 나누었다…… 예의 젊은 신사는 그 부녀가 극장을 떠날 때 그들과 동행했다. 그리고 나는 로비를 걸어가는 그들과 약간의 거리를 두고 뒤따라갔다.

비는 오지 않았으며, 몇 개의 별이 하늘에 떠있었다. 그들은 마차를 타지 않았다. 세 사람은 여유 있는 모습으로 담소를 나누면서 내 앞에서 걸어갔고, 나는 소심하게 거리를 유지하며 그들의 뒤를 따라갔다. ― 찌르는 듯이 고통스럽고 모욕적이며 비참한 감정에 억눌려 괴로워하면서…… 그들은 멀리 갈 필요가 없었다. 거리 하나를 지나고, 꾸밈없는 정면에다 위풍당당한 모습을 드러내는 저택 앞에 멈추어 섰던 것이다. 그리고 아버지와 딸이 동행자와 훈훈한 작별 인사를 나눈 후 곧바로 안으로 사라지자, 그 남자도 발걸음을 재촉하여 그곳을 떠나갔다.

그 저택의 묵직하고 조각이 새겨진 현관문에서는 "법률고문관 라이너"라는 이름을 읽을 수 있었다.

13

나는 이 글을 끝까지 쓰기로 마음먹었다. 비록 내심 솟구치는 반발심 때문에 매 순간 자리에서 박차고 일어나 도망쳐버리고 싶은 마음이 들더라도 계속 쓰기로 했다. 나는 녹초가 될 정도로 이 일을 후벼 파고 또 팠다! 이 모든 것에 대해 역겨울 정도로 신물이 나버렸다!……

내가 신문에서 '바자회'에 대한 보도를 접한 것은 석 달이 채 지나지 않은 때이다. 그 바자회는 자선을 목적으로 시청에서 열리게 되었으며, 더욱이 그곳에는 상류층 인사들이 참가한다고 했다. 나는 그 광고를 주의 깊게 읽은 후 곧바로 바자회에 가기로 마음먹었다. 그녀도 그곳에, 어쩌면 판매원으로 와 있을 거라고 생각했고, 그 경우 어느 무엇도 내가 그녀에게 가까이 다가가는 것을 가로막지 못하리라고 여겼다. 차분히 생각해보면, 나는 교육을 받은 사람이고 좋은 집안 출신이니, 그 라이너 아가씨가 내 마음에 들면 그런 기회에 저 감탄할 만한 셔츠 앞단의 신사처럼 그녀에게 말을 걸고 농담 섞인 말 몇 마디를 나누지 못하리라는 법도 없는 것이다……

　내가 시청으로 간 날은 바람이 불고 비가 내리는 어느 날 오후였다. 시청 정면 입구에는 사람들과 마차들로 혼잡했다. 나는 군중을 헤치고 길을 내가며 건물 안으로 들어가 입장료를 지불했다. 그리고 외투와 모자는 보관소에 맡긴 뒤 인파로 뒤덮인 넓은 계단을 조금 힘겹게 올라가서 연회실이 있는 2층에 다다랐다. 그곳에서부터 포도주, 음식, 향수와 전나무 향이 섞인 후텁지근한 공기가 내게로 밀려왔으며, 큰 웃음소리, 담소 나누는 소리, 음악 소리, 외치는 소리와 징 울리는 소리가 뒤엉킨 소음이 들려왔다.

　어마어마하게 높고 널찍한 홀은 여러 깃발과 화환으로 알록달록하게 장식되어 있었다. 그리고 벽면과 마찬가지로 중앙에도 칸막이 없는 판매대뿐만 아니라, 칸막이로 나뉜 부스 같은 노점들이 쭉 세워져 있었다. 기발하게 변장한 신사들은 큰소리로 외치며 그런 노점에 들러보라고 권하고 있었다. 사방에서 꽃, 수공예품, 담배, 또 온갖 종류의 청량음료와 가벼운 음식들을 팔고 있는 부인들 역시 다양한 모습으로 가장복을 차려 입고 있었다. 홀의 위쪽 끝에 식물들로 장식된 한 연단에서는 악대가 요란스럽게 연주하고 있었고, 노점 없이 비워둔 좁은 통로에는 빈틈없이 들어찬 인파 행렬이 천천히 앞으로 움직이고 있었다.

음악 소리, 제비뽑기 부스와 재미있는 광고에서 나오는 소리에 조금 놀란 채 나도 그 인파 행렬에 합류했으나, 일분도 지나지 않아 입구에서 왼쪽으로 네 발자국 떨어진 곳에서 내가 찾던 그 젊은 아가씨를 보게 되었다. 그녀는 전나무 잎을 화환처럼 이어 장식한 작은 부스에서 포도주와 레모네이드를 팔고 있었고, 이탈리아 아가씨로 분장하고 있었다. 알록달록한 스커트에 하얀 직각 두건을 쓰고 알바니 구릉(Colli Albani) 지역 여자들처럼 짧은 코르셋형 조끼를 차려입었는데, 이 조끼의 소매가 그녀의 고운 팔을 팔꿈치까지 노출시켰다. 그녀는 얼굴이 조금 상기된 채 판매대 옆에 기대어 서서 알록달록한 부채를 만지작거리며, 부스 주위에 빙 둘러 서서 담배를 피우고 있는 다수의 신사들과 수다를 떨고 있었다. 나는 그 신사들 중에서 내가 잘 알고 있는 사람을 첫눈에 알아보았다. 그는 양손의 손가락 네 개씩을 상의 옆 주머니에 각각 찔러 넣은 채탁자에서 그녀에게 제일 가까운 지점에 서 있었다.

나는 기회만 생기면, 그러니까 그녀가 조금만 여유가 있어 보이면, 그녀에게 다가가기로 마음을 먹고 서서히 사람들 사이를 밀치며 앞으로 나아갔다. ― 아! 유쾌한 확신과 자의식으로 다져진 노련함이 내게 여전히 남아 있었는지, 아니면 당시 몇 주 동안 지속되던 언짢은 기분과 반쯤 절망에 빠진 심정이 타당했었는지가 마침내 입증되어야 했다! 그런데 도대체 무엇이 나를 그렇게 힘들게 했던 것일까? 그 아가씨 앞에서 갖게 되는 질투심, 사랑, 또 부끄러움과 과민하게 비통한 심정이 뒤섞인 그 가학적이고 비참한 감정은 어디서 온 것일까? 고백하건대, 그 감정이 이제 또다시 나의 얼굴을 달아오르게 했던 것이다! 솔직함! 사랑스러움! 유쾌하고 고상한 자만심 같은 것은, 제기랄, 유능하고 행복한 사람에게나 어울리지! 그런데도 나는 초조한 마음으로, 익살스러운 표현, 멋진 말, 이탈리아식 인사법을 곰곰이 생각해 보고 있었다, 그런 인사법으로 그녀에게 접근할 요량이었던 것이다……

힘겹게 앞으로 밀려가는 군중 속에 섞여서 홀을 모두 돌고 왔을 때까지는 시간이 꽤 걸렸다. ― 그리고 실제로, 내가 다시금 작은 포도주 부스에 오게 되었을 때는 그 전까지 반원으로 둘러서 있던 신사들이 사라져버린 뒤였고, 단지 저익히 알고 있는 신사만이 여전히 포도주 판매대에 기대어 서서 젊은 판매원과 매우 활달하게 이야기를 나누고 있었다. 자, 이제 어떻게든 그 대화를 중단시켜야 했다…… 그리하여 나는 몸을 살짝 돌려 인파 행렬에서 빠져나와 판매대 앞에 섰다.

그리고는 무슨 일이 일어났던가? 아, 아무 일도 없었다! 거의 아무 일도 없었다! 대화는 끊겼고, 익히 알고 있는 그 신사는 한 발짝 옆으로 물러나면서 다섯 손가락을 모두 모아, 끈도 없고 테도 없는 코안경을 잡고는 손가락들 사이로 나를 관찰했다. 그리고 젊은 아가씨는 차분하면서도 세심하게 뜯어보는 눈빛으로 나를 훑어보았다. ─ 내가 입고 있던 양복에서부터 부츠에 이르기까지 위에서 아래로. 그 양복은 결코 새것이 아니었고, 부츠도 길거리의 오물로 더럽혀져 있었다. 나는 그것을 알고 있었다. 게다가 나는 얼굴이 달아올라 있었으며, 내 머리카락은 흐트러져 있을 게 뻔했다. 나는 냉정하지 못했고, 자유롭지 못했으며, 전혀 적절한 상황이 아니었다. 내가 낯선 사람인데다 자격도 없는 사람이며, 그런 곳에 속하지도 않는 사람으로 그곳에서 방해가 됨으로써 나 자신을 우스꽝스럽게 만들고 있다는 느낌이 엄습해왔다. 불안감, 어쩔 줄 모르는 무기력감, 증오와 참담한 심정이 나의 시선을 혼란스럽게 했다. 한마디로 말해, 나는 나의 거리낌 없는 의도를 실행에 옮기게 되었다. 눈썹을 언짢게 찌푸리며 목이 쉰 소리로 짧고 거의 무례하게 이렇게 말했던 것이다.

"포도주 한 잔 부탁합시다."

그 젊은 아가씨가 자신의 남자 친구를 잽싸게 쳐다보며 우습다는 듯이 눈짓하는 것을 보았다고 내가 생각했을 때, 그게 내 착각이었는지 아닌지는 전혀 중요하지 않다. 그 남자나 나처럼 그녀도 아무 말 없이 내게 포도주를 건네주었는데, 그러면서 시선은 들지도 않았다. 분노와 고통으로 얼굴이 벌겋게 되고 당황하여, 불행하고 우스꽝스러운 인물이 되어버린 나는 그 두 사람 사이에 서서 포도주를 두서너 모금 마시고는 탁자 위에 돈을 올려놓고 허겁지겁 절을 한 뒤 홀을 떠나 바깥으로 뛰쳐나왔다.

그 순간 이후로 나는 끝장이 났다. 그 비극에 그저 조금 추가된 것은, 내가 며칠 후에 신문에서 다음과 같은 공지를 보게 되었다는 사실이다.

"저의 여식 안나와 보조법관 알프레트 비츠나겔 박사의 약혼을 삼가 공지합니다. 사법고문관 라이너."

14

그 순간 이후로 나는 끝장이 났다. 행복하다는 의식과 자만심으로부터 내게 마지막으로 남아 있던 것이 처절하게 내몰리다 허물어져 버렸고, 나는 더 이상 어떻게 할 수가 없다. 그렇다, 나는 불행하다. 나는 그것을 시인한다. 그리고 내 안에 있는 비참하고 우스꽝스러운 인물을 본다! ─ 하지만 그것을 나는 견뎌내지 못한다! 나는 파멸하고 있다! 나는 권총으로 자살할 것이다, 오늘이든 내일이든!

맨 처음으로 내게 떠오른 충동, 내가 가장 먼저 의식한 본능적 직관은, 그 일로부터 통속소설적인 것을 뽑아내어, 내가 처한 비참하고 불편한 상황을 '실연'이라는 이름으로 바꾸어 해석하려는 교활한 시도였다. 그것은 당연히 어리석은 짓이다. 사람은 실연 때문에 죽지 않는다. 실연이란 그리 나쁘지 않은 하나의 마음가짐이다. 실연을 하면 자신에게 빠져 우쭐대기 마련이다. 그런데 나는 스스로에게 빠져 우쭐대는 일이 전혀 아무런 희망도 없이 끝장났다는 사실로 인해 파멸하는 것이다!

나는 사랑했던 것일까? 드디어 한 번쯤 이런 질문을 해도 된다면 말이다. 내가 그 아가씨를 도대체 사랑하기나 했던 것일까? ─ 어쩌면 그랬을 수도 있다…… 하지만 어떻게, 그리고 무엇 때문에? 그 사랑은 이미 오래 전에 자극받고 병든 내 허영심의 소산이 아니었을까? 범접할 수 없고 귀한 그 존재를 처음 본 순간에 고통스러울 만큼 저항하며 끓어올랐던 허영심, 또 질투심과 증오와 자기 경멸의 감정을 불러일으켰던 자만심 때문이 아니었을까? 사랑이란 단지 그런 허영심에 대한 핑계이고 해결책이며 구호책에 지나지 않았던 것이 아닌가?

그렇다, 그 모든 것이 허영심이다! 예전에 이미 아버지가 나를 어릿광대라고 부르지 않았던가?

아아, 나는 옆으로 비켜 앉아 '사회'를 무시할 권한이 없었다. 나야말로 그럴 권한이 누구보다 없었다. 사회의 무시와 경시를 견디어내기에는 너무나 허영심에 찬 나, 또 사회와 사회의 박수갈채를 포기할 수 없는 나! ― 하지만 지금 권한의 문제가 아닌가? 그보다 오히려 필연성의 문제인가? 그리고 무용지물인 나의 어릿광대 기질은 어떤 사회적 지위에도 쓸모가 없었을까? 아마도 그랬을 것이다. 바로 이 어릿광대 기질이야말로 내가 어떤 경우에서든 필히 파멸할 수밖에 없었던 이유이다.

아무래도 상관없는 무관심, 그것이 어쩌면 일종의 행복일 수도 있다는 걸 나는 안다…… 그러나 나는 나에 대해 무관심할 수가 없다. 나는 '사람들'의 눈과 다른 눈으로 나를 바라볼 수가 없다. 그래서 나는 양심의 가책으로 파멸하는 것이다. ―

순결로 가득 채워진 채 말이다······ 양심의 가책이란 곪아가는 허영심과 다른 어떤 것일 수는 결코 없는 걸까? ―

불행은 오직 하나뿐이다. 즉 자신에게 빠지지 못하여 스스로에 대한 만족감을 잃는 것이다. 자신을 더 이상 좋아하지 않는 것, 그것이 불행이다. ― 아, 그리고 나는 그런 불행을 늘 아주 분명하게 느꼈다! 그 밖의 모든 것은 삶의 유희이자 삶을 풍요롭게 하는 것이다. 그 밖의 어떤 괴로움 속에서도 우리는 자신에게 아주 크게 만족할 수 있고, 스스로가 아주 훌륭해 보이도록 할 수 있다. 자신과의 불화, 괴로움 속에 느끼는 양심의 가책, 그리고 허영심의 투쟁이 비로소 스스로를 가련하고 역겨운 모습으로 만들어버리는 것이다······

옛 지인이 내 주변에 나타났다. 그는 쉴링이라는 이름의 신사로, 나는 그와 예전에 슐리포크트 씨의 목재 도매상에서 사회를 위해 나란히 근무했다. 그는 현재 내가 거주하는 도시에 업무차 들렀다가 나를 찾아왔다. ― '회의적인 인물'인 그는 양손을 호주머니에 넣은 채 검은 테의 코안경을 끼고, 현실을 견뎌내는 신호로 어깨를 으쓱 추켜 올리곤 했다. 저녁 때 도착한 그는 "난 여기서 며칠 머물 거야"라고 말했다. ― 우리는 포도주를 마시러 갔다.

그는 예전에 그가 알고 있던 것처럼 내가 여전히 행복하게 자만에 찬 사람이라는 듯 나를 대했다. 그리고 내 자신의 유쾌한 생각에만 맞춰주려는 선의에서 그가 말했다.

"확실히 자네는 삶을 편안하게 꾸며놓았군, 친구! 아무 데도 구속되지 않고 말이지, 안 그래? 자유롭지! 사실 자네가 옳아, 젠장! 누구나 한 번밖에 살지 못하는 인생이잖은가, 응? 사실 그밖에 중요한 게 뭐가 있나? 우리 둘 가운데 자네가 더 현명하다는 걸 나는 말하지 않을 수 없네, 말이 났으니 말인데, 자네는 늘 천재였지⋯⋯" 이렇게 말하고, 그는 옛날에도 그랬던 것처럼 계속 나를 아주 흔쾌히 인정해주고, 호의적으로 대해 주었다. 그러면서 내 쪽에서는 그의 마음에 들지 않을까봐 잔뜩 겁을 먹고 있다는 사실을 그는 예상하지 못했다.

나는 내가 그의 시각에서 차지한 자리를 지키려고, 여전히 최상의 상태로 지내며 행복하고 스스로에게 만족하는 모습을 보이려고 필사적으로 애를 썼다. ― 그러나 소용없는 짓이었다! 내게는 어떤 기개도 용기도 없었으며, 나는 전혀 침착하지 못했다. 그를 대하면서 당혹감으로 인해 풀이 죽고, 패기나 자신감을 보여줄 수 없었다. ― 그리고 그는 믿기지 않을 만큼 빠르게 그것을 간파했다! 나를 행복하고 우월한 인간으로 인정할 용의가 충분히 있었던 그가 나를 꿰뚫어보고, 놀라움에 찬 표정으로 나를 쳐다보다가, 냉랭해지는가 싶더니, 우월감을 드러내고, 조급한 기색으로 마지못해 앉아 있다가, 마침내는 나에게 경멸에 찬 온갖 표정을 드러내는 과정을 지켜보는 일은 참으로 끔찍했다. 그는 일찍 술자리에서 일어났다. 그리고 이튿날 그는 부득이 떠나지 않을 수 없게 되었다고 몇 줄 대충 써서 내게 알려왔다.

온 세상 사람들은 너무 철저하게 자신에게만 몰두하는 바람에 진지하게 다른 사람들에 대한 소견을 가질 수 없는 것이 사실이다. 사람들은 네가 확신을 가지고 스스로에게 내보일 수 있는 만큼의 존중도 마지못해 받아주고 인정한다. 그러므로 스스로 원하는 사람이 되라, 스스로 원하는 대로 살아라. 그리고 당찬 확신을 보여주고, 양심의 가책은 보이지 마라. 그러면 어느 누구도 너를 경멸할 만큼 충분히 도덕적이지는 못할 것이다. 다른 한편, 자신과의 일체감을 잃어버리는 경험, 자만심을 상실하는 경험을 한 나머지 스스로를 경멸한다는 사실을 사람들에게 알려 보아라! 그러면 사람들은 맹목적으로 너의 말이 옳다고 할 것이다. — 나로 말하자면, 나는 패배하고 말았다……

나는 쓰기를 중단한다, 나는 펜을 내던져버린다. — 혐오로 가득 찼다, 혐오로! — 끝장을 내자. 그러나 '어릿광대'에게는 그렇게 하는 것이 너무 영웅적이지 않을까? 나는 앞으로 계속해서 살고, 계속해서 먹고, 자고, 조금씩 일이나 하고 지내는 삶이 두렵다. 내가 '불행하고 우스꽝스러운 인물'이라는 점에 대해 점점 무감각해지고 익숙하게 될 것이 두렵다.

맙소사, '어릿광대'로 태어나는 것이 이처럼 치명적인 운명이며 불행인 줄 누가 생각했겠으며, 누가 생각이나 할 수 있었겠는가!……

토비아스 민더니켈

1

　'부두 골목'에서부터 도시의 중심으로 상당히 가파르게 올라가는 여러 거리들 가운데 '회색 길'이라고 불리는 거리가 있다. 이 거리의 대략 중간쯤, 강 쪽으로부터 올라오자면 오른편에 47번지 집이 있는데, 폭이 좁고 우중충한 색깔의 건물로 이웃집들과 구별되는 점이 아무것도 없는 집이다. 이 집의 1층에는 고무신과 피마자기름을 파는 잡화점이 있다. 고양이들이 이리저리 돌아다니는 안뜰을 내다보며 현관 복도를 지나가면, 폭이 좁고 닳고 닳은 나무 계단이 위층으로 연결되는데, 그 계단에서는 말로 표현할 수 없이 퀴퀴하고 옹색한 냄새가 코를 찌른다. 2층의 왼쪽에는 소목장이가 살고 있고, 오른쪽에는 산파가 산다. 3층의 왼쪽에는 구두 수선공이 살고 있으며, 오른쪽에는 여자가 혼자 살고 있는데, 그녀는 계단에서 사람 발자국 소리가 들리기 시작하면 곧 큰 소리로 노래를 불러댄다. 4층의 왼쪽 집은 비어 있고, 오른쪽에는 민더니켈이라는 이름의 남자가 살고 있으며, 토비아스라고도 불린다. 바로 이 남자에 관해 들려줘야 할 이야기가 있는데, 왜냐하면 그것은 수수께끼 같고 대단히 수치스러운 이야기이기 때문이다.

민더니켈의 외양은 눈에 띄고 기이하며 우스꽝스럽다. 산책할 때 지팡이에 의지해 그의 마른 체구가 거리를 오를 때를 예로 들어보자면, 그는 검은 옷을 입고 있다. 머리부터 발끝까지 말이다. 그는 살짝 휘어지고 꺼칠꺼칠한 구식 실크해트를 쓰고, 오래 입어서 반들반들해진 꽉 끼는 프록코트를 입고, 이와 마찬가지로 낡아빠진 바지를 입고 있는데, 그 바지의 아랫단 올은 풀려있고 길이도 아주 짧아 발목까지 올라오는 부츠의 고무단이 보일 정도이다. 말이 나온 김에 언급하지 않을 수 없는 사실은, 이 옷이 아주 깨끗하게 솔질되어 있다는 것이다. 수척한 그의 목을 그가 낮은 옷깃으로부터 들어 올리면 올릴수록 그의 목은 더욱더 길어 보인다. 희끗희끗하게 센 머리칼은 매끈하게 양쪽 관자놀이까지 깊숙이 빗겨 내렸으며, 면도한 창백한 얼굴에 실크해트의 넓은 챙이 그늘을 드리운다. 그의 양 뺨은 움푹 들어가 있고, 좀처럼 바닥으로부터 들어 올리는 일 없는 그의 두 눈은 충혈되어 있으며, 코에서부터, 아래로 처진 입가장자리까지는 두 개의 주름이 불쾌하게도 깊게 패어 있다.

민더니켈은 집 밖을 나서는 일이 좀처럼 드물었는데, 거기엔 이유가 있다. 그가 거리에 모습을 보이기가 무섭게 많은 아이들이 모여들어 상당한 거리까지 그를 쫓아오면서 "호, 호, 토비아스!" 하며 웃고 조롱하고 노래하면서 그의 프록코트를 잡아당기기도 하고, 그러는 동안 사람들은 문밖으로 나와 그 광경을 보고 재미있어하곤 하는 것이다. 그러나 그 자신은 거기에 맞서는 일 없이 수줍게 주위를 둘러보면서 양어깨를 치켜 올리고 고개를 앞으로 푹 숙인 채, 우산도 없이 폭우를 맞아 급히 달려가는 사람처럼 서둘러 그곳을 떠난다. 그리고 비록 사람들이 비웃으며 그를 쳐다볼지라도, 그는 문밖에 나와 서 있는 사람들 가운데 누군가에게 이따금 굽실굽실 인사를 한다. 나중에 아이들이 더 이상 따라오지 않고 사람들도 더 이상 그가 누구인지 알아보지 못하게 되고 소수의 몇몇 사람들만이 그를 돌아다 볼 때에도 그의 행동은 근본적으로 달라지지는 않는다. 계속해서 그는 겁먹은 듯 주위를 둘러보며 움츠린 채 그곳을 빠져나간다, 자신에게 쏟아지는 수천의 조롱하는 시선을 느끼기라도 하듯이. 그래서 그가 주저하면서 수줍게 바닥으로부터 시선을 들어 올릴라치면 이상한 점이 눈에 띄는데, 그는 어떤 사람도, 혹은 일개 사물조차도 확고하고 침착하게 주목하지 못한다는 사실이다. 별나게 들릴지 모르겠지만, 그에게는 감각적으로 지각할 수 있는 본연의 우월감이 결여된 것처럼 보인다, 개별 존재가 현상 세계를 바라볼 때 갖는 그 우월감 말이다. 그는 모든 현상에 대해 압도당하는 느낌을 가지고 있는 것처럼 보이고, 그래서 인간과 사물 앞에서 불안정한 그의 두 눈은 바닥을 볼 수밖에 없는 것 같다……

늘 혼자이고 지독하게 불행해 보이는 이 남자에게 어떤 사정이 있는 걸까? 그의 명백히 시민적인 옷차림이라든지 또는 턱을 쓰다듬는 듯한 신중한 손동작은 그가 결코 자신이 사는 동네의 주민들과 같은 계급에 포함되고 싶어 하지 않는다는 걸 암시하는 것 같다. 어떤 식으로 그가 농락당한 것인지는 아무도 모른다. 그의 얼굴은 마치 삶이 경멸하듯이 웃으면서 주먹으로 한껏 후려친 것처럼 보이는데…… 말이 나왔으니 말인데, 그는 심각한 운명적 불행을 겪은 것은 아니면서도 그저 현존한다는 것 자체를 감당하지 못하고 있을 가능성이 매우 크다. 또한 참기 힘들 정도로 열등하고 우둔해 보이는 그의 외모는 고통으로 가득찬 인상을 주는데, 이것은 마치 태생적으로 그는 머리를 들고 존재하기에 충분할 정도의 균형, 힘과 기개를 부여받지 못한 듯한 인상이다.

그가 자신의 검정색 지팡이를 의지해 시내로 가려고 발걸음을 옮기면, 아이들이 '회색 길'에서 소리치면서 그를 맞이하기 때문에, 그는 집으로 되돌아온다. 그는 둔탁한 계단을 올라가 아무런 장식이 없는 궁색한 자신의 방으로 들어간다. 다만 육중한 금속 손잡이가 있는 견고한 앙피르식[20] 가구인 옷장만이 품위 있고 아름답다. 창밖 전경은 이웃집 회색 측벽에 대책 없이 가로막혀 있고, 창문 앞에는 흙만 가득한 채 아무것도 자라고 있지 않은 화분 하나가 놓여 있다. 그런데도 토비아스 민더니켈은 가끔씩 그쪽으로 가서 화분을 바라보며 맨흙 냄새를 맡는다. ― 그 방 옆에는 작고 어두운 침실이 있다. ― 집 안으로 들어선 후 토비아스는 실크해트와 지팡이를 탁자 위에 올려놓고 초록색 커버를 씌운 소파에 앉는데 거기서 먼지 냄새가 난다. 그러면서 턱을 손에 괸 채 눈썹을 치켜세우고서 앞쪽 바닥을 내려다본다. 지상에서 그가 할 일은 더 이상 아무것도 없는 것 같다.

민더니켈의 성격에 관해서는 뭐라고 판단하기가 매우 힘든데, 다음의 사건이 이에 대해 말하는 데 도움이 될 것이다. 이 기이한 남자는 어느 날 집을 나섰고, 여느 때처럼 소리치

---

20   제국주의 시대의 건축양식으로서, 특히 나폴레옹 1세 제정시대에 고대 로마나 이집트의 고전적 장중함과 육중함을 살린 양식을 의미한다.

면서 그를 조롱하고 비웃으며 따라오는 한 무리의 아이들이 나타났을 때, 열 살가량 되는 한 사내아이가 발을 다른 발 위로 헛디디는 바람에 포장도로에 심하게 내동댕이쳐져서 코피가 나고 이마에서도 피가 흐르는 채 울면서 길가에 누워 있었다. 토비아스는 바로 몸을 돌려서 넘어져 있는 아이 쪽으로 급히 달려가 그 아이 위로 몸을 굽히고서는 부드럽고 떨리는 목소리로 그에게 동정을 표하기 시작했다. "가엾은 애야", 그가 말했다. "아팠니? 피가 나는구나! 모두들 보아라, 아이의 이마에서 피가 흘러내린다! 그래, 그래, 얼마나 처참하게 누워 있는 거니! 물론 너무 아파서 우는 거겠지, 가엾은 아이야! 너무 불쌍하구나! 네 실수였지만 내 손수건으로 머리를 싸매 줄게…… 이렇게, 이렇게 말야! 이제 정신만 좀 차리면 돼, 이제 다시 몸만 일으켜 보면 돼……" 하고 그가 말했다. 이 말을 하면서 그는 아이에게 정말로 그의 손수건을 둘러준 후, 조심스럽게 아이를 일으켜 세워주고는 그곳을 떠났다. 그런데 이 순간 그의 태도와 얼굴은 평소와는 완전히 달라 보였다. 그는 단호하고 꼿꼿하게 걸었으며, 그의 가슴은 꽉 끼는 긴 상의 속에서 깊은 호흡을 하고 있었다. 그의 눈은 커다랗게 되어 광채를 발하며 확신을 가지고 사람과 사물들을 포착했지만, 그의 입가에는 고통스러운 행복의 기운이 서려 있었다……

이 사건이 있은 후로 '회색 길' 사람들이 그를 놀리는 일이 일단 조금은 줄어들었다. 그러나 얼마간 시간이 지나자 그가 보였던 놀라운 행동은 잊혔으며, 한 무리의 아이들이 건강하고 쾌활하며 잔인한 목청으로 이 구부정하고 불안정한 남자 뒤에서 "호 호, 토비아스!" 하며 또다시 노래를 불러댔다.

2

어느 화창한 날 오전 11시에 민더니켈은 집을 나서서 시내 전체를 통과해 길게 뻗어 있는 언덕인 '종달새 산'으로 올라갔다. 그곳은 오후 시간 걷기에 가장 좋은 시내 산책로가 되어 있었는데, 이때 한창이던 화창한 봄 날씨 때문에 이 시간에도 이미 몇 대의 마차와 산책객들이 다니고 있었다. 중앙의 넓은 가로수길의 어느 나무 아래에 어떤 남자가 어린 사냥개 한 마리를 줄에 매어 데리고 있었으며, 행인들에게 그 개를 팔려는 의도가 분명해 보였다. 개는 사 개월쯤 된 노란색의 작은 근육질 짐승으로서 한쪽 눈가에 검은색 테가 둘러 있었고 한쪽 귀도 검었다.

토비아스가 십 보쯤 떨어진 곳에서 그것을 알아챘을 때, 그는 멈춰 서서 손으로 몇 번이나 턱을 만지작거리며 생각에 잠긴 채 개를 팔려는 사람과 민첩하게 꼬리를 흔들어대는 강아지를 바라보았다. 그러다가 그는 다시금 걷기 시작했는데, 지팡이 손잡이로 입을 누르면서 그 남자가 기대고 있는 나무 주변을 세 바퀴 돌았다. 그런 다음 그는 그 사람에게 다가가서, 계속 그 짐승을 주시하면서 나지막하고 조급한 목소리로 말했다.

"이 개 얼마요?"

"십 마르크요", 그 남자가 대답했다.

토비아스는 잠시 아무 말 없이 있더니 결정을 하지 못하고 되물었다.

"십 마르크라고요?"

"그렇습니다", 그 남자가 말했다.

그러자 토비아스는 주머니에서 검은색 가죽 지갑을 꺼냈고 거기서 오 마르크 지폐 한 장과 삼 마르크와 이 마르크짜리 동전 하나씩을 꺼내어 재빨리 그 장사꾼에게 돈을 건네주었다. 그리고 줄을 잡더니 몸을 구부린 채 소심하게 두리번거리며, 자기 뒤에서 낑낑거리며 털을 곤두세우고 있는 짐승을 성급히 끌어당겼다. 몇몇 사람들이 그가 개를 사는 것을 보고 웃어댔기 때문이었다. 개는 길을 가는 내내 저항을 하며 앞발을 땅에 대고 버텼으며 두려움에 차 미심쩍은 표정으로 자신의 새 주인을 쳐다보았다. 그러나 토비아스는 아무런 말도 없이 힘껏 개를 끌어당겨서 다행히도 시내를 무사통과해 도시 아래쪽에 이르렀다.

토비아스가 개를 데리고 나타났을 때, '회색 길'의 아이들 사이에서는 엄청난 소동이 일어났다. 그러나 그는 개를 팔에 안고 그 위로 몸을 굽힌 채, 아이들이 놀리고 웃옷을 잡아당기는 가운데, 야유 소리와 비웃음 소리를 뚫고 급히 계단을 올라 자기 방으로 들어갔다. 거기서 그는 계속 낑낑대고 있는 개를 방바닥에 내려놓고 친절하게 쓰다듬어 주면서 우쭐대며 말했다.

"자, 자, 날 무서워할 필요가 없어, 이 녀석아, 그러지 않아도 돼."

그런 다음 그는 서랍장에서 익힌 고기와 감자가 담긴 접시 하나를 꺼내 그중 일부를 개에게 던져 주었다. 그러자 개는 낑낑대던 소리를 멈추고 꼬리를 흔들면서 쩝쩝대며 음식을 먹어치웠다.

"참, 너를 에자우라고 불러야겠다", 토비아스가 말했다, "내 말 알겠어? 넌 에자우다. 넌 이 단순한 울림을 아주 잘 기억할 수 있을 거다……" 그리고 자기 앞쪽 바닥을 가리키며 그는 명령조로 외쳤다.

"에자우!"

먹이를 좀 더 얻을 수 있으리라 기대한 건지 몰라도 개는 정말로 그쪽으로 왔다. 토비아스는 칭찬하듯이 개의 옆구리를 토닥거려 주며 말했다.

"제대로 했어, 친구야. 칭찬해 줄 만해."

그러고 나서 그는 몇 걸음 물러나더니 바닥을 가리키며 또다시 명령했다.

"에자우!"

그러자 완전히 생기를 얻은 개는 다시금 그쪽으로 뛰어와 주인의 부츠를 핥았다.

토비아스는 명령을 내리고 개가 복종하는 데 대한 무한한 기쁨을 느껴 열두 번 내지 열네 번쯤 이 훈련을 되풀이했다. 그러나 마침내 개는 지쳐 보였으며, 쉬면서 음식을 소화 시키고 싶어 하는 것 같았다. 그래서 길고 섬세하게 생긴 두 앞다리를 바짝 붙여 쭉 뻗은 채 사냥개의 우아하고 영리한 자세로 바닥에 드러누웠다.

"한 번 더!" 토비아스가 말했다. "에자우!"

그러나 에자우는 머리를 옆으로 돌리고 그 자리에 그대로 있었다.

"에자우!" 토비아스는 명령조로 올라간 목소리로 소리 질렀다. "넌 피곤해도 와야 해!"

그러나 에자우는 두 앞발 위에 머리를 누인 채 꼼짝도 하지 않았다.

"잘 들어", 토비아스가 말했는데, 그의 어조는 나지막하고도 공포스러운 위협으로 가득차 있었다. "복종해, 그렇지 않으면 내 심기를 건드리는 게 영리하지 못한 짓이라는 것을 알게 해 주마!"

그래도 개는 꼬리를 조금도 흔들지 않았다.

그러자 민더니켈은 뭐라 말할 수 없을 정도의 극심한 광적 분노에 사로잡혔다. 그는 자기의 검정 지팡이를 쥐어 잡고 에자우의 목덜미를 잡아 치켜 올리더니, 소리 질러대는 이 작은 동물을 후려쳤다. 이때 그는 극도로 격분해서 제정신을 잃은 채 소름 끼칠 정도로 씩씩대는 목소리로 몇 번이고 되풀이해 말했다.

"뭐야, 복종 안 한다 이거지? 네가 감히 나에게 복종을 하지 않아?"

마침내 그는 지팡이를 옆으로 내던지고 낑낑대는 개를 바닥에 앉혔다. 그리고 심호흡을 하면서 두 손을 등에 댄 채 길게 걸음을 내디디며 개 앞을 왔다 갔다 하기 시작했다. 그러면서 그는 거만하고 분노에 찬 시선을 가끔씩 에자우에게 던지곤 했다. 그렇게 그는 오락가락하기를 한동안 계속한 후, 몸을 뒤집고 누워 두 앞다리를 움직이며 빌고 있는 녀석 옆에 멈춰서더니 가슴에 팔짱을 낀 채, 나폴레옹이 전투에서 자기네 상징인 독수리 깃발을 잃어버린 중대를 사열할 때 보였을 법한 끔찍할 정도로 냉정하고 혹독한 시선과 어조로 말했다.

"어떻게 네가 그런 짓을 했는지 물어봐도 될까!"

그러자 개는 그가 다가온 것만으로도 다행스럽게 여기며 더 가까이 기어가서 주인의 다리에 안겼으며 그 번쩍거리는 눈으로 간청하듯이 주인을 올려다보았다.

토비아스는 한참 동안 이 굴종적인 존재를 위에서 말없이 내려다보았다. 그러나 그러다가 자기 발에 닿은 개 몸뚱이의 온기가 느껴지자 그는 에자우를 덥썩 안아 올렸다.

"이제, 네게 자비를 베풀어야겠다", 그가 말했다. 그런데 이 선량한 녀석이 그의 얼굴을 핥기 시작했을 때, 갑자기 그의 목소리는 감동한 어조와 비탄조로 완전히 돌변했다. 그는 고통스러운 사랑으로 개를 자기 몸에 꼭 껴안았으며, 눈에는 눈물이 가득했다. 그는 말을 끝내지 못한 채, 질식할 듯한 목소리로 수차례 다음의 말만 되풀이했다.

"보라구, 넌 정말 내게 단 하나밖에 없는…… 내게 단 하나밖에 없는……"그러고 나서 에자우를 조심스럽게 소파에 눕히고 그 옆에 앉아, 턱을 손에 괸 채 온화하고 고요한 눈으로 녀석을 바라보았다.

3

이제 토비아스 민더니켈이 집 밖으로 나가는 일은 이전보다 더 뜸해졌다. 에자우를 여러 사람에게 보이고 싶은 마음이 그에겐 전혀 없었기 때문이다. 그는 개에게만 완전히 집중했는데, 말하자면 아침부터 저녁까지 개를 먹이고 눈을 닦아주고 개에게 명령을 내리고 개를 꾸짖고 최대한 사람 대하듯 개와 말을 하는 것 말고는 아무것도 하지 않았다. 단 문제는, 에자우가 항상 그의 맘에 들게 행동하지만은 않는다는 것이었다. 에자우가 소파 위 그의 곁에 누워, 공기와 자유의 결핍으로 인해 졸린 상태로 우수에 찬 눈을 하고 그를 바라볼 때면, 토비아스는 완전히 만족했다. 그는 조용하고 자기만족에 찬 태도로 방 안에 앉아 불쌍하다는 듯이 에자우의 등을 쓰다듬어 주면서, 이렇게 말했다.

"내 가엾은 친구, 날 고통스럽게 바라보는 거니? 그래, 그래, 세상은 슬픈 것이란다, 어리지만 너도 그걸 알게 되는구나……"

그러나 개가 유희 본능과 사냥 본능에 사로잡힌 나머지 맹목적이고 광분한 상태로 방 안을 날뛰며 돌아다니고 슬리퍼를 물어뜯고 의자들 위로 뛰어올라 엄청난 활력으로 정신없이 뒹굴 때면, 토비아스는 멀리 떨어져서 난처하고 불안정한 미움의 시선과 추하고 격앙된 미소를 지으며 개의 동작을 주시했다. 그러다가 마침내 화가 난 어조로 개를 자기 쪽으로 불러다가 호통을 쳤다.

"멋대로 구는 짓은 이제 멈춰. 춤추고 돌아다닐 이유가 전혀 없어."

심지어 한 번은, 에자우가 방에서 탈출해 계단을 내려가서 거리로 뛰어나가더니, 바로 거기에서 곧바로 고양이를 뒤쫓고 말똥을 먹기도 하며 너무나 행복하게 아이들과 이리저리 뛰어다니기 시작한 일도 벌어졌다. 그런데 거리 절반을 채우고 있는 사람들의 박수갈채와 웃음 사이로 토비아스가 고통스럽게 일그러진 얼굴로 나타나자, 개가 크게 뜀박질을 해서 자기 주인으로부터 달아나버린 서글픈 일이 생겼다…… 그날 토비아스는 격분한 상태로 오랫동안 개를 두들겨 팼다.

어느 날 ― 개가 그의 소유로 된 지 벌써 몇 주쯤 되었을 때였다. ― 토비아스는 에자우에게 먹이를 주려고 찬장 서랍에서 빵 한 덩이를 꺼냈다. 그는 구부린 자세를 하고, 빵을 자를 때 사용하곤 했던, 손잡이가 뼈로 된 커다란 칼로 빵을 작은 조각으로 잘라서 바닥에 떨어뜨리기 시작했다. 그러자 녀석은 어리석음과 식욕에 정신이 나가 맹목적으로 이쪽으로 달려왔다. 녀석은 어설프게 쥔 칼에 오른쪽 견갑골 아래를 찔려 피를 흘리며 바닥에서 몸을 뒤집고 누웠다.

토비아스는 깜짝 놀라 모든 것을 내던지고 상처 입은 짐승 위로 몸을 구부렸다. 그런데 갑자기 그의 얼굴 표정이 변했다. 일말의 안도감과 다행이라는 감정이 얼굴 위로 얼핏 스쳐갔던 게 사실이다. 그는 신음하는 개를 조심스럽게 소파에 눕혔다. 그가 얼마나 헌신적으로 아픈 개를 돌보기 시작했는지는 아무도 상상할 수 없을 것이다. 그는 낮에는 개의 곁을 떠나지 않았으며 밤에는 자기 침소에서 개를 자게 했으며, 개를 씻기고 붕대를 감아주고, 쓰다듬어 주고, 위로했으며, 무진장 즐거운 마음으로 개를 정말로 세심하게 돌보며 개에게 측은한 마음을 느꼈다.

"많이 아프지?" 그가 말했다. "그래, 그럴 거야. 몹시 아프겠지, 가엾은 녀석! 그래도 잠자코 있어. 우린 견뎌내야 해." 이런 말을 할 때 그의 얼굴은 평온했고, 슬프지만 행복해 보였다.

하지만 에자우가 기운을 차리고 더 쾌활해지고 회복되는 정도만큼 토비아스의 태도는 더 불안해졌고 더 불만족스러워졌다. 그는 더 이상 개의 상처를 걱정하지 않고 오직 위로의 말을 하고 쓰다듬으며 연민을 표시하는 게 좋겠다고 생각하게 되었다. 그런데 에자우의 타고난 건강 덕분에 치료가 상당히 진척되어 에자우는 어느새 방 안을 다시 이리저리 돌아다니기 시작했다. 그러던 어느 날 녀석은 우유와 흰 빵이 담긴 접시 한 그릇을 짭짭 핥아 남김없이 비운 다음 완쾌된 모습으로 소파에서 뛰어내렸다. 녀석은 즐거운 듯 계속 짖어대며 예전처럼 자유분방하게 양쪽 방을 지나다니며 이불을 잡아당기고 감자 한 개를 굴려 자기 앞으로 낚아채고 신이 나서 뒹구는 것이었다.

토비아스는 창가 화분 곁에 서 있었다. 너덜너덜 단이 풀린 소매에서 드러나 보인 길고 여윈 한 손으로 관자놀이 깊숙이 끌어올린 머리카락을 무의식적으로 만지는 동안, 그의 모습은 검고 기이한 형태를 하여 이웃집의 회색 담장과 대비되었다. 그의 얼굴은 창백했으며 심통이 나서 일그러져 있었다. 그는 삐딱하고, 당황스럽고, 시샘하고 화가 난 눈빛으로 에자우가 뛰어다니는 것을 움직이지 않고 지켜보았다. 그런데 그는 갑자기 정신을 차리고 녀석에게 다가가더니 녀석을 붙잡아 천천히 그의 팔에 안았다.

"가엾은 내 강아지", 그는 슬픈 목소리로 말하기 시작했다. — 그러나 자유분방한 에자우는 더는 이런 식으로 취급받고 싶지 않다는 듯 자기를 쓰다듬으려고 한 그의 손을 거리낌 없이 덥석 물어버리고선 그의 팔에서 벗어나 바닥으로 뛰어 짓궂게 옆으로 한 번 뒹굴며 짖어대더니 신이 나서 그곳을 빠져 달아났다.

다음에 일어난 사건은 너무나도 이해할 수 없고 비열한 짓이어서 나는 그것을 상세히 이야기하고 싶지 않다. 토비아스 민더니켈은 팔을 축 늘어뜨리고 약간 몸을 앞으로 구부린 채 서 있었다. 그의 입술은 꼭 다물어져 있었으며 눈 안에서 동공은 섬뜩할 정도로 떨리고 있었다. 그러더니 그는 갑자기 미친 듯 뛰는 모양새로 짐승을 덥석 잡았다. 번득이는 커다란 연장이 그의 손에서 번쩍였다. 그리고 그것으로 개의 오른쪽 어깨에서 가슴 깊이까지 일격을 가하는 바람에 개는 바닥에 쓰러졌다. 개는 아무 소리도 내지도 못하고 그냥 옆으로 쓰러져, 피를 흘리며 몸을 떨고 있었다……

다음 순간 개는 소파에 뉘게 되었고, 토비아스는 그 앞에 무릎을 꿇고 수건으로 상처를 눌러주며 중얼거렸다.

"가엾은 내 강아지! 가엾기도 하지! 이 모든 것이 얼마나 슬픈 일이냐! 우리 둘 다 슬프기 그지없구나! 괴롭지? 그래그래, 난 알아. 네가 괴로울 거라는 걸. ─ 네가 이토록 애처롭게 내 앞에 누워 있다니! 그러나 내가 네 곁에 있단다. 내가 너를 위로하고 있어! 내가 내 제일 좋은 손수건으로……"

하지만 에자우는 소파에 누워 숨을 가르랑거리고 있었다. 슬픔에 찬, 뭔가 묻는 듯한 그의 눈은 도무지 이해할 수 없고, 아무런 죄도 없다는 표정과 원망으로 가득차서 주인을 향하고 있었다. ─ 그러고 나서 에자우는 두 다리를 조금 뻗더니 숨을 거두었다.

그러나 토비아스는 꼼짝 않고 그대로 꿇어앉아 있었다. 그는 에자우의 몸에 얼굴을 갖다 대고 몹시 울었다.

옷장

— 수수께끼로 가득한 이야기

베를린과 로마 사이를 오가는 급행열차가 크지도 작지도 않은 한 기차역 안으로 들어왔을 때 날씨는 흐렸고 어둑어둑했으며 써늘했다. 플러시 천으로 만든 넓은 의자 위에 멋진 레이스 커버를 씌운 일등석 객실에서 혼자 여행하던 한 남자가 벌떡 몸을 일으켰다. 그의 이름은 알브레히트 판 데어 크발렌이었다. 그는 잠에서 깨어났다. 그는 입에서 맥빠진 듯한 맛을 느꼈다. 그의 육신은 그다지 유쾌하지 않은 감각으로 가득차 있었다. 기차가 꽤 오래 달리다가 정지했고, 리드미컬하게 반복해서 끊임없이 바퀴가 구르던 소리가 멈추고 정적이 찾아 들었기 때문이었다. 그러한 고요함은 바깥의 소음들, 외치는 소리들, 각종 신호들과 묘하게도 의미심장하게 대비되었다…… 이러한 상태는 어떤 도취나 마비 상태에서 깨어나 정신을 차렸을 때와 같은 것이었다. 그동안 내내 사람의 신경이 의지하고 있었던 리듬이 갑자기 사라져버린 것이었다. 그렇게 되면 신경은 극도로 혼란스럽고 방기된 상태에 빠지게 된다. 게다가 여행 중 몽롱한 상태로 자던 잠에서 깨어날 때면 이런 느낌은 더욱더 강해진다.

알브레히트 판 데어 크발렌은 몸을 조금 쭉 뻗더니 창가로 가서 창문을 아래로 내렸다. 그는 정지해 있는 기차를 길이로 따라가면서 죽 살펴보았다. 열차의 앞쪽 우편물 차량에선 몇몇 남자들이 수하물을 싣고 내리는 작업을 하고 있었다. 기관차는 여러 번 경적을 울렸고, 재채기하듯 에취 소리를 내기도 하고 꾸르륵 소리도 조금 내었다. 그러더니 소리를 멈추고 다시 조용해졌다. 움직이면서 발굽을 들어 올리고 귀를 쫑긋 세우고 애타게 출발 신호를 기다리며 그저 멈춰 서 있는 말처럼 말이다. 긴 레인코트를 입은 키가 크고 뚱뚱한 한 숙녀가 몹시 걱정스런 표정으로 엄청 무거워 보이는 여행 가방을 질질 끌면서 가고 있었다. 그녀는 한쪽 무릎으로 가방을 탁탁 치면서 줄곧 기차의 옆쪽으로 왔다 갔다 하며 움직여 갔다. 말없이, 쫓기는 듯 잔뜩 겁먹은 눈을 하고서. 특이하게도, 앞으로 쑥 내민, 아주 작은 땀방울이 맺혀있는 그녀의 윗입술은 왠지 모르게 보는 사람의 마음을 사로잡았다…… '그대 내 사랑, 가

런한 여인이여!' 하고 판 데어 크발렌은 생각했다. '오직 당신의 윗입술이 맘에 들어 당신을 도와주고, 당신 좌석으로 안내해주고, 편안하게 해 줄 수 있으면 좋으련만! 하지만 누구나 자기 일은 자신이 할 수밖에 없게 되어 있다오. 지금 아무 불안해 할 것이 없는 나는 여기 서서, 마치 뒤로 나자빠진 딱정벌레처럼 허둥대는 당신을 구경하고 있네요……'

별로 크지도 않은 소박한 역의 실내에는 어스름이 번지고 있었다. 저녁인가? 아침인가? 그는 그것을 알지 못했다. 그가 잠을 잤었기 때문이다. 그런데 두 시간, 다섯 시간 아니면 열두 시간 잠을 잤었는지조차 전혀 확실하지 않았다. 조금도 깨지 않고, 깊은, 아주 깊은 잠을 스물네 시간, 아니 그 이상 잔 것처럼 생각되는 게 아닌가? ― 그는 벨벳 깃이 달린 암갈색 겨울용 반코트를 입은 신사였다. 용모로 봐서는 그의 나이를 식별하기가 아주 어려웠다. 스물다섯에서 삼십대 후반 사이쯤 될 것이라고 추정되었다. 그의 얼굴은 누르스름했다. 그러나 그의 두 눈은 숯처럼 이글이글 불타는 듯 새까맸으며, 그 주위에는 깊은 그늘이 드리워져 있었다. 이런 눈은 결코 좋을 게 없었다. 여러 의사들이, 사나이들 간의 진지하고 솔직한 대화에서, 그가 앞으로 몇 달 살지 못할 것이라고 말해 준 바 있었다…… 말이 나온 김에 덧붙여 말하지만, 그의 검은 머리카락은 옆으로 매끈하게 가르마가 타져 있었다.

그는 베를린에서 ─ 물론 베를린이 그의 여행의 출발지가
아니었음에도 불구하고 ─ 붉은색 가죽 가방을 들고 마침 막
출발하려는 급행열차에 올라탄 것이었다. 그 후 잠을 잤다. 그
리고 잠에서 깨어난 지금 그는 시간에서 완전히 해방된 것으
로 느꼈기에 온몸에 쾌적감이 흐르고 있었다. 그는 시계를 갖
고 있지 않았다. 그는 목에 걸고 있는 가느다란 금빛 줄에 달
린 작은 메달 하나만을 조끼 주머니에 넣어 갖고 있다는 사실
에 대해 행복해 했다. 그는 시간이라든가 요일 따위를 알고 살
아가는 것을 좋아하지 않았다. 달력이 실린 수첩마저도 갖고
있지 않았다. 그는 꽤 오래전부터 오늘이 며칠인지, 혹은 그저
몇 월인지, 심지어는 연도가 어떻게 되는지를 알고자 하는 습
관에서조차 벗어나 있었다. '모든 것이 불확실한 채로 남아있
는 게 좋지!' 하고 그는 생각하곤 했다. 이것이 다소 어두운 관
용구임에도 불구하고 그는 이 관용구에 꽤 많은 의미를 부여
하고 있었다. 그는 그런 종류의 모든 방해를 받지 않으려고 애
를 썼기 때문에 그가 이런 무지의 상태 때문에 불편을 느끼는
일은 거의 없거나 결코 없었다. '어느 계절인지만 대강 말할
수 있어도 내게는 충분하지 않을까? 대체로 가을인가 보다!'
하고 그는 흐릿하고 습기찬 대합실 안을 내다보면서 생각했
다. '그 이상은 모르겠구나! 내가 어디에 있는지는 알고 있는
것인가?'

이런 생각을 하자 그가 느끼고 있던 만족감이 갑자기 반가운 놀라움으로 바뀌었다. '그렇다! 나는 나 자신이 어디 있는지를 모르고 있다. 내가 아직도 독일 안에 있는가? 그건 의심의 여지가 없어. 북부 독일인가? 그건 확실하지 않구나!' 조금전 그는 잠에서 덜 깨어나 아직도 멍한 눈으로, 자기가 타고 있는 객실의 창이 어느 환하게 불 밝힌 표지판을 스쳐 지나가는 것을 보았었다. 그것이 역의 이름을 나타내는 표지판 같았지만 철자의 모양이 그의 뇌리에까지 들어오지는 않았었다. 그는 아직 잠에 취한 상태에서 차장들이 두 번인가 세 번 역의 이름을 외치는 소리를 듣긴 했었지만 그중 아무 소리도 알아듣지 못했던 것이다. — 그런데 저곳에, 바로 저기에 아침인지 저녁인지 알 수 없는 어스름 속에 어떤 낯선 마을, 어떤 미지의 도시가 있을 것이었다…… 알브레히트 판 데어 크발렌은 좌석의 그물 선반에서 펠트 모자를 꺼내들고 빨간 가죽 여행 가방을 움켜쥐었다. 가방의 어깨 끈은 비단으로 된 붉은색과 흰색의 격자무늬 모포로 감싸여져 있었다. 또한 꾸러미 속으로는 은색 손잡이가 달린 우산 하나도 꽂혀 있었다. 그의 기차표가 피렌체 행이라고 되어 있었음에도 불구하고 그는 객실을 나와서 검소한 시설의 대합실을 따라 걸어갔다. 그는 물품 보관소에 짐을 맡기고 나서 시가에 불을 붙이고는 — 지팡이도 우산도 손에 들고 있지 않았기에 — 두 손을 외투 주머니에 넣은 채 기차역을 떠나갔다.

　우중충하고 습기가 찼으며 사람들이 거의 없는 바깥의 광장에서는 대여섯 명의 마부들이 채찍으로 탁탁 소리를 내고 있었다. 술이 달린 모자를 쓰고, 긴 외투에 덜덜 떨면서 몸을 감싼 한 남자가 "호텔 '착한 남자에게로'로 가실 분입니까?" 하고 묻는 어조에 강세를 주면서 말했다. 판 데어 크발렌은 그에게 예의바르게 감사의 표시만 하고 곧장 자기 갈 길을 갔다. 그와 마주친 사람들은 외투의 깃을 높이 올려 놓았었다. 그래서 그도 그렇게 하고서 벨벳 깃 안에 턱을 바짝 붙인 채 시가를 피우며, 빠르지도 느리지도 않은 걸음으로 계속 걸어갔다.

　그는 어느 땅딸막한 성벽 같은 것 옆을 지나쳐 갔는데, 그것은 두 개의 육중한 탑을 하고 있는 오래된 성문이었다. 또한 그는 어느 교량을 지나가게 되었는데, 다리 난간에는 입상들이 늘어서 있었으며, 다리 아래에는 강물이 탁하게 느릿느릿 흘러가고 있었다. 길고 낡은 쪽배가 지나갔는데, 배의 후미에서 한 남자가 긴 막대로 노를 젓고 있었다. 판 데어 크발렌은 잠시 멈춰 서서 난간 위로 몸을 구부렸다. '이것 봐라!' 하고 그는 생각했다. '강이 하나 있군. 그 강이야. 내가 이 강의 평범하던 이름을 잊은 게 마음 편하군……' 이윽고 그는 계속 걸어갔다.

　그는 매우 넓지도 매우 좁지도 않은 어느 가로의 보도를 한동안 곧장 걸어가다가 어디에선가 왼쪽으로 접어들었다. 저녁이었다. 전기 아크등이 켜졌고 몇 번 불빛이 깜빡거리더니 발갛게 타오르다가 쉬쉿 하는 소리를 내면서 안개 속 흐린 날을 환히 비추었다. 상점들은 닫혀있었다. '그러니까 어느 모로 보나 가을이겠구나!' 하고 판 데어 크발렌은 생각하면서 물기에 젖어서 검은빛을 띤 보도 위를 걸어갔다. 그는 덧신을 신고 있지 않았다. 그러나 그의 장화는 무척 넓고, 견고하고, 내구성이 강했으며, 그런데도 품위가 없어 보이지는 않았다.

그는 계속해서 왼쪽으로 걸어갔다. 사람들이 급한 걸음으로 그의 곁을 지나갔다. 그들은 일하러 가거나 일터에서 돌아오고 있었다. '그런데 나는 그들의 한가운데에서 걷고 있구나!' 하고 그는 생각했다. '그리고 나는 짐작컨대 그 어떤 사람도 겪어보지 못했을 만큼 고독하고 낯선 존재이다. 나는 직장도 없고 목표도 없다. 나는 내 몸을 지탱할 지팡이 하나도 없다. 나보다 더 의지할 곳 없고, 더 자유롭고, 더 국외자적인 사람은 아무도 없을 것이다. 나한테 신세지는 사람이라곤 아무도 없고 나도 아무에게도 전혀 신세지지 않는다. 하느님은 한 번도 나를 비호해 주시지 않았고, 그분은 나를 전혀 모르신다. 자선의 혜택을 받지 않은 진정한 불행은 좋은 것이다. 나는 하느님께 아무것도 빚지지 않았다고 자기 자신에게 말할

수 있기 때문이야……'

시내가 곧 끝났다. 아마도 그가 그 도시의 한가운데쯤에서 출발하여 시내를 가로질러 걸은 것 같았다. 그는 수목들과 고급 저택이 즐비한 교외의 어느 넓은 거리에 와 있었다. 그래서 그는 오른쪽 길로 접어 들어, 가스등으로만 불을 밝힌 거의 시골풍인 좁은 골목 서너 개를 지나고, 마침내 어떤 조금 더 넓은 골목의 한 목제 대문 앞에 멈춰 섰다. 그 대문은 희미한 황색을 칠한 평범한 집의 오른쪽에 나 있었다. 그 집 자체는 완전히 불투명하고 유난히 뾰쪽한 아치형의 거울 유리창 때문에 유난히 눈에 띄었다. 그 집 대문에는 '이 집 4층에 세놓을 방 있음'이라는 글이 적힌 팻말이 붙어 있었다. "그래?" 하고 그는 중얼거렸다. 그러고는 피우던 시가를 버린 후 그 대문을 지나, 이웃집 땅과 경계를 이루고 있는 판자 울타리를 따라 걸어 들어갔다. 이어서 그는 왼쪽에 있는 작은 문을 통과했고 두어 걸음 만에, 오래된 회색의 담요를 초라한 깔개로서 펼쳐놓은 현관에 이르렀다. 그러고 나서 그는 수수한 나무 계단을 올라가기 시작했다.

각 층으로 들어가는 문들도 매우 단순했는데, 철사 그물을 쳐 놓은 우윳빛 유리창에 그 어떤 이름표 같은 것들이 붙어 있었다. 각 층의 계단참에는 석유램프가 빛을 비춰 주고 있었다. 그러나 4층 — 이것이 마지막 층이었고 이 위는 창고였다 —

에는 계단의 좌우에 모두 출입구가 있었다. 갈색이 도는 단순한 방문들에는 이름이라곤 찾아볼 수 없었다. 판 데어 크발렌은 중앙에 선 채로 황동으로 된 초인종을 당겼다…… 종이 울렸다. 그러나 안에서는 기척이 없었다. 그는 왼쪽 문을 두드려 보았다…… 아무런 반응이 없었다. 그는 오른쪽 문을 두드려 보았다…… 길게 이어지는 가벼운 발걸음 소리가 들리더니, 문이 열렸다.

한 여성이었는데, 키가 크고 깡마른 부인으로서 나이가 많고 몸이 길쭉해 보였다. 그녀는 크고 빛바랜 연보라색 리본이 달린 두건을 썼고, 고풍의 색 바랜 검은 옷을 입고 있었다. 얼굴은 볼이 움푹 패여 야윈 새의 모습이었으며, 이마 위에는 발진이 생겼는데 무슨 이끼 같은 것이 자란 듯이 보였다. 그것은 꽤 역겨운 것이었다.

"안녕하십니까? 방을……" 판 데어 크발렌이 말했다.

노부인이 고개를 끄덕였다. 그녀는 고개를 끄덕이며 천천히, 아무 말도 없이 그리고 충분히 이해한다는 듯이 미소를 지었고, 아름답고 희며 긴 손을 들어 느리고 피곤하면서도 품위 있는 몸짓으로 건너편의 왼쪽 문을 가리켰다. 그러고 나서 그녀는 잠시 자신의 집 안으로 들어가더니 열쇠 하나를 들고 다시 나타났다. 그녀가 문을 여는 동안 그녀의 뒤에 서 있던 그는 '이것 봐라!'라고 생각했다. '당신은 밤의 요마(妖魔) 같군.

호프만의 소설[21] 속에 나오는 인물 말이오, 부인……' 그녀는 석유램프를 걸쇠로부터 떼어 들고서, 그를 방 안에 들어서게 했다.

그것은 갈색 마루를 깐 작고 천장이 낮은 방이었다. 하지만 벽들은 꼭대기까지 짚단 색깔의 돗자리로 뒤덮여 있었다. 뒷벽의 오른쪽 창에는 길고 늘씬한 주름이 잡힌 흰 모슬린 커튼이 쳐져 있었다. 옆방으로 통하는 하얀 문은 오른쪽에 있었다.

노부인은 문을 열고 램프를 위로 들어올렸다. 그 방은 형편없이 황량했으며, 락 칠을 한 담홍색 등나무 의자 세 개가 마치 생크림 위의 딸기처럼 아무 장식품도 걸어놓지 않은 그 방의 하얀 벽과 뚜렷한 대조를 이루고 있었다. 옷장 한 개, 거울을 포함한 세면대 하나…… 엄청나게 육중한 마호가니 제품인 침대는 방의 한가운데에 덩그러니 놓여 있었다.

"뭔가 마음에 안 드는 게 있으신가요?" 하고 노부인이 물으면서 아름답고 긴 흰 손을 이마 위의 이끼처럼 자란 흉터 있는 데로 살짝 가져갔다…… 그녀가 마치 단지 실수로 그런 말을 한 것 같았고, 그녀가 마치 지금 이 순간에 걸맞은 보다 일반적인 표현을 생각해 낼 수 없는 것 같았다. 그녀는 즉시 덧

---

2 1   호프만(E. T. A. Hoffmann)의 단편 〈동 후앙〉(Don Juan, 1813)을 지칭.

붙여 말했다. "일반적으로 말하자면 — ?"

"아닙니다, 그런 건 전혀 없습니다." 판 데어 크발렌이 대답했다. "방들이 꽤 기발하게 꾸며졌네요. 제가 방을 빌리겠습니다…… 누군가가 제 짐을 기차역에서 가져다주었으면 좋겠는데요. 이건 보관증입니다. 그리고 침대와 보조 탁자를 정돈해주시면 감사하겠습니다…… 집 열쇠와 층 열쇠는 지금 바로 주시고요…… 또 수건 몇 장도 마련해주시면 좋겠습니다. 저는 약간 차림새를 고치고, 식사하러 시내에 갔다가 나중에 돌아오고 싶군요."

그는 가방에서 니켈을 입힌 세면 도구통을 꺼내고 거기서 비누를 꺼낸 다음 세면대에서 얼굴과 손을 씻기 시작했다. 사이사이에 그는 바깥으로 심히 볼록하게 튀어나간 유리창을 통해 저 아래로 가스등 불빛에 싸인 지저분한 교외 거리들, 아크등들과 고급 저택들을 내려다보았다…… 그는 수건으로 손을 닦으면서 옷장 있는 데로 건너갔다. 그것은 갈색으로 착색된 네모난 물건으로서 꼭대기 부분에 왕관이 소박하게 장식되어 있고 약간 흔들거리는 상태였다. 그 가구는 오른쪽 옆벽의 중앙에 있었고, 또한 또 하나의 하얀 문이 있는 벽감 안에 딱 들어맞게 서 있었다. 그 하얀 문은 아마도 바깥 계단에서 큰문과 중간문을 통해서 들어올 수 있는 방들과도 통해 있을 것이었다. '세상에! 가구를 이렇게 희한하게 배치해

놓다니!' 하고 판 데어 크발렌은 생각했다. '이 옷장은 마치 이 문이 있는 벽감을 위해 제작된 것처럼 벽감에 딱 들어맞는구나!……' 그는 옷장 문을 열었다…… 옷장은 완전히 비어 있었다. 그 천장에는 여러 줄의 옷걸이 고리들이 설치되어 있었다. 그러나 그 튼튼한 가구의 뒷면이 없다는 사실이 드러났다. 뒷면은 잿빛 천으로, 즉 견고하고 평범한 마대 조각으로 막아 두었으며, 그 천의 네 귀가 못 또는 압침으로 고정되어 있었다. —

판 데어 크발렌은 옷장 문을 닫은 뒤 모자를 쓰고, 외투 깃을 다시 세우고는 촛불을 끄고 집을 나섰다. 그는 앞쪽 방을 통과하며 걷는 동안 자신의 발자국 소리 사이사이로 옆방, 즉 예의 다른 방들에서 무슨 소리가 나는 것을 들은 것 같았다. 그것은 낮고 맑은 금속음이었다…… 그러나 그것이 잘못 들은 소리가 아니었던지 아주 불확실했다. '마치 은대야 속으로 금반지가 떨어지는 소리 같은데!' 하고 그는 바깥 방문을 잠그면서 생각했다. 그러고 나서 그는 계단을 내려가 집을 떠났으며 시내로 다시 되돌아가는 길로 들어섰다.

사람들로 붐비는 거리에서 그는 불을 훤히 밝혀놓은 레스토랑에 들어섰고, 앞쪽에 있는 테이블 중에서 한 곳에 자리를 잡고 모든 세상에 등을 돌린 채 앉았다. 그는 살짝 구운 빵을 곁들인 허브 스프, 계란을 얹은 비프스테이크, 설탕에 절인 과

일과 포도주, 초록색이 도는 고르곤졸라 치즈 한 조각과 배 반쪽을 먹었다. 계산을 하고 외투를 입는 동안, 그는 러시아제 궐련을 두세 모금 피웠다. 그러고 나서 시가에 불을 붙이고는 걷기 시작했다. 그는 거리를 약간 어슬렁거리다가 그 교외로 돌아가는 자신의 갈 길을 찾아내고는 서두르지 않고 그 길을 되돌아 왔다.

판 데어 크발렌이 집 현관문을 열고 어두컴컴한 계단을 올라갈 때 거울 유리창을 한 그 집은 완전히 어둠과 침묵에 휩싸여 있었다. 그는 작은 성냥불로 앞을 비추며 올라갔고, 4층에서 그의 방으로 들어가는 왼쪽의 갈색 문을 열었다. 그가 외투와 모자를 안락의자위에 내려놓고 나서 큰 책상 위의 램프에 불을 붙이자, 그곳에서 그의 여행 가방과 우산이 꽂힌 여행용 꾸러미가 보였다. 그는 모포 꾸러미를 풀어서 코냑 한 병을 꺼내 들었으며, 가죽 가방에서 작은 잔을 꺼냈다. 그리고 시가를 마저 피우는 동안 팔걸이 의자에 앉은 채 가끔 한 모금씩 마셨다. '기분 좋구먼!' 하고 그는 생각했다. '이 세상에 그래도 코냑이 있다는 게 말이야……' 그러고 나서 그는 침실로 건너가 보조 탁자 위의 양초에 불을 붙이고, 건너편의 램프를 끈 뒤에 옷을 벗기 시작했다. 그는 크게 눈에 띄지는 않지만 내구성이 있는 회색 양복을 침대 곁의 빨간 의자 위에 하나씩 올려 놓았다. 하지만 이윽고 그가 바지 멜빵을 풀었을 때, 아직 안락의자 위에 놓여 있을 모자와 외투가 생각났다. 그는 그것들을 가져왔고 옷장 문을 열었다…… 그는 뒤로 한걸음 물러서며, 한 손으로 자기 뒤 침대의 네 모서리들을 장식하고 있는 진홍색의 크고 둥근 마호가니 장식들 중의 하나를 붙잡았다.

장식이 없는 흰 벽들, 즉 담홍색 랙 칠을 한 등나무 의자들을 마치 생크림 위의 딸기처럼 유난히 드러나 보이게 만드는 그 벽들은 흔들리는 촛불의 빛을 받으며 서 있었다. 그런데 그곳에 문이 활짝 열린 옷장 — 그것은 텅 비어 있는 것이 아니라, 누군가 그 안에 서 있었다. 어떤 형상, 어떤 존재였는데, 너무나 우아해서 알브레히트 판 데어 크발렌의 가슴이 일순 멈추었다가 이윽고 다시 충만하고 느긋하며 부드러운 박동과 함께 계속 뛰었다…… 그 형상은 완전한 나체였고, 가늘고 여린 한쪽 팔을 위로 들고 있었는데, 이때 집게손가락으로는 옷장의 천정에 붙은 옷걸이를 잡고 있었다. 그녀의 긴 갈색 머리카락은 어린애의 어깨 같은 그녀의 두 어깨 위에 물결치듯 드리워져 있었고, 그 어깨는 보는 사람이 그저 흐느낌으로 반응할 수밖에 없을 만큼 우아한 매력을 풍기고 있었다. 그녀의 길쭉하고 검은 두 눈에 촛불 빛이 반사되고 있었다…… 그녀의 입은 약간 큰 편이었지만, 며칠간의 고통 끝에 사람의 이마에와 닿는 몽마(夢魔)의 입술처럼 달콤한 표정을 띠고 있었다. 그녀는 두 발뒤꿈치를 바짝 붙이고 있었고, 그녀의 날씬한 두 다리는 서로 달라붙어 있었다……

알브레히트 판 데어 크발렌은 손으로 눈을 부비고 보았다…… 그리고 그는 저 아래 오른쪽 구석에 그 회색 마대 조각이 옷장 뒤의 벽에서부터 툭 떨어져 나뒹굴고 있는 것도 보았다…… "어떻게 이런 일이?" 하고 그가 말했다…… "들어오시지 않겠소?…… 뭐라고 말해야 맞을런지?…… 이리로 나오시지 않겠소? 코냑 한 잔 드시지 않겠소? 반 잔이라도?……" 그러나 그는 이 말에 대해 아무런 대답도 기대하지 않았고, 사실 아무 대답도 들을 수 없었다. 그녀의 가늘고 반짝이는 두 눈은 너무나도 검었기 때문에 아무런 표정도 없었고 수수께끼 같아서 속을 알 수 없었으며 아무 표정도 없는 것처럼 보였다. ─ 그 두 눈은 그를 향하고 있었다. 그러나 어떤 고정된 목표도 없이 모호해서 마치 그를 보고 있지 않은 것 같았다.

"네게 이야기를 들려줄까?" 갑자기 그녀가 조용하고도 분명하지 않은 소리로 말했다.

"들려줘……" 그가 대답했다. 그는 앉은 자세로 침대 가장자리에 푹 주저앉아 있었다. 외투가 그의 무릎 위에 올려져 있었고, 그의 서로 겹쳐진 두 손이 그 위에 놓여 있었다. 그의 입은 약간 벌린 채였으며, 그의 눈은 반쯤 감겨 있었다. 하지만 피는 따뜻하고 부드럽게 약동하며 그의 몸을 돌고 있었고, 그의 귀에는 나지막이 윙윙거리는 소리가 들렸다.

그녀는 옷장 속에서 자리를 잡고 앉아, 위로 세운 한쪽 무릎을 연약한 두 팔로 감싸고, 다른 쪽 다리는 옷장 바깥으로 늘어뜨리고 있었다. 그녀의 작은 가슴은 팔의 윗부분 때문에 눌렸고, 바짝 죄인 무릎의 피부는 반짝거렸다. 그녀는 이야기했다…… 양초의 불꽃이 소리 없는 춤을 추는 동안, 그녀는 조용한 목소리로 이야기했다……

'두 사람이 황야를 걸어가고 있었는데, 그녀의 머리가 그의 한쪽 어깨 위에 놓여 있었어. 약초들이 강하게 향기를 풍겼으나, 흐릿한 저녁 안개가 벌써 땅에서 올라오고 있었지.' 이렇게 이야기가 시작되었다. 그리고 거기에는 정말 비길 데 없이 경쾌하고 달콤하게 운이 잘 맞는 시구들이 가끔 등장했는데, 그것은 우리가 이따금 열에 들뜬 밤에 반쯤 잠든 상태에서 겪곤 하는 그런 일이었다. 그러나 이야기의 끝은 좋지 않았다. 그 끝은 너무나 슬펐는데, 두 사람이 절대 떨어질 수 없다는 듯이 서로를 껴안은 상태에서 입술을 서로 포갠 채한 사람이 큼직한 칼로 다른 한 사람의 혁대 위의 몸통을 찌른 것이었다. 거기에는 그럴만한 이유들이 있었다. 그러나 이렇게 이야기가 끝이 났다. 그리고 그녀는 한없이 조용하고 겸손한 몸짓으로 일어서서는, 옷장 아래에 굴러떨어져 있던 그 회색의 천, 즉 옷장의 뒷면을 채우고 있었던 그 마대 천의 오른쪽 귀를 살짝 들어올리는 것이었다. 그런 뒤에 그녀는 더는 거기에 없었다.

　이제부터 그는 매일 저녁마다 옷장에서 그녀를 발견했고, 그녀가 들려주는 이야기에 귀를 기울였다…… 얼마나 많은 저녁이었을까? 며칠, 몇 주 혹은 몇 달을 그는 그 방에, 그리고 그 도시에 머물렀을까? ― 여기에 숫자가 답으로 나온들 그것은 아무에게도 쓸모가 없을 것이다. 대체 누가 그 초라한 숫자를 반기겠는가?…… 그리고 우리는 알브레히트 판 데어 크발렌이 여러 의사들로부터 더 이상 여러 달을 인정받지 못했음을 알고 있다.

　그녀는 그에게 이야기를 들려주었다…… 그리고 그것은 위안이 없이 슬픈 이야기들이었다. 그러나 그런 이야기들은 달콤한 짐이 가슴 위에 내려앉았고, 가슴을 더 천천히, 더 황홀하게 뛰게 했다. 그는 자주 자기 자신을 잊었다…… 그의 내면에서는 피가 끓어올랐고, 그는 그녀를 향해 두 손을 뻗었으며, 그녀는 그에게 저항하지 않았다. 그러나 이윽고 그는 여러 저녁에 걸쳐 옷장 안에서 그녀를 볼 수 없었다, 그리고 그녀가 다시 돌아왔을 때에도 여러 저녁 동안 아무런 이야기도 들려주지 않다가, 그가 또 다시 자기 자신을 잊게 되면 그녀는 서서히 다시 이야기를 해주기 시작하는 것이었다.

　얼마나 오랫동안 그런 일이 지속된 것인지…… 누가 그걸 알겠는가? 알브레히트 판 데어 크발렌이 예의 저 오후에 도대체 실제로 잠에서 깨어나기는 했는지, 그리고 그 미지의 도시로 가기는 했는지, 누가 그걸 분명히 알까? 오히려 그가 일등석 객실 안에서 잠을 자면서 남아있었던 것은 아닌지, 그리하여 그가 베를린-로마 행 급행열차를 탄 채 엄청난 속도로 수많은 산을 넘어 수송된 것은 아닌지? 우리들 중의 누가 감히 이 질문에 확실하게, 그리고 스스로 책임을 지면서 어떤 대답을 하겠다고 나서고 싶겠는가? 그것은 매우 불확실하다. "모든 것이 불확실한 채로 남아있어야 한다……"

응징

"아주 단순하고 또 너무나도 기본적인 진리를 입증하려고 말이야," 꽤 늦은 밤 안젤름이 말했다. "우리네 삶은 쓸데없이 온갖 묘한 증거들을 갖다 대곤 하지."

두냐 슈테게만을 알게 되었을 때 나는 스무 살이었고 지극히 어리석었다. 인생의 따끔한 맛을 보고 철이 들겠다고 꾸준히 노력하면서도 나는 이 과정을 완수하는 것과는 아주 동떨어진 삶을 살고 있었다. 내 욕망들은 고삐가 풀려 있었다. 나는 아무 거리낌 없이 그 욕망들을 충족시키는 데에 몰두했다. 나는 내 생활태도에 내재되어 있는 이런 호기심 어린 방탕에다 이상주의를 아주 우아하게 결합시키고자 했다. 여기서 이상주의라 함은 그 이름 밑에서 내가 이를테면 한 여인과의 순수하고 정신적인 — 정말 절대적으로 정신적이기만 한 — 친숙한 관계를 간절하게 소망하는 그런 이상주의였다. — 슈테게만으로 말하자면, 그녀는 모스크바에서 독일인 부모 사이에 태어나 그곳에서, 혹은 모스크바는 아니더라도 최소한 러시아에서 성장했다. 러시아어, 프랑스어, 독일어까지 3개 국어에 능통했던 그녀는 가정교사로 독일에 왔다. 하지만 예술가적 본능을 지닌 그녀는 몇 년 뒤 그 일을 그만두고 지금은 지성적이고 자유로운 여성이자 미혼의 철학자로서, 이류나 삼류 정도 되는 신문에 문학과 음악에 관한 글들을 기고하며 살고 있었다.

B시에 도착하던 날 나는 앉아 있는 사람도 별로 없는 작은 여관의 공동 식탁에서 그녀를 만났는데, 그 당시 그녀는 서른 살이었다. — 그녀는 키가 큰 여자였다. 그녀는 납작한 가슴과 평평한 엉덩이, 혼란스러운 표정은 결코 지을 수 없을 것 같아 보이는 연초록색 두 눈, 지나치게 위로 들려 있는 코를 하고 있었고, 특별할 것도 없는 금발은 단순하게 손질되어 있었다. 그녀가 입은 짙은 갈색의 수수한 원피스에는 그녀의 손과 마찬가지로 장신구가 없었고, 모양을 내려는 꾸밈도 없었다. 그때까지 나는 한 여인에게서 그토록 명백하고도 결연한 추함을 본 적은 단 한 번도 없었다.

구운 쇠고기 요리를 앞에 두고 우리는 바그너에 대한 일반적인 대화를 나누었으며, 특히 〈트리스탄〉에 관해 이야기했다. 그녀의 자유분방한 정신세계에 나는 깜짝 놀랐다. 그녀의 해방은 의도된 것이 아니었고, 과장이나 강조도 없었고, 아주 평온하고 확실하면서도 자명했다. 나는 그런 것이 존재할 수 없다고 생각해 왔었다. 대화중에 그녀가 사용한 "탈육화(脫肉化)된 욕정"과 같은 표현에 담긴 객관적 냉담성이 나를 송두리째 뒤흔들었다. 그리고 그녀의 시선과 내 팔에 손을 얹는 동작 등 친구를 대하는 것 같은 그 허물없는 태도가 그녀가 한 말과 잘 어울렸다.

우리의 대화는 활기찼으며 심도 있게 진행되었다. 식사를 마친 후에도 우리는 계속해서 이야기를 나누었다. 남아 있던 네댓 명의 손님이 식당을 떠난 지 꽤 되었음에도 몇 시간이고 계속해서 대화를 이어갔다. 우리는 저녁 식사 시간에 다시 만났고, 나중에는 여관에 있던 음이 잘 맞지 않는 피아노를 함께 연주했고, 다시금 서로의 생각과 감정을 나누었다. 아주 근본적인 부분에 이르기까지 우리는 서로를 깊이 이해했다. 나는 커다란 만족감을 느꼈다. 완전히 남성적으로 형성된 두뇌를 지닌 여자가 거기에 있었다. 그녀의 언어는 사실을 이야기하는 데에만 쓰였으며, 개인적인 교태를 부리는 데에는 사용되지 않았다. 반면 그녀의 편견 없는 성격은 경험과 기분, 화젯거리 등에 대한 의견을 교환함에 있어서 은밀한 극단주의를 가능케 했다. 당시에 나는 그런 극단주의에 나의 온 열정을 바치고 있었다. 여기에서 나의 욕망이 충족되었다. 나는 여자 친구를 발견하게 된 것이었다. 그 친구의 섬세하고, 또 무엇에도 얽매이지 않는 성격은 그 어떤 불안 요소도 낳지 않았다. 그런 친구 옆에서라면 나는 오직 나의 정신만이 활동하고 있다는 사실을 확신하면서 위로를 받을 수 있었다. 이 지성적인 여자의 육체적 매력은 빗자루의 그것과도 같았다. 정말 그러하였다. 이 관계에서 내가 느끼는 확신은 두냐 슈테게만에게 있는 그 모든 육감적인 것이 우리의 정신적 친밀함이 커져가는 정도와 비례해서 점점 더 불쾌해지다가 심지어는 그야말로 욕지기가 날 지경이 되었다. — 그것은 내가 그보다 더 찬연하게 바랄 수조차 없었던 그러한 승리, 정신의 완벽한 승리였다.

그럼에도 불구하고…… 그럼에도 불구하고…… 우리의 우정이 완전무결한 모습으로 발전했음에도 불구하고, 또한, 우리 둘 모두가 그 여관을 떠날 무렵에는 아무 거리낌없이 서로 상대방의 방을 방문하게 되었음에도 불구하고, 그럼에도 불구하고 우리 둘 사이에는 이따금 그 어떤 무엇인가가 존재하였다. 우리의 이런 독특한 관계가 가진 고상한 냉기와는 전혀 어울리지 않았던 그 무엇인가가 존재하고 있었다. 우리 두 사람의 영혼들이 그 마지막 순결한 비밀을 서로의 앞에 드러내는 순간에, 우리 둘의 정신들이 복잡 미묘한 수수께끼들을 풀려고 애쓰는 순간에, 아직도 충분히 고상하지 못했던 시간 동안에 머물렀던 "당신"이라는 호칭이 "너"라는 흠 없는 호칭 앞에 무릎 꿇은 바로 그 순간에도, 우리 둘 사이에는 그 무엇인가가 가로놓여 있었다…… 거기에는 모종의 불쾌한 흥분이나 자극 같은 것이 공기 속에 감돌고 있었고, 그 자극이 깨끗한 공기를 더럽혔으며, 나의 호흡에 지장을 주었다…… 이런 것을 그녀는 전혀 느끼지 못하는 것 같아 보였다. 그녀의 강인함과 자유로움은 그렇게도 대단했다! 그러나 나는 그것을 느꼈고, 그로 인해 괴로웠다.

우리 둘이 함께 내 방에서 심리학적 대화를 나누며 앉아 있었던 어느 저녁에도 그런 분위기였는데, 그런 분위기가 그 어느 때보다도 더 민감하게 느껴졌다. 그녀가 내 방에서 식사하고 난 참이었다. 우리가 계속 마셔대던 적포도주를 제외하면 둥근 식탁은 이미 말끔히 치워져 있었다. 함께 담배를 피우는, 남녀상열지사하고는 완전히 먼 그 상황이야말로 우리 관계의 특징을 단적으로 잘 보여주고 있었는데, 두냐 슈테게만은 탁자 옆에 허리를 꼿꼿하게 세운 채 앉아 있었던 반면, 나는 긴 소파에 반쯤 누운 자세로 그녀가 보고 있는 것과 같은 방향으로 얼굴을 돌린 채 쉬고 있었다. — 사랑이 남녀에게 어떠한 영향을 끼치는지, 그들의 정신적 상태를 파헤치고, 세세히 분석하는 허심탄회한 대화가 진행되고 있었다. 그러나 나는 침착하지도, 자유롭지도 않았다. 아마도 포도주를 너무 많이 마셨기 때문이었던지 여느 때와는 달리 예민했던 것 같다. 저 무엇인가가 그곳에 감돌고 있었다…… 그 불쾌한 자극이 공기 중을 감돌면서 깨끗한 공기를 더럽히고 있었기 때문에 나는 점점 더 견딜 수 없는 지경이 되었다. 내가 직설적이고 잔인한 한마디 말로 부당하게도 불안감을 조장하고 있는 그것을 드디어 단호하게 지금만이 아니라 영원히 무(無)의 나라로 내쫓아 버리기 위해 말하자면 창문을 활짝 열어 환기를 하고 싶은 욕구가 나를 완전히 사로잡았다. 내가 말하기로 결심한 것이 우리가 함께 이야기 나누었던 다른 많은 것들보다 더 강력하고 더 정직한 것은 아니었다. 그러나 그것은 언젠가 한 번은 처치되어야 할 일이었다. 원, 괜찮을 거야! 공손한 예절을 차리려 하거나 숙녀의 비위를 맞추려는 배려에 대해 이 여자는 눈꼽만큼도 고마워하지 않을 텐데, 뭐……

"들어 봐요." 나는 무릎을 끌어올려 한 다리를 다른 다리 위에 올려 놓으면서 말했다. "확실히 해두는 걸 아직까지 잊고 있었는데 말이에요. 우리 관계에서 내가 가장 묘하고도 섬세한 매력이라고 느끼는 게 뭔지 알아요? 그건 바로 우리 두 사람의 정신 사이에 자리한 은밀한 친숙함이에요. 그건 이제 나에게 없어서는 안 될 것이 되어버렸어. 그것은 내가 육체적으로 당신에게 느끼는 명백한 혐오감과 대조를 이루고 있어요."

무거운 침묵. —"네, 그렇군요." 이윽고 그녀가 말했다. "거 재밌네요." 이로써 내가 던진 그 말은 일단락되었다. 사랑에 대한 우리의 대화가 재개되었다. 이 대화를 나누며 나는 안도의 한숨을 내쉬었다. 창문은 열려 있었다. 맑고 순수하며 안전한 상태가 마련되었다. 이것은 의심할 바 없이 그녀도 원한 상태일 것이었다. 우리는 담배를 피우며 이야기했다.

"그럼 이제 한 가지." 그녀가 갑자기 말을 꺼냈다. "우리 사이에 한번은 언급되어야 할 사항이지요…… 그러니까 당신은 내가 전에 연애한 적이 있다는 걸 모르고 있어요."

나는 그녀 쪽으로 고개를 돌리곤 당황한 눈으로 그녀를 응시했다. 그녀는 꼿꼿한 자세로 앉아 있었고, 매우 침착했다. 그녀는 담배를 쥔 손을 식탁 위에서 이리저리 살짝 움직였다. 그녀의 입은 약간 벌어져 있었다. 연초록색이 감도는 그녀의 눈동자는 미동도 하지 않은 채 똑바로 앞을 바라보고 있었다. 나는 소리 질렀다.

"네가?…… 아니, 당신이?…… 플라톤적 사랑이었나요?"

"아니, …… 진지한 것이었어요."

"어디서…… 언제…… 누구랑?!"

"마인 강변의 프랑크푸르트에서 1년 전에 어떤 은행원이랑. 아직 젊고 대단히 잘생긴 남자였어요…… 당신에게 한 번 말하고 싶은 욕구를 느꼈어요…… 이제 당신이 그걸 알게 되었으니 내 마음이 편하군요. — 아니면, 당신이 이제 나를 하찮게 평가하게 된 건가요?!"

나는 껄껄 웃으며 몸을 다시 쭉 뻗었고, 내 옆쪽 벽을 손가락으로 톡톡 두드렸다.

"아마 그럴지도 모르지요!" 나는 과장되다 싶을 정도로 반어적으로 말했다. 나는 더 이상 그녀를 처다보지 않고 벽 쪽으로 얼굴을 돌렸다. 그리고 벽을 두드리고 있는 내 손가락을 응시했다. 한 번의 타격으로 막 정화된 분위기가 몹시 탁하게 되어 피가 내 머리로 솟구쳐 올랐으며 나의 두 눈은 흐려졌다…… 이 여자가 자신을 사랑에 내맡겼었다. 그녀의 육체가 어떤 남자의 품에 안겨 있었다. 벽으로부터 얼굴을 돌리지 않고 나는 공상 속에서 그 육체를 발가벗겼다. 나는 그 육체에서 구역질이 날 것 같은 자극을 느꼈다. 나는 — 몇 번째 잔이지? — 적포도주를 한 잔 더 쭉 들이켰다. 무거운 침묵.

"그래요." 그녀가 작아진 목소리로 다시 말했다. "이제 당신이 그걸 알게 되었으니 내 마음이 편하군요." 그녀의 이 말에 들어있는 의심할 바 없이 의미심장한 강조로 인해 나는 형편없이 몸을 떨었다. 그녀가 저기에 앉아 있다. 깊은 밤 나와 단둘이 한 방에, 꼿꼿한 자세로, 꼼작도 하지 않고, 기다리는 듯도 하고 허락하는 듯도 한 부동의 자세로…… 나의 방탕한 본능이 요동쳤다. 그 속에 있을지도 모르는 우아함에 대한 상상으로 인해, 이 여자와 함께 파렴치하고 극악한 방탕에 빠지는 상상으로 인해 나의 심장은 참을 수 없을 정도로 격렬하게 뛰었다.

"정말인가요!" 나는 힘겹게 입을 뗐다. "몹시 흥미로운 얘기로군!…… 그래서 당신을 즐겁게 해주었나요, 그 은행원이?"

그녀가 대답했다. "아, 그럼요."

"그럼" 나는 여전히 그녀를 쳐다보지 않은 채 말을 계속 이어갔다. "그런 걸 한 번 더 경험해 보는 것에 대해 당신은 아무 거리낌이 없겠네요?"

"전혀 없어요 —"

갑자기 나는 거칠게 몸을 휙 돌렸다. 의자 쿠션에 손을 짚고는 과도한 욕망에서 우러난 무례하기 짝이 없는 말투로 물었다.

"그럼 우리 둘이 그래보는 건 어때?"

그녀는 내 쪽으로 천천히 고개를 돌렸다. 그리곤 호의적인 놀라움이 담긴 시선으로 나를 쳐다보았다.

"오, 친구여, 어떻게 그런 생각까지 하게 된 거죠? — 안 돼요, 우리 관계는 정말이지 순수하게 정신적인 성질의 것이지요……"

"글쎄 뭐…… 글쎄 뭐…… 하지만 이건 아주 특별한 경우 잖아요. 우리의 그 밖의 다른 우정을 망가트리지 않으면서, 아니면 우정은 완전히 제쳐두고 한 번쯤은 우리도 다른 방식으로 결합해 볼 수 있잖아요……"

"천만에요! 당신 듣고 있지요, 내가 싫다고 말하고 있는 것!" 점점 더 놀라워하며 그녀가 대답했다.

더럽기 짝이 없는 욕망으로부터 벗어나는 데에 익숙하지 않은 탕아의 분노를 터뜨리면서 내가 소리쳤다.

"왜 안 돼? 왜 안 되는 거지요? 대체 왜 얌전을 빼는 거예요!" 나는 폭행으로 넘어갈 듯한 표정을 했다. ─ 두냐 슈테게만은 일어섰다.

"정신 좀 차리세요." 그녀가 말했다. "완전히 정신이 나갔군요! 나는 당신의 약점을 알아요. 하지만 이건 당신답지 않은 짓이에요. 내가 싫다고 말했어요. 그리고 우리가 서로에게 갖는 호감이 전적으로 정신적인 성질의 것이라는 사실도 말씀드렸습니다. 그게 무슨 뜻인지도 이해가 안 되세요? ─ 이제 그만 가볼게요. 시간이 늦었네요."

나는 냉정을 되찾았다. 그리고 내 정신도 되돌아왔다.

"그러니까 퇴짜네!?" 나는 껄껄 웃으며 말했다…… "그렇다고 해서 우리가 지금까지 우정을 담아놓은 꽃바구니만큼은 조금도 손상되지 않기를 바라오……"

"천만에요, 그럴 리가요!" 그녀가 대답했다. 그러고 나서 그녀는 친구에게 하듯 내 손을 잡고 흔들었다. 그러는 그녀의 못생긴 입 언저리에 상당히 비웃는 것 같은 미소가 감돌았다. ― 그런 뒤 그녀는 갔다.

나는 방 한가운데에 서 있었다. 내가 이 근사한 모험을 다시 한번 관능적으로 상상해 보는 동안 내 얼굴은 거의 넋이 나가 있었다. 결국 나는 한 손으로 내 앞이마를 쳤다. 그러고는 잠자리에 들었다.

루이스헨

1

아무리 뛰어난 문학적 상상력으로도 도저히 상상할 수 없는 결혼이 있다. 마치 연극에서 어리석은 노인과 생기발랄한 아름다운 여자처럼 서로 상반되는 남녀가 모험적 결합을 하더라도 용납되듯이 이 결혼도 그냥 있는 그대로 받아들여야 할 것이다. 이런 결합이 연극에서는 이미 전제가 되는 것이고, 소극(笑劇)의 효과를 내기 위해 수학적으로 치밀하게 구성하는 토대가 되는 것이다.

변호사 야코비 씨의 부인으로 말할 것 같으면, 젊고 굉장한 매력을 풍기는 아름다운 여자였다. 그녀는 30년 전에 안

나, 마르가레테, 로자, 아말리에라는 세례명들을 받았으나, 당시부터 이미 사람들은 그 이름들의 첫 글자를 합쳐서 그냥 '암라(Amra)'라고만 불렀다. 이 암라라는 이국적 어감의 이름은 다른 어떤 이름보다도 그녀의 용모와 너무도 잘 어울렸다. 머리칼은 좁은 이마에서부터 양옆으로 가르마를 타고 빗어내렸는데, 숱이 많고 부드러운 짙은 밤색 머리칼이었다. 하지만 피부는 완벽한 남방 사람처럼 윤기 없는 주황색이었고, 이런 피부에 감싸인 용모 역시 남국의 햇볕에 무르익은 듯이 보였으며, 또한 굼떠 보이는 무감각한 풍만함은 옛 터키의 황후를 연상시켰다. 그녀가 이성보다 감정에 예속될 가능성이 매우 높다는 것은, 관능적으로 느릿느릿 나태하게 움직이는 동작 하나하나가 불러일으키는 인상과 전적으로 일치했다. 그녀가 독특한 방식으로 예쁜 갈색 눈썹을 매력적인 좁은 이마 위로 완전 수평으로 치켜세우면서 아는 게 아무것도 없는 것 같은 갈색 눈으로 누군가를 쳐다보면 상대방은 이 여자가 머리보다 가슴에 치우친 인간임을 단번에 알아차릴 수 있었다. 하지만 그녀 스스로도 자신의 머리가 가슴에 비해 뒤처진다는 걸 모를 만큼 단순하지는 않았다. 그래서 그녀는 말을 거의 하지 않는 방법을 택해서 자신의 그러한 약점이 노출되는 것을 피했다. 사실 아름다우면서 좀처럼 입을 열지 않는 여자에 대해서는 누구도 이의를 제기하지 않는 법이니까 말이다. 아, 그런데 '단순하다'는 말, 이것이야말로 그 여자에게 전혀 어울리지 않는 말이었다. 그녀의 눈빛은 맹할 뿐만 아니라 모종의 음탕한 교활함도 풍겼는데, 그런 눈빛을 보면 이 여자가 어떠한 화근(禍根)을 일으키고도 남을 여자라는 걸 알 수 있었다…… 용모에 대해 조금 더 얘기하자면, 그녀의 코는 옆에서 보면 그래도 좀 강렬하고 도톰한 느낌을 주었다. 하지만 탐스러운 커다란 입은 관능적이라는 말 외에 다른 어떤 표현이 없을 정도로 완벽하게 아름다웠다.

주위 사람을 불안하게 하는 이 여자가 그러니까 변호사 야코비 씨의 부인이었다. 그런데 마흔 살 가량의 남편 야코비 씨를 본 사람은 누구나 입을 딱 벌리고 놀라지 않을 수 없었다. 그는 몸집이 비대했다. 아니, 그냥 비대한 정도가 아니라 거대한 동상(銅像) 같은 거구였다. 언제나 잿빛 바짓가랑이 속에 감춰져 있는 그의 다리는 밋밋한 원기둥처럼 생겨서 코끼리 다리를 연상시켰으며, 피하지방 때문에 부풀어 오른 등짝은 곰의 등판 같았다. 그리고 불룩하게 튀어나온 배에는 특이한 녹회색 재킷을 곧잘 걸치곤 했는데, 그것이 단 하나의 단추로 간신히 채워져 있어서 그 단추를 풀기가 무섭게 재킷이 양쪽으로 갈라져 어깨 있는 곳까지 용수철처럼 되감겨 올라갔다. 그런데 이 우람한 몸통 위로는, 목이 따로 있기나 한지 거의 구별도 되지 않으면서, 몸통에 비해 작은 머리가 얹어져 있었다.

가느다란 눈은 물기가 촉촉했고, 코는 짧고 펑퍼짐했으며, 양쪽 뺨은 살의 무게를 못 이겨 축 늘어져 있었고, 입꼬리 부분이 슬프게 처진 조그만 입은 양쪽 뺨에 가려서 거의 보이지 않을 정도였다. 둥근 머리와 코 밑에는 밝은 금빛의 뻣뻣한 털이 듬성듬성 나 있었으며, 성긴 털 사이로는 도처에 맨살이 드러나 보였는데, 이것은 마치 너무 많이 먹여서 비대해진 개를 떠올리게 했다…… 아, 이 변호사의 이런 비대한 몸이 건강의 적신호라는 것은 누가 보아도 명백하게 알 수 있는 일이었다. 키로 보나 몸집으로 보나 엄청난 거구인 그의 몸은 근육질이라곤 전혀 없는 지방 덩어리였다. 그리고 부어오른 얼굴에 갑자기 피가 쏠려서 벌겋게 달아올랐다가는 갑자기 안색이 누르스름하게 창백해지곤 하는 것도 종종 관찰할 수 있었다. 그럴 경우 입은 대개 불쾌하게 일그러졌고……

그는 변호사 업무를 아주 제한적으로 수행했다. 하지만 부인 쪽에서 가져온 지참금까지 합해서 상당한 재산을 보유하고 있었기 때문에 그렇지 않아도 자식도 없는 이 부부는 카이저 가(街)에 있는 건물 한 층에서 쾌적하게 살고 있었으며, 사람들과의 교제도 활발했다. 물론 그것은 전적으로 부인 쪽의 취향에만 맞추어져 있었다. 괴롭지만 마지못해 열심히 그런 교제에 응해야 하는 변호사 남편으로서는 그런 생활에서 행복감을 맛보기란 불가능했다. 이 뚱보 사내는 성격이 몹시 특이했다. 이 사람만큼 온 세상 사람들 누구한테나 정중하고 친절하고 고분고분 양보 잘하는 사람은 없을 것이다. 그런데 대놓고 말하기는 좀 껄끄럽지만, 그의 지나친 친절함과 아첨하는 듯한 태도는 어떤 이유에서인지는 몰라도 억지로 그렇게 하는 것임을 누구나 알아차릴 수 있었다. 다시 말해 소심함과 내적 불안 때문에 그런 태도를 취했으며, 그런 그의 모습을 보면 별로 유쾌한 기분은 들지 않았다. 자기 자신을 비하하면서도 비겁함과 허영심 때문에 다른 사람들에게 잘 보이려고 하고 남의 마음에 들려고 애쓰는 것만큼 추한 모습도 없다. 내가 확신하는 바에 의하면 이 변호사의 경우가 바로 그러했다. 그는 엎드려 기어 다닐 정도로 자기비하가 심해서 사람이라면 누구나 가져야 할 최소한의 품위도 지키지 못했다. 그래서 어떤 여성을 자기 테이블에 앉히려고 할 때면 이런 식으로 말할 정도였다. "경애하는 부인, 제가 좀 못생기고 역겨운 인간이긴 하지만, 제발 너그러운 아량을 베풀어 주시겠지요?……" 더구나 그는 자기 자신을 조롱거리로 삼을 줄 아는 재능도 없었기 때문에, 그런 말을 할 때면 그냥 씁쓸하고 고통스럽고 거부감만 줄 뿐이었다. 다음의 일화도 마찬가지로 실제로 있던 일이다. 어느 날 이 변호사가 산책을 하고 있는데, 한 난폭한 짐꾼이 손수레를 끌고 가다가 한쪽 바퀴로 변호사의 발등을 세게 구르고 지나가는 일이 발생하였다. 짐꾼이 뒤늦게 수

레를 멈추고 뒤를 돌아보자 변호사는 어쩔 줄 몰라 당황해했고, 얼굴이 하얘지고 양쪽 뺨이 부들부들 떨렸다. 그러더니 모자를 벗고 머리를 깊숙이 숙여 절을 하면서 "정말 죄송합니다!"라고 말을 더듬거리며 사과를 했다. 그런 일을 당하면 사람은 격분하게 된다. 그런데 이 유별난 뚱보는 언제나 양심의 가책에 시달리는 것처럼 보였다. 부인과 함께 이 도시의 주 산책로인 '레르헨베르크(종달새 산)' 언덕길을 걸을 때면 그는 놀랄 정도로 경쾌한 걸음걸이로 걸어가는 부인 암라 쪽을 이따금 소심한 눈길을 던지면서, 온 사방을 향해 초조한 얼굴로 열심히 인사를 해댔는데, 그 모양은 마치 소위 계급장을 단 하급 장교 한 사람 한 사람에게라도 겸손하게 굽실거리면서 자기 같은 인간이 이렇게 아름다운 여자를 아내로 차지하고 있어서 사죄라도 할 듯한 태도였다. 그리고 안쓰럽게 다정한 표정을 짓는 그의 입을 보면 용서를 구하기라도 하듯 제발 자기를 비웃지 말아 달라고 애원하는 것 같았다.

2

앞서 암시한 것처럼, 대체 어떤 연유로 암라가 그런 변호사 야코비 씨와 결혼했는지는 그냥 넘어가기로 하자. 아무튼

남편 야코비 쪽에서는 부인 암라를 사랑했다. 게다가 그 사랑
은 이런 몸집을 가진 사람들에게서는 도저히 찾기 어려울 만
큼 너무도 뜨겁고 열렬한 사랑이었으며, 그의 사람됨에 걸맞
게 너무나 공손한 사랑이었고 또 불안해서 못 견디겠다는 그
런 사랑이었다. 종종 있는 일이지만, 밤늦은 시각, 높다란 창
문에 꽃무늬로 수놓인 주름 진 커튼이 드리운 넓은 침실에서
암라가 침대에 누워 쉬고 있을 때면, 남편이 침실로 들어왔
다. 너무나 조용히 들어왔기 때문에 발자국 소리는 들리지 않
고 그저 방바닥과 가구가 천천히 흔들거리는 소리밖에 들리
지 않았다. 그렇게 그는 부인의 육중한 침대 옆으로 다가와서
무릎을 꿇고는 너무나 조심스럽게 부인의 손을 잡았다. 그럴
경우 암라는 눈썹을 이마 위에 수평으로 치켜세우면서 취침
등의 희미한 불빛에 비친 꿇어앉은 남편의 끔찍한 모습을 욕
정을 풀지 못해 화가 난 표정으로 묵묵히 바라보곤 했다. 하
지만 남편은 볼품없는 펑퍼짐한 손을 부들부들 떨면서 부인
의 셔츠 소매를 조심스럽게 걷어 올리고는 서글프게 부어오
른 그의 얼굴을 부인의 포동포동한 갈색 팔의 부드러운 팔꿈
치 안쪽에 파묻었다. 그곳은 그러니까 푸르스름한 작은 혈관
이 짙은 피부색과 뚜렷하게 대조를 이루는 지점이었다. 그러
고 나서 기어들어가는 목소리로 떨면서 이렇게 속삭이기 시
작했다. 제정신을 가진 사람이라면 일상생활에서는 도저히

할 수 없는 말들이었다. "암라, 내 사랑 암라! 내가 방해가 되는 건 아니오? 아직 잠들지는 않고 있었지요? 여보, 나는 하루 종일 이 생각만 하고 있었다오. 당신이 얼마나 예쁜지, 내가 당신을 얼마나 사랑하는지 말이오!…… 내가 하고자 하는 말을 잘 들어 보오 (어떻게 표현해야 좋을지 정말 어렵긴 하지만 말이오)…… 나는 당신을 너무 사랑하오. 그래서 가끔 심장이 오그라드는 것 같아서, 어디로 가야 할지 모를 지경이오. 내 기력으로는 감당할 수 없을 만큼 당신을 사랑하오! 당신은 아마 이해하지 못하겠지만, 언젠가는 내 말을 믿게 될 거요. 그러니 단 한 번만이라도 좋으니까 이런 나에게 조금은 고맙다고 말해주었으면 하오. 알다시피, 당신에 대한 내 사랑 같은 그런 사랑은 인생에서 그 정도의 가치는 있을 것이기 때문이오…… 그리고 비록 당신이 나를 사랑할 수는 없다고 하더라도 절대로 나를 배신하거나 속이지는 않겠다는 말만 해주면 되오. 내 사랑에 대한 고마움의 표시로, 그저 고마움의 표시로 말이오…… 이 부탁을 하기 위해서 내가 이렇게 당신을 찾아오는 거라오. 정말이지 진심으로, 정말이지 간절하게 부탁하오……" 이와 같은 말은 대개 변호사가 자세를 바꾸지 않고 꿇어앉아서 소리죽여 흐느껴 울기 시작하는 것으로 끝나곤 했다. 그러면 암라도 마음이 약해져서 남편의 뻣뻣한 머리털을 쓰다듬어주면서, 위로하는 것 같기도 하고 조롱하는 것 같기도 한 어두로 발음을 길게 빼면서 몇 차례 이렇게 말을 했다. 마치 주인의 발을 핥으려고 주인한테 다가오는 개한테 하는 말처럼. "그—래! 그—래! 우리 착한 녀석—!"

암라의 이런 태도는 확실히 예의범절을 아는 부인네의 태도는 아니었다. 또한 이쯤에서 내가 지금까지 숨겨온 진실을 털어놓을 때도 된 것 같다. 그러니까 암라는 남편의 청에도 불구하고 남편을 속이고 있었던 것이다. 내 말은 암라가 남편을 '배반했다'는 것이다. 그것도 알프레트 로이트너라는 남자와 정을 통하면서 말이다. 이 남자는 재능이 있는 젊은 음악가로, 흥겨운 가락의 소곡(小曲)들을 작곡해서 스물일곱 살의 나이에 벌써 그럴싸한 명성을 얻고 있었다. 체격이 호리호리한 이 청년은 얼굴에 자신감이 넘쳤고, 머리는 자유로운 스타일의 금발이었으며, 상당히 의도적이긴 하지만 항상 눈에 환한 웃음을 띠고 있었다. 그는 요즘의 그저 그런 소인배 예술가 무리에 속했다. 다시 말하자면, 자기 스스로에 대해서는 그다지 많은 것을 요구하지 않고, 우선 행복하고 사랑스러운 인간이 되고 보자는 예술가, 자신의 인간적 매력을 돋보이기 위해 제법 그럴듯한 잔재주를 이용하는 예술가, 사람들이 모인 자리에서는 세상물정 모르는 천재 행세를 하는 그런 예술가 타입이다. 이런 사람들은 일부러 순진한 척하고, 비도덕적이며, 양심의 가책을 모르며, 거리낌 없이 유쾌하고, 자만심이 강하며, 심지어 병에 걸리더라도 그것을 즐길 수 있을 정도로 건강하다. 또한 이들의 허영심은 상처를 받지만 않는다면 사랑스럽기도 하다. 그렇지만 정말 심각한 불행이 닥치면, 자기가 행복하다고 생각하는 이런 소인배 흉내쟁이 예술가들에게는 더 이상 우쭐댈 수 없을 만큼 감당할 수 없는 고통이 휘몰아치는 법이다! 이들은 의연하게 불행을 감내하는 법을 알지 못하며, 고통이 닥치면 어떤 일부터 '시작해야' 할지 모른다. 그래서 속수무책으로 파멸하고 만다…… 이 얘기는 이 정도만 하기로 한다. 아무튼 로이트너 씨는 괜찮은 곡들을 선보였는데, 주로 왈츠와 마주르카였다. 물론 왈츠와 마주르카 춤을 즐기는 여흥은 좀 지나치게 대중화되어서, 만일 이런 춤곡의 어느 한 소절에서라도 독창적인 부분이 포함되어 있지 않다면 (내가 이해하는 범위에서는) 이런 춤곡은 '음악'이라 보기 어려울 것이다. 그런데 로이트너 씨의 춤곡에서 독창적인 부분이라고 할 수 있는 것은, 조(調)바꿈을 하면서 새로 시작되는 부분(경과부와 도입부)과 화성적인 전환부에서 위트와 창의성이 돋보이는 자극적인 효과를 내는 부분이었는데, 그의 춤곡은 오로지 그런 효과를 위해 곡이 만들어진 듯했고, 또한 그런 부분이 진지한 전문가들의 관심을 끌기도 했다. 종종 이 단조로운 박자의 두 춤곡은 묘하게도 애처롭고 멜랑콜리한 느낌을 자아내는데, 그러다가 그런 느낌이 갑자기 빠르게 사라지면서 무도회장의 흥겨운 분위기로 넘어간다……

어쨌든 암라 야코비는 이 젊은 남자한테 몸이 달아올라 있었는데, 벌을 받고도 남을 부정한 사랑이었다. 이 젊은 남자 로이트너 역시 그녀의 유혹을 뿌리칠 만큼 품행이 바른 친구는 아니었다. 두 사람은 이런저런 자리에서 만나 밀회를 즐겼고, 그 불륜의 관계는 여러 해 전부터 이 둘을 연결시켜 왔다. 두 사람의 관계는 온 도시 사람들이 모두 알고 있었고, 모두들 암라의 변호사 남편 등 뒤에서 수군수군했다. 그렇다면 그 당사자인 변호사 남편은 어땠을까? 암라는 너무나 아둔한 여자라서 양심의 가책으로 괴로워하지도 않았고, 그런 가책 때문에 남편에게 이런 불륜이 들통 날 일도 없었다. 암라가 철저하게 아무 일 없는 것처럼 행동했기 때문에, 변호사 남편은 아무리 근심과 걱정으로 마음이 무겁게 되어 있을지라도 정작 부인한테 명확한 의심을 품을 수는 없었던 것이다.

3

만인의 가슴에 기쁨을 전하려고 이 고장에도 봄이 찾아왔고, 암라는 아주 기발한 착상 하나를 머리에 떠올렸다.

"크리스티안!" 그녀가 남편에게 말했다. 변호사 남편의 이름은 크리스티안이었다. "우리 파티를 한번 열어요. 새로 빚은 봄철 맥주를 축하하는 의미에서 성대한 파티를 말이에요. 음식 준비는 아주 간단히, 그냥 송아지 고기구이만 준비하고, 그 대신 사람들을 많이 부르도록 해요."

"아무렴, 그래요." 변호사 남편이 대답했다. "그런데 조금 더 미루는 건 어떻겠소?"

암라는 그와 같은 남편의 말에 아무런 대꾸도 않고, 곧장 파티의 세부 사항에 대해 늘어놓기 시작했다.

"있잖아요, 우리가 사용할 공간이 너무 비좁아 보일 정도로 손님이 많이 있어야 해요. 그래서 우리는 어떤 장소를 빌려야 하는데, 그곳은 성문 밖에 있으면서 주방과 양조장도 있고, 정원도 있고, 큰 홀도 있어야만 해요. 자리도 넉넉하고 맑은 공기도 쐴 수 있게끔 말예요. 그 정도는 당신도 알겠지요? 나는 제일 먼저 레르헨베르크 기슭에 있는 벤델린 씨 저택의 커다란 홀을 생각했어요. 그 집 홀은 지금 비어 있고, 주방과 양조장이 통로 하나로 연결되어 있거든요. 그 홀을 축제 때처럼 근사하게 장식하고, 긴 테이블을 놓고 새로 빚은 봄철 햇맥주를 마시는 거예요. 거기서 춤도 추고 음악도 연주하고, 어쩌면 연극도 공연할 수 있겠네요. 내가 알고 있기로는, 거기에는 작은 무대가 있거든요. 그 무대가 있기 때문에 나는 거기가 좋다는 거예요…… 한마디로 아주 특별한 파티가 될 거예요. 그래서 우리 한번 재미나게 놀아 보자구요."

암라가 이렇게 말하는 동안 변호사 남편은 얼굴이 약간 노
랗게 질려서 입언저리가 아래로 실룩거렸다. 그는 이렇게 대
답했다.

"진심으로 기대가 돼요, 사랑하는 암라. 당신이 이런 모든
일을 능숙하게 잘한다는 것을 난 알아요. 그러니 당신이 이런
저런 준비를 맡아주구려."

4

그래서 암라는 파티 준비를 했다. 그녀는 다양한 부류의
지인들과 상의했고, 직접 벤델린 씨 저택의 커다란 홀을 빌렸
다. 심지어는 몇몇 인사들로 구성된 파티 준비위원회까지 구
성했다. 위원들은 축제를 빛내줄 유쾌한 공연에 출연해 줄 것
을 요청받았거나 출현하겠노라 자청했던 사람들이었다……
이 위원회는 여가수인 힐데브란트 부인을 제외하고서는 모두
남성들로만 구성되었다. 궁정 배우 힐데브란트 씨 본인, 법원
연수생인 비츠나겔, 젊은 화가 그리고 알프레트 로이트너 씨
도 위원회에 속해 있었다. 그 밖에도 법원연수생 소개로 흑인
춤을 공연할 몇몇 대학생들이 속해 있었다.

암라가 파티를 결심한 지 일주일 만에 위원회는 협의를 위해 카이저 가(街)에, 정확히 말하자면 암라의 살롱에 집결했다. 살롱은 가구들이 들어차 있는 아담하고 따뜻한 공간으로, 두터운 양탄자, 많은 쿠션들이 놓인 터키식 긴 소파, 선상엽(扇狀葉) 야자나무 화분, 영국식 가죽 흔들의자, 받침다리가 휜 마호가니 식탁이 배치되어 있었다. 플러시 천이 깔린 마호가니 식탁 위에는 화려한 물품들이 놓여 있었다. 아직은 온기가 약간 남아 있는 벽난로도 있었고, 검은색 석판 위에는 맛있는 것들을 채운 버터 빵이 놓인 몇몇 접시들과 유리컵들 그리고 셰리 백포도주를 담은 큰 병 2개가 있었다. ─ 암라는 다리를 꼬고 야자나무에 의해 살짝 가려져 있는 터키식 긴 소파의 쿠션에 기대고 앉아 있었는데, 그런 그녀의 모습은 마치 포근한 밤처럼 아름다웠다. 밝은색의 아주 가벼운 실크 블라우스가 그녀의 상반신을 감싸고 있었지만, 그녀의 치마는 무겁고, 어둡고, 큰 꽃을 수놓은 천으로 만든 것이었다. 때때로 그녀는 좁은 이마에 흘러내린 밤색 머리칼의 웨이브를 한 손으로 쓸어 올렸다. ─ 여가수인 힐데브란트 부인도 암라 옆 터키식 긴 소파에 앉아 있었고, 붉은 머리칼의 승마복 차림이었다. 하지만 두 여성 맞은편에는 남성들이 반원형으로 운집해 있었다. 그들 한가운데에 변호사가 앉아 있었고, 아주 낮은 가죽 안락의자만을 찾아 앉아 있는 그의 모습은 이루 말할 수 없이 불행해 보였으며, 그는 마치 올라오는 구역질과 사투를 벌이는 듯 때때로 무겁게 숨을 들이쉬고 삼켰다…… 론테니스(잔디밭에서 하는 테니스) 복장을 한 알프레트 로이트너 씨는 의자에 앉지 않고 말쑥한 자세로 즐겁게 벽난로에 기대서 있었다. 이유인즉슨 자신은 가만히 오래 앉아 있을 수 없노라 주장한 터였다.

힐데브란트 씨는 울림이 좋은 목소리로 영국 가곡에 대해 말했다. 그는 검은색 옷을 지극히 단정하게 잘 차려입은 남성이었고, 완고한 로마 황제의 머리를 하고 있고 안정감 있는 풍채의 소유자였다. 교양이 있고 학식이 풍부한 그는, 예술 취향이 세련된 궁정 배우였다. 평소 진지한 대화에서 그는 입센과 졸라와 톨스토이를 혹평하는 걸 좋아했지만 오늘만큼은 소소한 화제로 상냥하게 이야기를 시작했다.

"여러분, 혹시 '그건 마리아야!'[22]란 멋진 곡을 아시나요?" 힐데브란트 씨가 말했다…… "약간 자극적이지만, 효과는 최고입니다. 또 다른 유명한 곡으로는……", 그리고 그가

---

22 "그건 마리아야. 마리아는 모든 사람 중에 가장 천박한 여자지. 어떤 여자가 가장 나쁜 죄를 저질렀다면 그건 마리아야. 그 여자는 가장 나쁜 여자지!" — 토마스 만의 첫 장편소설《부덴브로크가의 사람들》에서 3대인 크리스티안이 영국의 콘서트 카페의 어느 여가수가 부른 이 노래에 대해 가족들(형 토마스와 여동생 토니)에게 이야기한다.

몇 곡을 더 제안했고, 사람들은 그 곡들에 마침내 동의했다. 힐데브란트 부인은 그 곡들을 부르겠노라 천명했다. ─ 유난히 처진 어깨와 금발의 뾰족한 턱수염을 지닌 신사인 젊은 화가는 마술사를 패러디하는 연기를 하기로 했다. 그런가 하면 힐데브란트 씨는 유명한 남자들을 표현해내는 연기를 하기로 했다…… 이런 식으로 만사가 순식간에 진행되어, 모든 프로그램이 이미 마무리된 것처럼 보였는데, 그때 붙임성이 좋고, 결투로 인해 많은 흉터를 가진 법원연수생 비츠나겔 씨가 갑자기 새롭게 발언했다.

"아주 훌륭합니다, 여러분, 실제로 이 모든 것이 재미있을 것입니다. 주저 없이 한 가지만 더 말씀드리겠습니다. 제 생각으로는 무언가 빠진 느낌이 듭니다. 그러니까 정점이 되는 것이랄까, 공연의 하이라이트나 클라이맥스 말입니다. 뭔가 아주 특별한 것, 아주 황당한 것, 흥겨운 분위기를 최고조로 끌어올릴 재미난 것…… 한마디로, 여러분 의견에 맡기겠습니다. 저는 특정한 묘안이 없습니다. 하지만 제 느낌으로는……"

"지당한 말씀이십니다!" 벽난로에 기대어 있던 로이트너 씨가 자신의 의견을 테너의 목소리로 말했다. "비츠나겔 씨 말이 맞습니다. 공연의 대미를 장식할 하이라이트 프로그램이 꼭 필요합니다. 곰곰이 생각해 봅시다……" 그는 자신의 붉은 벨트를 민첩한 손놀림으로 몇 번 밀어 넣으면서 주위를 관찰하듯이 둘러보았다. 그의 얼굴 표정은 정말로 사랑스러웠다.

"그러니까 유명인사를 흉내내는 프로그램이 공연의 하이라이트가 못된다고 하시면……" 힐데브란트 씨가 말했다.

모든 이들은 법원연수생의 말에 동의했다. 특별히 익살맞은 하이라이트가 필요하다는 것이다. 변호사조차 고개를 끄덕이며 조용히 말했다. "맞는 말씀입니다, 무언가 특별하게 유쾌한 것이……" 그러자 다들 생각에 잠겼다.

대화를 중단하고 가졌던 침묵의 시간이 1분 정도 지나고, 곰곰이 생각해보자는 작은 외침들로 인해 침묵의 시간이 끝나갈 무렵 희한한 일이 발생했다. 터키식 긴 소파의 쿠션들에 기댄 채 앉아서 마치 한 마리의 생쥐처럼 민첩하게 새끼손가락의 뾰족한 손톱을 물어뜯고 있던 암라의 얼굴은 아주 기묘한 표정을 짓고 있었다. 그녀의 입가에 미소가 번졌는데, 무엇에 홀린 듯 거의 정신이 나간 미소였다. 그 미소는 고통스러우면서도 표독스러운 색욕을 말해주고 있었다. 그녀는 반짝이는 두 눈을 크게 뜨고 천천히 벽난로 쪽을 훑어보더니 한순간 젊은 음악가의 시선과 마주쳤다. 그러다가 그녀는 단숨에 상체를 변호사인 남편 쪽으로 홱 돌렸다. 그녀가 양손을 사타구니 사이에 밀어넣은 채, 상대방을 휘감아 빨아들일 들일 듯한 시선으로 남편의 얼굴을 응시했는데, 이때 그녀의 용모는 눈에 띄게 창백했다. 그녀는 힘찬 목소리로 천천히 다음과 같이 말했다.

"크리스티안, 제가 제안 하나 하지요. 당신이 마지막에 붉은 비단으로 만든 아기 복장을 하고 여가수로 등장해 우리 앞에서 무슨 춤이든 추는 거예요."

이 몇 마디의 위력은 엄청났다. 젊은 화가만이 좋은 뜻으로 웃으려고 했을 뿐, 힐데브란트 씨는 돌처럼 차가운 얼굴로 자신의 옷소매를 정돈했고, 대학생들은 헛기침을 하면서 손수건을 꺼내어 큰 소리를 내며 코를 풀었다. 힐데브란트 부인은 얼굴이 심하게 빨개졌는데, 평소에 그런 모습은 보기 드물었다. 법원연수생 비츠나겔은 그냥 달아나듯 버터 빵을 가지러 갔다. 변호사는 고통스러운 자세로 낮은 소파에 웅크리고 앉아 누렇게 뜬 얼굴로 겁먹은 미소를 지으며 주위를 둘러보면서 이렇게 더듬거렸다.

"맙소사…… 나는…… 그런 재주가 없는 사람인데…… 내가 피하려는 것은 아니지만, 여러분, 죄송합니다만……"

알프레트 로이트너는 더 이상 태평한 얼굴이 아니었다. 그는 약간 상기된 것처럼 보였다. 그는 머리를 잔뜩 빼고 영문을 몰라 혼란스러워서 암라의 의중을 확인하려는 듯이 그녀의 눈을 쳐다보았다.

하지만 암라는 자신의 집요한 자세를 바꾸지 않고 시종일관 진진하게 강조하며 계속 말을 이어갔다. "거기다가 당신은 로이트너 씨가 작곡한 노래를 불러야 해요, 크리스티안. 로이트너 씨가 피아노 반주도 해줄 거예요. 그 노래가 우리의 파티 때 가장 멋지고 효과 만점의 하이라이트가 될 거에요."

침묵의 시간이 이어졌다. 숨이 막힐 듯한 침묵이었다. 그때 기이한 일이 아주 갑자기 발생했다. 로이트너 씨가 마치 전염이 된 듯, 감동을 받고 흥분해서 한 걸음 앞으로 나서더니 격하게 열광한 나머지 덜덜 떨면서 재빨리 말하기 시작했다.

"변호사님, 맹세컨대 저는 준비가 되어 있습니다. 당신을 위해 작곡을 할 용의가 있음을 천명합니다. …… 당신은 그 곡을 노래해야 하고, 그 곡에 맞춰 춤을 춰야 합니다. …… 이거야말로 축제 중에서 유일하게 생각할 수 있는 클라이맥스입니다. …… 당신은 보게 될 겁니다. 제가 지금까지 작곡했고, 앞으로 작곡할 곡 중에 최고의 곡이라는 것을 당신은 보게 될 겁니다, …… 붉은색 비단으로 만든 아기 옷 복장이라! 아, 당신 부인은 예술가입니다, 예술가란 말입니다! 예술가가 아니라면 이런 생각까지 할 수 없었을 테니까요! 하시겠다고 말씀해 주세요, 당신께 간곡히 부탁드립니다. 허락해 주세요! 제 역량을 발휘해 보겠습니다. 무언가를 만들겠습니다. 당신은 보게 될 겁니다…… "

그러자 좌중의 분위기가 모두 풀어지면서 떠들썩해졌다. 악의에서건 예의상으로건 모든 사람들이 변호사에게 부탁을 퍼붓기 시작했다. 힐데브란트 부인은 브륀힐데[23]의 목소리로 "변호사님, 당신은 정말이지 평소에 재미있고 즐거운 분이잖아요!"라고 아주 크게 말하기까지 했다. 그러나 변호사인 그조차도 이제는 무슨 말을 해야 할지 찾았고, 여전히 약간 질린 표정이었지만 아주 단호하고 큰 목소리로 다음과 같이 말했다.

"제 말에 귀 기울여 주십시오, 여러분. 제가 여러분에게 무슨 말씀을 드려야 할까요? 저는 적임자가 아닙니다, 믿어주세요. 저는 사람을 웃기는 재능이 거의 없습니다. 거기다 또⋯⋯ 간단하게 말하자면, 안 됩니다, 유감스럽게도 그건 불가능합니다."

변호사는 자신의 거절을 고집스럽게 고수했다. 암라가 즐거운 이 화제에 더는 관여하지 않고, 상당히 멍한 표정으로 소파에 등을 기댄 채 앉아 있었다. 로이트너 씨도 더는 아무 말 않고 양탄자의 아라베스크 무늬를 깊이 관찰하듯 뚫어지게 바라보았다. 그러자 힐데브란트 씨는 화제를 돌려 다른 이야

23 브륀힐데는 바그너의 음악극《니벨룽의 반지》의 여주인공으로, 게르만 민족 최고의 신인 보탄(Wotan)의 딸이다.

기를 시작했다. 마지막 문제에 대해 결정을 내리지 못한 채 모임은 해산되었다.

그러나 그날 저녁 암라가 잠자리에 들어 뜬 눈으로 누워 있을 때, 남편이 무거운 걸음으로 들어와서 의자 하나를 그녀의 침대로 끌어다 앉고서는 주저하며 조용히 말했다.

"내 말 들어봐요, 암라, 솔직히 말해서 난 걱정하느라 괴롭소. 내가 오늘 만난 분들의 뜻을 지나치게 거절하고 그들을 모욕한 건, 맹세코 내 의도가 아니었소, 설마 내가 진실로 그랬다고 당신이 생각한다면…… 제발……"

암라는 한순간 침묵했고, 그녀의 눈썹은 천천히 이마 쪽으로 치켜세워졌다. 그러고 나서 그녀는 어깨를 으쓱하며 말했다.

"당신에게 뭐라고 대답해야할지 모르겠어요. 당신이 그렇게 행동하리라고는 전혀 상상을 못했어요, 당신은 공연에 참여해 지원하는 일은 없을 거라고 불친절한 말로 거부했어요. 당신의 참여가 당신에게 기분 좋은 일일 수 있고, 모든 사람들이 꼭 필요하다고 여긴 일이었어요. 당신은 세상 모든 사람들을, 아무리 좋게 표현해도, 가장 심하게 실망시켰어요. 그리고 당신의 거칠고 불친절한 태도 때문에 파티 전체를 망쳤다고요. 그게 파티를 주최하는 사람으로서의 도리인가요?"

변호사는 고개를 떨군 채 무겁게 숨을 쉬며 말했다.

"아니오, 암라, 난 불친절할 의도가 없었소, 믿어주오. 나는 어느 누구도 모욕할 생각이 없었고, 어느 누구에게도 불쾌감을 주려고 하지 않았소. 내가 추하게 처신했다면, 만회할 준비가 되어 있소. 중요한 건 재미로 하는 가장무도회이고, 악의 없는 놀이일 뿐인데 내가 왜 못하겠소? 파티를 망치고 싶지 않소. 함께 하겠다고 분명히 말하리다.

암라는 다음 날 오후 파티를 준비하기 위해 다시 외출했다. 그녀는 홀츠 가(街) 78번지에 정차하고, 그녀를 기다리고 있는 남자가 사는 3층으로 올라갔다. 그녀는 몸을 쭉 뻗고 누워 사랑에 취해 그의 머리를 가슴에 꼭 끌어안으며 격정적으로 속삭였다.

"우리 둘이 피아노에 앉아서 그 사람이 노래하고 춤을 추도록 네 개의 손으로 함께 반주하는 거예요. 제가 의상을 준비하겠어요……"

야릇한 전율과, 꾹 참고 있던 웃음으로 인한 경련이 두 사람의 사지를 타고 흘러내려 갔다.

5

파티를, 그것도 야외에서 큰 규모로 열고 싶어 하는 사람은 레르헨베르크 언덕에 위치한 벤델린 씨 댁의 저택을 가장 선호한다. 운치가 있는 교외 거리에서 높은 격자문을 지나면 공원과 같은 정원이 나오는데, 그 정원 부지 한가운데에 널찍한 연회장이 자리 잡고 있다. 하나의 좁은 통로를 따라 레스토랑과 주방, 양조장이 연결된 연회장은 재미있게 형형색색으로 그려진 목재를 사용해 중국식과 르네상스 양식을 우스꽝스럽게 혼합해 지은 건축물이었다. 많은 인원을 수용할 수 있는 이 연회장은 커다란 날개식 문들이 있는데, 날씨 좋을 때 나무들의 숨결을 안으로 들이기 위해 그 문들을 열어두기도 한다.

오늘, 형형색색으로 반짝이는 전등 불빛이 연회장으로 달려오는 마차들을 멀리서부터 환영했다. 대문의 모든 격자들과 정원의 나무들, 그리고 연회장의 홀 전체가 오색찬란한 등불로 장식되었기 때문이다. 연회장 내부도 참으로 사람들의 눈을 즐겁게 해주었다. 깃발과 관목으로 만든 작품, 조화(造花)로 장식한 벽들 사이 수많은 전등이 홀을 최대한 화려하게 비추고 있는 한편, 천장 아래로는 색종이 장식 등을 수없이 매단, 장식용의 굵은 줄들이 드리워졌다. 홀의 끝에는 무대가 있고 그 양편에는 관엽수가 있었으며, 어떤 화가가 그린 수호신의 형상이 붉은 장막 위를 날고 있었다. 홀의 다른 쪽 끝에서부터 무대에 이르기까지 꽃으로 장식한 긴 테이블이 이어졌는데 그 테이블에서는 야코비 변호사의 손님들이 봄철의 햇맥주와 송아지고기 구이를 즐겼다. 손님의 규모로는 법조계 인사들, 장군들, 상인들, 예술가들, 고위 공직자들, 그리고 이들의 부인들과 딸들을 합해 150명은 족히 넘었다. 복장은 매우 소박했다. 남성은 검은색의 양복 차림이었고 여성은 옅은색의 봄철 복장이었다. 격식에 매이지 않고 유쾌하게 즐기는 것이 이날의 규칙이기 때문이다. 남자들은 맥주잔을 들고 한쪽 벽에 설치되어 있는 커다란 통에서 직접 맥주를 따라왔다. 휘황찬란하게 밝힌 넓은 공간은 전나무들과 꽃들, 사람들, 맥주, 음식 냄새가 뒤섞인, 달콤하고 후텁지근한 축제의 향내로 가득했고, 달그락거리는 그릇 소리, 사람들이 크게 떠들어대는 소리, 짧게 주고받는 말소리, 밝으면서도 예의 바르게 웃는 소리, 활기차고 근심걱정 없이 웃는 소리 등이 요란하게 소용돌이쳤다. 변호사는 무대 가까이에 있는 테이블 끝에 기형적인 자세로 어쩔 줄 몰라 하며 앉아 있었다. 그는 술을 많이 마시지 않고 옆자리에 앉아 있는 하버만 참사관 부인에게 이따금 힘들게 말을 걸곤 했다. 그는 입언저리가 아래로 쳐진 채 마지못해 숨을 쉬고 있었고, 퉁퉁 부어오른 맥 빠진 두 눈은 우울하고 서먹서먹한 마음으로 흥거운 축제 분위기를 멍하니 쳐다보았다. 마치 이 축제의 향기 속에는, 이 야단법석의 흥거움 속에는 이루 말할 수 없는 슬픔과 이해할 수 없는 그 무언가가 담겨 있는 것처럼……

이제 커다란 케이크들이 테이블마다 올라와 사람들이 달콤한 포도주를 마시기 시작하면서 축사가 이어졌다. 궁정배우 힐데브란트 씨는 고전적인 문구, 예컨대 희랍 원전의 글을 인용하여 봄철의 햇맥주를 축하했고, 법원연수생 비츠나겔은 최고로 싹싹한 몸짓과 아주 세련된 방식으로 파티에 참석한 여성들을 위해 건배했다. 그는 가까이에 있는 꽃병과 식탁보 위에 있는 꽃들을 한 움큼 집어 한 송이씩 뽑아들면서 각 여성들에 비유했다. 얇은 노란 실크를 입고 맞은편에 앉아 있는 암라 야코비에게는 "이 노란 장미꽃보다도 아름다운 장미의 여인"이라고 했다.

그러자마자 암라는 가르마를 탄 부드러운 머리칼을 손으로 쓰다듬고 눈썹을 치켜세우면서 남편에게 진지한 표정으로 고개를 끄덕여 신호를 보냈다. 그러자 뚱뚱한 남편이 자리에서 일어나 흉한 미소를 지으며 시시한 말 몇 마디를 고통스럽게 더듬거렸는데, 그 순간 축제 분위기는 거의 망가질 뻔했다. 몇몇 가식적인 브라보 소리만 크게 들렸을 뿐, 한순간 숨 막히는 침묵이 흘렀다. 그러나 곧 흥겨운 분위기가 압도해 사람들은 담배를 피우면서 꽤나 취한 상태로 일어나 친히 식탁을 홀에서부터 요란스럽게 치우기 시작했다. 춤을 추기 위해서였다.

11시가 넘어 자유분방한 분위기는 최고조에 달했다. 모임의 일부는 신선한 바람을 쐬기 위해 조명을 오색찬란하게 밝힌 정원으로 몰려나갔고, 일부는 홀 안에 머물면서 그룹별로 모여 서서 담배를 피우거나 잡담을 하는 가운데에 맥주통에서 맥주를 따라 선 채 마셨다. 그때, 모두를 홀 안으로 불러들이는 힘찬 트럼펫 소리가 무대에서 울렸다. 곧 관악기와 현악기 주자들이 입장해 무대의 막 앞에 착석했다. 빨간색으로 쓴 프로그램 팸플릿이 놓인 의자들이 무대 앞에 배열되어 숙녀들은 그 의자에 앉았고 신사들은 숙녀 뒤, 혹은 양편에 섰다. 기대에 부푼 정적이 감돌았다.

이윽고 소규모 관현악단이 서곡을 요란하게 연주하면서 무대의 막이 열렸다. 무대 위에는 현란한 의상에 입술을 피처럼 빨갛게 칠한 섬뜩한 흑인의 무리가 등장해 이빨을 드러내며 야만적인 괴성을 지르기 시작했다…… 이제 이 공연은 실제로 암라 파티의 하이라이트일 것이다. 객석에서 열광적인 환호 소리가 터져 나왔고, 능란하게 계획된 프로그램이 순서에 따라 하나씩 진행되었다. 힐데브란트 부인은 분가루를 뿌린 가발을 쓰고 등장해서 긴 지팡이를 쿵쿵 치며 엄청나게 큰 목소리로 노래를 불렀다. 영국 가요 〈그건 마리아야!〉였다. 마술사가 훈장으로 덮인 연미복을 입고 등장해 기상천외한 마술을 선보였고, 힐데브란트 씨는 괴테, 비스마르크, 나폴레옹을 깜짝 놀랄 만큼 비슷하게 흉내 내었다. 이어 출판사 편집장인 비젠슈프룽 박사는 마지막으로 '봄 맥주의 사회적 의미'에 대해 유머 넘치는 강연을 했다. 드디어 프로그램의 마지막 순서를 앞두고 긴장의 분위기는 최고조에 이르렀다. 그것은 그 순서의 테두리에 월계관 장식이 되어 있었기 때문이었다. 비밀로 가득한 그 순서의 제목은 다음과 같았다. "루이스헨: 노래와 춤. 음악: 알프레트 로이트너".

홀 안이 흥분으로 술렁거리기 시작하면서 사람들은 서로 시선을 주고받았다. 악단 주자들은 악기를 옆에 놓았다. 그때까지 무관심한 듯 삐죽 내민 입술 사이에 담배를 물고 말없이 문에 기대어 서 있던 로이트너 씨는 암라 야코비와 함께 무대 막 앞 한가운데 있는 피아노 앞에 나란히 앉았다. 로이트너 씨는 상기된 얼굴로 악보를 초조하게 뒤적거리는 반면, 좀 창백해진 암라는 한쪽 팔을 의자 팔걸이에 올려놓고 무언가를 노리는 듯한 시선으로 관객들을 바라보았다. 사람들 모두가 목을 빼고 기다리고 있는 동안 마침내 시작을 알리는 소리가 날카롭게 울렸다. 로이트너 씨와 암라가 도입부의 의미 없는 몇 박자를 치고 있는 사이 무대의 막이 감겨 올려지면서 루이스헨이 모습을 드러냈다…… 슬프고도 혐오스럽게 분장한 이 거구의 살덩어리가 곰이 춤을 추는 듯한 발걸음으로 힘겹게 등장하자, 많은 관객들은 너무 놀란 나머지 혼이 빠진 듯한 쇼크가 번져나갔다. 그 사람은 다름 아닌 변호사였다. 그의 기형적인 몸을 주름 없이 풍성하게 감싼 혈홍색의 비단옷이 발까지 흘러내려왔는데 이 옷은 밀가루로 분칠한 목덜미가 흉측하게 드러나도록 재단되어 있었다. 어깨는 심을 넣어 불룩했고 소매가 너무 짧아 연노란색의 긴 장갑이 근육 없는 뚱뚱한 팔을 가렸다. 머리에는 연한 금발의 높은 가발을 썼고, 그 가발 위에서 초록색의 깃털 하나가 살랑살랑 흔들거렸다. 가발 아래로는 필사적으로 명랑하게 보이려는 불행한 얼굴이 보이고 뺨은 누렇게 부어올라 측은할 정도로 끊임없이 위아래로 실룩거리고, 주위를 빨갛게 분장한 작은 두 눈은 다른 곳은 보지 않고 애써 바닥만 내려다보았다. 이 뚱뚱한 남자는 한발 한발 힘겹게 내디디면서 양손으로 옷을 꽉 잡고 있거나 양팔을 맥없이 올려 집게손가락을 높이 들어 올리면서, — 그는 그 이외 어떤 동작도 할 줄 몰랐다 — 주눅이 든 목소리로 헐떡거리며 피아노 반주에 맞추어 황당하게 노래를 불렀다. 이 비참한 인물이 이렇게 차디찬 숨을 지금보다 더 고통스럽게 내쉰 적이 있었던가? 그 숨결은 숨김없이 내뿜는 모든 사람의 흥겨움을 질식시켰고, 고통스러운 불일치에서 오는 피할 수 없는 압박처럼 객석의 모든 사람들을 짓눌렀다. 사람들의 시선 속에는 혐오감이 깊이 깔려 있었고 그 사람들은 마법에 걸린 것처럼 이 광경, 그러니까 피아노를 치는 한 쌍의 남녀와 저 위 무대에서 춤을 추는 그녀의 남편에게서 시선을 떼지 못했다. 곧바로 그 자리에 함께 있던 사람이라면 어느 누구도 평생 잊지 못할 순간이 찾아왔다. 이 끔찍하게도 복잡하게 얽어진 짧은 시간에 도대체 어떤 일이 벌어졌는지 생생하게 그려내 보겠다. 침묵 속에 흐르는 이 전대미문의 스캔들은 5분가량 지속되었다.

'루이스헨'이라는 제목의 우스꽝스러운 풍자적인 노래는 잘 알려져 있다. 사람들은 다음과 같은 구절을 기억하고 있을 것이다.

> 왈츠나 폴카를
> 어느 누구도 나만큼 잘 추진 못 한다네.
> 나는 루이스헨, 천민 출신이라네.
> 많은 남자들의 마음을 뒤흔들었지.

추하고 경박한 이 가사는 꽤 긴 세 소절의 끝부분을 장식하는 후렴이다. 그런데 알프레트 로이터는 이 가사에 새로운 곡을 붙여 걸작을 만들었다. 그는 통속적이고 우스꽝스러운 가사 한가운데에 수준 높은 음악적 기법을 집어넣어 사람의 혼을 빼는 특유의 기교를 최대한 발휘했던 것이었다. 첫 소절의 올림다장조(C#)로 흐르는 멜로디는 통속적이면서 제법 좋았다. 앞에서 인용한 후렴이 시작되면서, 박자는 활기를 띠고 점점 격렬해지는 '나(b)'음의 돌출로 인해 올림바장조(F#)로 넘어갈 것 같은 기대감을 갖게 하는 불협화음이 나타났다. 이 불협화음들은 후렴의 두 번째 행 "못 한다네"까지 복잡하게 얽어져 혼란과 긴장이 최고조에 이르는 세 번째 행 첫 마디 "나는" 이후에는 올림바장조로 전조(轉調)되어 불협화음이 협화음으로 이행되어야만 했다. 그런데 기상천외한 일이 발생했다. 급격한 전환을 통해, 즉 가히 천재적인 발상으로 음조를 올림바장조(F#) 대신 그냥 바장조(F)로 갑작스레 변조시킨 것이다. 길게 늘어지는 "루—이스헨"의 두 번째 음절에 두 페달을 사용해서 이루어진 음은 말로 형언할 수 없는 전대미문의 효과였다! 완전히 혼을 빼버리는 불시의 기습이며, 등골을 타고 급격히 흐르는 소름끼치는 전율이었다. 불가사의한 일이었고, 돌발적으로 잔혹하게 베일을 벗기는 효과, 막이 찢어져 모든 것이 드러나는 효과였다.

이 바장조 코드에서 야코비 변호사는 춤을 멈췄다. 그는 조용히 서 있었다. 그는 무대 한가운데에 뿌리박힌 사람처럼 양쪽 집게손가락을 높이 올린 채 서 있었다. 한쪽 손은 다른 쪽보다 좀 낮게 하고, 입은 루이스헨의 '이'에서 멈추어 그만 침묵하고 있었다. 피아노 반주도 동시에 급격하게 중단되었고, 기상천외할 정도로 혐오스럽고 우스꽝스럽게 분장한 이

거구는 무대 위에서 동물처럼 모가지를 쑥 내민 채 눈에 불을
켜고 앞을 뚫어지게 노려보았다. 조명으로 밝은 홀은 모든 사
람들이 중얼거리는 추문들이 발산되어 불륜 스캔들로 모아지
는 분위기였다······ 그는 머리를 쳐들고, 인상을 찌푸리는 사
람 모두를 뚫어지게 응시했다. 그는 그 얼굴들을 밝은 조명으
로 인해 선명하게 보았다. 이들의 눈빛에서 그는, 모두가 무언
가 알고 있다는 표정으로 저 아래 피아노 치는 한 쌍의 남녀와
자신을 번갈아 쳐다보고 있다는 것을 알았다. 아무 소리도 들
리지 않는 섬뜩한 정적만이 감도는 동안, 그는 점점 커져가는
두 눈으로 천천히, 그리고 소름이 끼칠 정도로 두 남녀와 관중
을 번갈아 쳐다보았다······ 그러다가 갑자기 이제는 알겠다는
표정이 그의 얼굴에 스치더니 피가 얼굴로 솟으면서 그가 입
은 붉은 비단옷 색깔처럼 얼굴이 새빨갛게 달아올랐다가 곧
바로 밀랍처럼 누렇게 시들어, 이내 그 뚱뚱한 남자는 무대 바
닥에 쿵하고 쓰러졌다.

한순간 정적이 감돌았다. 그러다가 여기저기 비명소리가
들리고 큰 소란이 벌어졌다. 용기 있는 몇몇 신사들과 한 젊은
의사가 관현악단석에서부터 무대 위로 뛰어올라갔고 무대의
막은 내려졌다.

암라 야코비와 알프레트 로이트너는 모르는 척 서로 딴 쪽
을 보며 여전히 피아노에 앉아 있었다. 로이트너는 고개를 숙

이고 바장조로 넘어가는 음에 아직도 귀를 기울이는 듯했고,
암라는 참새 대가리처럼 자신 앞에 무슨 일이 일어났는지 재
빨리 파악할 수 없었기에 완전히 얼빠진 얼굴로 주위를 두리
번거렸다······

그러자 곧바로 젊은 의사가 진지한 표정을 하고 홀에 다시
나타났다. 뾰족한 검은 수염을 기른 작은 키의 유대인 신사였
다. 그는 문가에서 자신을 둘러싼 몇몇 신사들에게 어깨를 들
먹이며 말했다.

"끝났어요."

공동묘지로 가는 길

공동묘지로 가는 길은 넓은 큰길과 평행선을 이루며 그 목적지, 즉 공동묘지에 이를 때까지 줄곧 쭉 뻗어 있었다. 그 길의 다른 편에는 처음에는 인가들, 즉 아직 부분적으로 공사 중인 교외의 신축건물들이 있었지만, 조금 더 가면 들판이었다. 양쪽에 나무들, 즉 나이가 지긋하게 든 옹이진 너도밤나무들이 늘어서 있는 큰길로 말할 것 같으면, 절반만 포장이 되어 있었을 뿐 나머지는 그렇지 않았다. 그러나 공동묘지로 가는 길에는 가볍게 자갈이 깔려 있었고 그 때문에 다니기 좋은 길이라는 인상을 주었다. 잔디와 들풀로 뒤덮여 있는, 물이 마른 좁다란 도랑 하나가 그 두 길 사이로 지나가고 있었다.

때는 봄, 벌써 거의 초여름이었다. 세계는 미소 짓고 있었다. 하나님이 주신 파란 하늘에는 앙증맞고 둥글고 오밀조밀해 보이는 조각구름들이 떠 있었다. 유모러스하게 표현하자면 눈처럼 새하얀 밀가루 경단을 여기저기에 던져 놓은 듯하였다. 새들은 울창한 너도밤나무 안에서 지저귀고 들판 위로는 온화한 바람이 불어왔다.

큰길 위에 짐마차 한 대가 이웃 마을로부터 시내를 향해 천천히 가고 있었는데 마차의 절반은 포장된 부분 위를, 다른 절반은 아직 포장이 안 된 부분 위를 가고 있었다. 마부는 두 다리를 마차 축 양쪽으로 대롱대롱 늘어뜨린 채 아주 서투른 솜씨로 휘파람을 불었다. 마차의 맨 뒷부분에는 노란색의 강아지 한 마리가 타고 있었는데 그 강아지는 마부에게 등을 돌리고 앉아 있었다. 강아지는 말할 수 없이 진지하고 찡그린 표정으로 뾰족한 콧수염 너머 자기가 달려온 길을 멀리 뒤돌아보고 있었다. 그것은 비교할 수 없이 귀여운 강아지였고, 보는 사람을 매우 기분좋게 해 주었다. 그러나 유감스럽게도 여기서는 중요하지 않으므로 우리는 이 강아지로부터 관심을 딴 데로 돌려야 하겠다. ─ 즉, 한 무리의 병사들이 지나가고 있었다. 그들은 멀지 않은 병영에서 입김을 내뿜으며 행진해 오고 있었는데, 노래를 부르고 있었다. 두 번째 마차가 나타났는데, 이번에는 도시를 나와 다음 마을로 가는 마차였다. 마부는 졸고 있었고 마차 위에는 강아지 같은 것이 없었기 때문에 이

마차는 전혀 흥미를 끌지 못하였다. 두 명의 견습공 젊은이들이 길 위에 나타났는데, 하나는 곱사등이였고 다른 하나는 거인 형상을 하고 있었다. 그들은 장화를 어깨에 걸쳐 매고 있어서 맨발로 걸어오고 있었으며, 졸고 있는 마부에게 뭔가 기분이 좋은 소리를 지르고는 계속해서 자기들의 갈 길을 갔다. 그것은 복잡한 얽힘이나 우발사고 없이도 잘 해결되는 적당한 교통량이었다.

공동묘지로 가는 길 위에는 '단 한 사람의' 남자만 걸어가고 있었다. 그는 머리를 떨군 채 검정 지팡이에 몸을 의지하여 천천히 걷고 있었다. 이 남자의 이름은 피프잠, 다름 아닌 로프고트 피프잠이었다. 우리는 그가 이 성명에 걸맞게도 아주 특이한 행동을 했기 때문에 여기서 그의 성명을 이렇게 분명히 밝혀 두는 것이다.

그는 검정색으로 차려입고 있었는데, 자신이 사랑한 사람들의 묘를 찾아 가는 길이기 때문이었다. 그는 거칠어지고 찌부러진 실크해트를 쓴 데다 오래되어 반질반질해진 프록코트에다 비좁고 길이가 짧아진 바지를 입고, 손에는 군데군데 표면이 벗겨진 검정색 광택 가죽 장갑을 끼고 있었다. 그의 목, 커다란 목젖이 튀어나온 가늘고 여윈 그의 목은, 술이 달린 접이식 칼라 사이로 솟아나와 있었다. 그러하였다. 그 접이식 칼라의 모서리 깃은 벌써 헤어져 약간 거칠어져 있었다. 그러나

이 남자가 공동묘지까지 아직 얼마나 남았는지를 보기 위해 이따금 고개를 쳐들 때마다 사람들은 무엇인가 보게 되었는데, 그것은 한 기이한 얼굴이었다. 그것은 한번 보고 난 사람이 쉽사리 잊을 수 없는 그런 얼굴이었다.

그것은 매끈하게 면도가 되어있는 창백한 얼굴이었다. 그러나 홀쭉한 두 뺨 사이에는 구근(球根) 모양의 주먹코가 불툭 튀어나와 있었다. 그 코는 부자연스럽기 짝이 없는 엄청난 붉은색으로 달아올라 있었고 게다가 또 수많은 작은 군살 덩어리까지 덧붙어 있었다. 주먹코에 덧붙은 그 병적인 혹들 때문에 그의 코는 끔찍하고도 환상적으로 보였다. 코에 난 심한 발열 흔적이 칙칙하고 창백한 얼굴색과 너무나 큰 대조를 이루고 있었기 때문에 이 코는 실물이 아니라 그림으로 그려놓은 그 무엇 같았으며, 사육제 때의 분장코처럼 갖다붙여 놓은 코 같았고 우울한 장난의 산물 같았다. 그러나 장난이라 할 수 없는 일이었…… 그 남자는 양 언저리가 아래로 축 쳐진 그의 큰 입은 꽉 다물고 있었다. 그런데, 그가 뭔가를 쳐다볼 때에는 그는 흰 털이 많은 그의 검정 눈썹을 모자 밑으로 치켜 올리곤 했다. 그래서 그의 두 눈 주위가 얼마나 충혈되고 비참한 꼴을 하고 있는지 훤히 다 보였다. 요컨대, 그것은 오래 보고 있으면 동정심이 와락 생기지 않을 수 없는 그런 얼굴이었다.

로프고트 피프잠의 출현이 기쁜 일은 아니었다. 그의 등
장은 이 사랑스런 오전에 어울리지 않았으며, 사랑하던 고인
들의 묘를 방문하려는 한 남자가 있다고 할 때에 그에게도 피
프잠의 등장은 너무나 우울한 것이었다. 그러나 사람들이 피
프잠의 속내를 들여다 보았더라면, 거기에는 그럴만한 충분
한 이유들이 있다는 것을 인정하지 않을 수 없었을 것이다. 그
는 약간 기가 꺾여 있었다. 어떻게? 당신들처럼 유쾌한 사람
들에게 이런 사정을 이해시킨다는 것은 어려운 노릇이다……
약간 불행한 것 아니냐고? 운명에 의하여 약간 부당한 처사를
당했을 것이라고들 하시겠지. 아, 사실을 말하자면, 그는 약간
이 아니라, 심하게 부당한 처사를 당했으며, 과장 없이 표현하
건대, 그는 비참한 형편에 처해 있었다.

우선 그는 술을 마시는 사람이었다. 자, 이 이야기는 조금
있다가 나올 테니까 잠시 접어두기로 하자. 그뿐 아니라 그는
아내를 여의었고 부모를 여의었고 온 세상으로부터 버림받았
다. 그에게는 이 지상에서 더는 자기가 사랑하는 사람이 없었
다. 그는 친정 성(姓)이 레프첼트였던 그의 부인을 육 개월 전
해산 중에 잃고 말았다. 그 아이는 세 번째 자식이었는데 태
어나자 이미 죽어 있었다. 다른 두 아이 역시 그 전에 이미 죽
었다. 한 아이는 디프테리아로, 또 다른 아이는 병명도 없이
시름시름 앓다가 죽었는데, 아마도 종합적 기력 부족 때문이

었을 것이다. 그뿐만이 아니었다. 곧이어 그는 일자리를 잃었는데, 그것도 밥벌이하던 직장으로부터 욕을 먹고 쫓겨났는데, 그것은 피프잠 자신보다 더 강했던 저 술버릇과 관계된 일 때문이었다.

비록 그가 주기적으로 과도하게 술에 빠지긴 했지만, 예전이라면 그런 나쁜 버릇에 어느 정도 맞설 수 있었으리라. 그러나 이제 처자식 모두가 그를 떠나고 어디 한곳 마음 붙일 데 없이 이 지상에 그 혼자 달랑 남겨졌을 때, 악덕이 제멋대로 그를 지배하였고 그의 영혼의 저항력을 점점 더 약화시켜 갔다. 그는 한때 보험회사에서 일한 사원이었는데, 매달 90 제국마르크를 현금으로 받는 일종의 고급 서기였다. 하지만 술을 먹어 판단력이 없는 상태에서 중대한 실수들을 저질렀고 반복된 경고 끝에, 결국 상습 신용불량자로서 쫓겨나게 되었다.

이러한 결과가 피프잠을 윤리적으로 정신을 차리게 만든 것이 아니라 이제는 오히려 그를 완전히 몰락 속으로 빠뜨린 것은 분명하다. 즉 여러분은 인간의 불행이 품위 또한 앗아간다는 사실을 알아야 할 것이다. — 어쨌든 이러한 사실에 대해 약간의 통찰을 갖는 것이 해롭지는 않을 것이다. 이것은 정말 특별하고도 가공할 일이라 할 만하다. 인간이 자기 자신은 죄가 없다고 주장해 봤자 아무 소용이 없다. 대부분의 경우 그는 자신의 불행으로 인해 스스로를 경멸하게 된다. 그래서 자기 경멸과 나쁜 버릇이 가장 끔찍한 방식으로 상호작용을 하게 된다. 이 둘은 서로 양분을 공급하고 서로에게 도움을 주면서 결국에는 무서운 사태를 초래하게 되는 것이다. 피프잠에게 도 바로 이런 일이 일어났다. 그는 자신을 존중하지 않았기에 술을 마셨다. 또한 모든 좋은 의도에도 불구하고 항상 반복되 는 치욕적인 실패가 그의 자신감을 완전히 갉아먹었기 때문 에, 그는 자기 자신을 점점 더 존중하지 않게 되었다. 그의 집 옷장 안에는 누런 독성의 액체, 파멸을 가져올 액체가 든 병 하나가 놓여 있었다. 조심해야 하기 때문에 그 액체의 이름을 여기에서 말하지는 않겠다. 이 옷장 앞에서 로프고트 피프잠 은 말 그대로 무릎을 꿇고 자신의 혀를 깨물었다. 그럼에도 불 구하고 그는 술을 끊는 데에 실패하였다…… 여기서 그런 일 을 길게 이야기하고 싶지 않다. 그러나 이 일이 어쨌든 교훈적 이긴 하다. ─ 그래서 이제 그는 공동묘지로 가는 길 위에 있 었고 그의 검정 지팡이를 짚고서 앞으로 걸어가고 있었다. 온 화한 바람이 '그의 코'도 쓰다듬어 주었지만, 그는 그걸 느끼 지 못했다. 눈썹을 위로 높이 치켜 뜨고서 그는 공허하고 우울 하게 세상을 응시하고 있었다. 절망에 빠진 비참한 인간이었 다. ─ 갑자기 그는 자기 뒤에서 무슨 소리가 나는 것을 듣고 귀를 기울였다. 어떤 부드러운 소리가 아주 먼 곳에서부터 빠른 속도로 다가오고 있었다. 그는 몸을 되돌렸고 그 자리에 멈춰 섰다…… 그것은 자전거였다. 그 자전거의 타이어가 자갈이 살짝 깔린 길바닥 위에서 마찰음을 내고 있었다. 자전거는 전속력으로 달려오다가 피프잠이 길 한가운데에 서 있었기 때문에 속도를 늦추었다.

한 젊은 남자가 안장 위에 앉아 있었는데, 젊은 청년으로서 아무 걱정도 없는 관광객이었다. 아, 세상에! 그 청년은 이 지상의 위인들, 지배자들의 일원으로 간주되고 싶은 욕망 따위는 전혀 내세우지 않을 것이었다. 그는 어느 공장의 제품이든 간에 중급 정도의 기계, 즉 이백 마르크 짜리 자전거를 타고서 모든 것을 운에 맡긴 채 여행길에 올랐다. 그리하여 그는 번쩍이는 페달을 밟으며 도시를 훌쩍 벗어나 잠시 시골길을 가로지르며 하느님이 주신 자유로운 대자연 속으로 자전거를 달리고 있었다. 만세! 그는 알록달록한 셔츠를 입고 그 위에 회색 자켓을 걸치고 있었고, 스포츠 각반을 하고 있었으며, 세상에서 가장 대담한 모자를 쓰고 있었는데, 이 갈색 체크 무늬 모자의 재미 있는 점은 모자 꼭대기에 단추 하나가 달려 있다는 것이었다. 하지만 그 밑의 머리카락은 매우 헝클어져 있었고 그의 이마 위로는 숱이 많은 금발머리 뭉치가 불거져 나와 있었다. 그의 두 눈은 반짝이는 파란색이었다. 그는 마치 자기가 삶 자체인 것처럼 다가오면서 경종을 울려댔다. 그러나 피프잠은 길에서 한 치도 비키지 않았다. 그는 거기 서서 변치 않는 얼굴 표정을 하고서 다가오는 그 삶[24]을 노려보고 있었다.

그 삶은 그에게 화난 시선을 던지며 천천히 그의 곁을 지나쳐 가고 있었다. 그러자 피프잠도 또한 다시 앞을 향해 걷기 시작했다. 그러나 자전거 탄 청년이 그보다 앞서가자 피프잠은 느릿느릿하게, 그러나 무거운 강세를 주면서 말했다.

"9707번"

그리고 그는 입을 굳게 다문 채, 삶의 시선이 어이없어 하며 그를 바라보고 있다는 것을 느끼면서 꼼짝도 하지 않고 자기 발 밑을 내려다 보고 있었다.

청년은 몸을 뒤로 돌린 채 그를 돌아보며 한 손으로 자기 뒷쪽의 안장을 잡은 채 아주 천천히 자전거를 굴리고 있었다.

"뭐라고요?" 하고 청년이 물었다.

"9707번!" 피프잠이 반복했다. "아, 아무것도 아니야. 나는 당신을 고발할 것이요."

"나를 고발한다고요?" 하고 삶이 묻고는 몸을 크게 돌렸고 더욱더 속력을 줄였다. 그래서 청년은 바짝 긴장한 채 핸들

---

24   여기서부터는 이 청년이 계속 '삶'이라고 일컬어지고 있는데, 작가는 아마도 그의 숱이 많은 금발머리와 세상에 대한 자신감 넘치는 태도를 두고 이렇게 지칭하는 듯하다.

로 이리저리 균형을 잡지 않으면 안 되었다.

"틀림없이 고발할 것이요." 하고 피프잠이 대여섯 걸음 떨어진 거리에서 응답했다.

"왜죠?"라고 삶이 물으면서 자전거에서 내렸다. 그 청년은 멈춰 서서 무슨 대답이 나올지 잔뜩 기대하는 듯한 표정이었다.

"당신 자신이 잘 알 것이요"

"아니, 모르겠는데요."

"당신은 그걸 알아야만 합니다."

"그러나 저는 '모르겠습니다'."라고 삶이 말했다. "그리고 그건 저한테는 하등의 관심도 없는 일입니다!" 이렇게 말하고 나서 그는 자전거에 다시 올라타기 위해 자전거 쪽으로 몸을 돌렸다. 그 청년도 말로는 조금도 지지 않으려고 했다.

"나는 당신을 고발할 것이요. 당신이 저 바깥쪽 큰길이 아닌, 이쪽 공동묘지로 가는 길로 달렸기 때문이오." 하고 피프잠이 말했다.

"그렇지만, 어르신!" 하고 삶이 화나고 짜증 섞인 웃음을 터뜨리며 말했고 다시 한번 몸을 돌려 멈춰 섰다. "여기 길 전체를 따라 주욱 나 있는 자전거 바퀴 자국들을 보세요…… 누구나 이리로 다닙니다……"

"그건 내게 '아무런 상관도' 없소." 피프잠이 대답했다.

"나는 당신을 고발할 것이요."

"원, 그러고 싶으시면 그렇게 하세요!" 삶은 그렇게 외치고는 자전거에 올랐다. 그는 그럴 듯하게 자전거를 탔는데, 올라탈 때 실패하여 조롱거리가 되지 않았다. 그는 한쪽 발로 디딤닫기를 해서 단 한 번 만에 안장 위에 무사히 걸터앉았고 다시 자기 기질에 맞는 속도를 내기 위해 자전거 페달을 밟았다.

"당신이 계속 이쪽 길로, 묘지로 향하는 이 길로, 간다면, 나는 당신을 반드시 고발할 것이요" 피프잠이 높고 떨리는 목소리로 말했다. 그러나 삶은 그 말에 조금도 개의치 않고, 속도를 점점 더 올려가며 계속해서 갔다.

이 순간 여러분들이 로프고트 피프잠의 얼굴을 보았더라면 여러분들은 크게 놀랐을 것이다. 그는 입술을 너무 꽉 다물었기 때문에 그의 두 뺨과 심지어는 그 불타는 듯한 코가 완전히 일그러졌고, 자연스럽지 못하게 높이 치켜떠진 눈썹 밑으로 그의 두 눈이 멀어져 가는 자전거를 얼이 나간 표정으로 뒤쫓고 있었던 것이다. 갑자기 그가 냅다 앞으로 돌진하였다. 그는 자전거가 자기에게서 멀어진 거리만큼 뒤쫓아가 안장주머니를 움켜잡았다. 두 손으로 그것을 꽉 붙잡고 있었기에 그는 그야말로 거기에 매달려 있는 형국이었다. 그러고는 아직도 초인처럼 꽉 다문 입술과 사나운 두 눈을 한 채, 말없이, 그는 균형을 잡고 앞으로 나아가려는 자전거를 젖 먹던 힘을 다해서 끌어당기고 있었다. 누가 그를 봤더라면 그가 악의를 갖고 그 젊은 남자가 가려는 길을 방해하려고 그런다고 생각했을 것이다. 아니라면, 밧줄에 의지해서 끌려가고 싶거나 뒤에 훌쩍 올라타고 동승해서는 자기도 마찬가지로 번쩍이는 페달을 밟으며 하느님의 자유로운 대자연으로 만세를 부르며 교외로 나가고 싶은 것이라고 생각했을 것이다…… 자전거는 이 절망에 찬 짐 덩어리의 힘에 오래 저항하지 못하고 정지해 버렸다. 그것은 기울어져서 넘어지고 말았다.

그러나 이제는 삶 쪽이 거칠어졌다. 그는 한쪽 다리로 간신히 서 있게 되었다. 그는 오른팔을 쳐들어 피프잠 씨의 가슴에 일격을 가했다. 그 바람에 피프잠은 몇 걸음 뒤뚱거리면서 물러섰다. 이윽고 삶이 위협적으로 커지는 목소리로 말했다.

"이 양반이 술을 마셨나!? 이상한 양반아, 당신이 한 번만 더 내 가는 길을 방해할 생각을 한다면, 아주 혼쭐을 내줄 거야, 알겠어? 다리몽둥이를 분질러 놓겠다고! 내 말 명심해!" 이렇게 말하며 그는 피프잠으로부터 돌아서서는 화가 난 동작으로 그의 작은 모자를 더 단단히 눌러 썼다. 그러고 나서 그는 다시 자전거에 올랐다. 그러하였다, 청년도 말로는 전혀 지지 않으려 했다. 전번과 마찬가지로 자전거를 탈 때에도 실패하는 일은 없었다. 이번에도 단 한 번에 뛰어서 안전하게 안장에 올라앉았고 그 즉시 자전거를 조정했다. 피프잠은 점점 더 빠르게 멀어져 가는 그의 등을 멍하니 바라보았다.

그는 거기 그렇게 서서 기침을 하면서 삶의 뒷모습을 노려보았다……그것은 넘어지지 않았고, 그 어떤 불상사도 일어나지 않았으며, 타이어가 터지는 일도, 갈 길을 방해하는 돌멩이 하나도 없었다. 그 청년은 자전거를 쌩생 달리며 떠나갔다. 그때서야 피프잠은 고함을 지르고 욕을 하기 시작했다. ― 그건 맹수의 포효라고 할만 했으며, 그건 더 이상 사람의 목소리가 아니었다.

"거기 서요!" 하고 그가 고함을 질렀다. "그러면 안 돼! 저기 바깥 길로 가요. 공동묘지로 가는 길은 안 돼! 내 말 들려요?!…… 내려요, 당장 내리란 말이야! 아, 아! 당신을 고발할 거요! 당신을 고소할 거요! 야, 이 친구, 자전거에서 굴러 떨어지기만 해 봐라, 네 이 불한당 같은 놈, 네 녀석이 굴러 떨어진다면, 내 너를 밟아 버릴 거다. 이 저주받을 악당 같은 놈, 네 얼굴을 장홧발로 뭉개버릴 거라고……"

그런 남자를 본다는 것은 결코 불가능한 일이었다! 공동묘지로 가는 길에서 욕설을 퍼붓고 있는 남자, 부어오른 머리를 한 채 고래고래 소리를 지르는 남자, 욕설을 하느라고 춤을 추며 길길이 뛰는 남자, 사방으로 팔다리를 휘저으며 정신을 못 차리는 남자! 자전거는 이미 더 이상 보이지 않는데도 피프잠은 여전히 같은 자리에서 광분하며 날뛰고 있었다.

"저 놈을 멈춰 세워라! 저 놈을 멈춰 세워! 저 놈이 공동묘지로 가는 길을 달리고 있다! 저 녀석을, 저 빌어먹을 불량배를 끌어 내려라! 아…… 아…… 내 너를 붙잡기만 하면, 네게 본때를 보여줄 텐데, 이 멍청한 개 자식, 어리석은 허풍쟁이, 어릿광대 놈, 무식한 기생오라비 같은 놈…… 내려와! 당장 내려와! 저 놈을, 저 악마를 항복시킬 사람이 정녕 아무도 없단 말인가!?…… 무슨 드라이브를 한다, 이거지? 그것도 공동묘지로 가는 길에서?…… 이 악마 같은 놈! 이 뻔뻔스러운 놈팡이! 빌어먹을 원숭이 같은 놈! 번뜩이는 파란 두 눈을 하고 있다 이거지? 그래? 또 가진 게 뭔가? 악마가 무식하고 무식하고 또 무식한 기생오라비 놈, 악마가 네 놈의 눈을 후벼파버리면 좋으련만!……"

이제 피프잠은 이 자리에 옮겨놓을 수 없는 관용어구들로 넘어가 있었다. 그는 입에 거품을 물고 갈라진 목소리로 상스럽기 짝이 없는 욕설들을 쏟아내고 있었는데, 그러는 동안 그 광란의 몸짓들은 점점 더 심해졌다. 바구니를 든 두세 명의 아이들이 핀셔 사냥개 한 마리를 데리고 큰길로부터 이쪽으로 건너오고 있었다. 그들은 도랑을 건너와서는 그 고함을 지르는 남자를 빙 둘러싸고 호기심에 차서 그의 일그러진 얼굴을 바라보고 있었다. 저 뒤쪽 신축 공사장에서 일을 하거나 마침 점심 휴식 시간을 맞은 몇몇 사람들도 역시 마찬가지로 그에게 주목하게 되었다. 그래서 남자들과 회반죽을 개는 여자들까지도 사람들이 모여 있는 이쪽으로 다가오고 있었다. 그러나 피프잠은 점점 더 심하게 난동을 부렸고 그의 상태는 점점 더 심해졌다. 그는 아무것도 눈에 보이는 게 없는 양 미친듯이 두 주먹을 허공을 향해 휘젓거나 사방으로 휘둘렀고 두 다리를 바둥거리며 혼자 빙그르르 돌다가, 크게 고함을 지를 수 있게 한쪽 무릎을 굽혔다가는 엄청난 용을 쓰면서 다시 펄쩍 뛰어오르곤 했다. 그는 한순간도 쉬지 않고 욕설을 해대느라 거의 숨 쉴 틈도 없었다. 대체 그가 그런 말들을 모두 어디서 주워 듣고 쏟아내는지 놀랄 일이었다. 그의 얼굴은 끔찍하게도 퉁퉁 부어올라 있었고, 그의 실크해트는 목덜미에 걸려 있으며, 몸에 두르고 있던 민소매 셔츠는 조끼 밖으로 삐져나와 있었다. 그런 중에 그는 오래 전에 이미 일반적인 내용의 말을 하고 있었고 주제와는 더는 아무런 상관도 없는 말들을 쏟아내고 있었다. 그 말들은 자기 자신의 악덕과 종교적인 징후에 대한 암시들이었는데, 걸맞지 않은 음조로 발음이 되고 있었고, 외설적인 욕설까지 뒤섞여 있었다.

"이리 좀 와 봐요! 모두 이리로 건너 와 보라고!" 그가 소리를 질렀다. "너희들, 너희들뿐만 아니라 저기 다른 너희들도! 조그만 모자를 쓰고 반짝이는 파란 두 눈을 가진 너희들도 오란 말이다! 너희들 귀에다가 진실을 소리쳐 줄게. 무서워서 영원히 소름이 끼칠 걸, 이 허황된 악당들아! 히죽거리며 비웃고 있어? 아무 상관 없다는 듯 어깨를 들먹거려 보이는 거야? …… 나는 술을 마신다 …… 그래, 술을 마신다! 너희들이 듣고 싶어 하는 대로 말해주지, 난 마시는 정도가 아니라 쏟아붓는 술고래야! 그게 무슨 의미인 줄 알아?! 아직 세상의 마지막 저녁은 아니야! 하지만, 너희들 하찮은 벌레 같은 인간들아, 그날이 올 거야! 하느님께서 우리 모두를 심판하실 그날이 올 거란 말이다…… 아!…… 아!…… 인간의 아들이 구름들 사이로 오실 거란 말이야, 너희들 순진한 협잡꾼들아! 그런데 그분의 정의는 이 세상의 것과는 달라! 그분은 너희들을 칠흑 같은 어둠 속으로 던져버릴 거야, 너희 천하태평인 패거리들! 그곳에서는 울부짖는 소리가 낭자하고……"

이제 그의 주변에는 꽤 많은 사람들이 모여들어 있었다. 몇몇 사람들은 껄껄 웃고 있었고, 몇몇은 눈썹을 찌푸리며 그를 바라보고 있었다. 공사장으로부터 더 많은 노동자들과 회반죽을 개는 여자들이 이쪽으로 다가왔다. 국도 위에 마차를 세워놓고 마차에서 내린 한 마부는 손에 채찍을 든 채 마찬가지로 도랑을 건너 이쪽으로 건너왔다. 어떤 남자 하나는 피프잠의 팔을 붙잡고 흔들어 댔지만 아무 소용도 없었다. 행군하며 지나가던 한 부대의 병사들이 웃으면서 목들을 길게 빼서 그를 바라보았다. 핀셔 사냥개는 더는 참지 못하고 두 앞발을 땅바닥에다 뻗대면서 꼬리를 말아올리면서 그의 얼굴을 똑바로 보면서 짖어댔다.

갑자기 로프고트 피프잠이 다시 한 번 있는 힘을 다해 고함을 질렀다. "내려와, 당장 내려오라고, 이 무식한 기생오라비 놈!" 하고 그는 한 팔로 큰 반원을 그리더니 제풀에 그만 푹 쓰러져버렸다. 갑자기 고함소리가 그쳤고 그가 호기심에 찬 군중들 한가운데에서 한 검정색 덩어리로서 거기에 누워 있게 되었다. 그의 둥근 실크해트가 날아가 한번 땅바닥으로부터 통겨 올랐다가는 그 주인과 마찬가지로 바닥에 가만히 놓여 있게 되었다.

미장이 두 명이 꼼짝 않고 누워 있는 피프잠 위로 몸을 구부리고는 일하는 남자들의 건전하고도 분별있는 어조로 이 경우 취해야 할 조치에 대해 의논을 했다. 이윽고 그들 중 한 사람이 일어나더니 빠른 걸음으로 사라졌다. 남아 있던 사람들은 그 의식이 없는 사람에게 몇 가지 실험적인 조치를 시도했다. 한 사람은 그에게 물통의 물을 끼얹었고, 또 어떤 다른 사람은 자기의 병으로부터 브랜디를 오목한 손바닥에다 따라 붓더니 그것으로 그의 관자놀이를 문질러 주었다. 그러나 이런 노력들도 좋은 결과를 얻지 못했다.

그렇게 잠시 시간이 지나갔다. 이윽고 바퀴들이 구르는 소리가 크게 들렸고, 큰길 위에서 마차 한 대가 이쪽으로 다가왔다. 그것은 구급마차였다. 그리고 그 마차는 사건 현장에서 멈춰 섰다. 작고 귀여운 말 두 마리가 매여 있었고, 양면에 엄청나게 큰 적십자가 그려져 있었다. 몸에 딱 맞는 유니폼을 입은 두 남자가 마부석에서 내려와, 한 사람이 마차 뒤쪽으로 가서 문을 열어 들것을 꺼내는 동안 다른 사람은 묘지로 가는 길로 뛰어가서 구경꾼들을 옆으로 밀어놓고서 무리 가운데의 한 남자의 도움을 받아 피프잠 씨를 마차로 끌고 갔다. 이동 침대에 몸을 쭉 뻗고 뉘여진 채 그는 마치 오븐 속으로 빵을 밀어 넣듯이 차 안으로 밀어 넣어졌다. 연이어서 문이 다시 탕 하고 닫히고 유니폼을 입은 두 남자는 다시 마부석으로 올라탔다. 이 모든 일은 마치 엉성하고 서툰 연극에서처럼 훈련된 몇 가지 동작으로써 대단히 정확한 솜씨로 착착 진행되었다.

그러고 나서 이윽고 그들은 로프고트 피프잠을 실은 채 그곳을 떠나갔다.

신의 칼(Gladius Dei)[25]

1

뮌헨은 빛나고 있었다. 흰색 원주들이 열을 지어 늘어선 신전들과 축제 분위기의 광장들 위로, 고대 양식을 모방한 기념물들과 바로크 양식의 교회들 위로, 레지덴츠의 물줄기가 뿜어져 나오는 분수들과 궁전들, 그리고 정원 위로 하늘은 팽팽하게 당겨진 파란 실크처럼 찬연히 드리워져 있었고, 푸르른 녹색으로 둘러싸인 잘 정비된 조망이 아름다운 유월 첫날의 햇살 아래 밝고 드넓게 펼쳐져 있었다.

25 원제(原題) 'Gladius Dei'는 라틴어로서 '신(神)의 칼'이란 의미임. 이 작품의 결말 부분 참조.

온 거리에 새들의 지저귐과 은밀한 환호성이 가득하
다…… 광장들과 집들이 줄지어 늘어선 골목에는 아름답고
유유자적한 도시의 허둥대지 않고 홍겨운 번잡함이 굴러가고
너울거리며 흥얼대고 있다. 세계 각처에서 온 여행객들은 느
리게 움직이는 소형 합승마차를 타고 이리저리 돌아다니면
서, 좌우로 늘어선 주택들의 벽을 가벼운 호기심으로 올려다
보고 박물관들의 옥외계단을 오른다……

수많은 창들이 열려져 있고, 수많은 창들로부터 음악이,
즉 피아노와 바이올린 또는 첼로를 연습하는 소리와 성실하
고 순수하게 아마추어적인 노력을 기울이는 소리들이 거리로
흘러나온다. 그러나 음악 대학 '오데온Odeon'에서는 여러 대
의 그랜드 피아노 앞에서 학생들이 본격적으로 연습하는 소
리를 들을 수 있다.

노퉁 모티프[26]를 휘파람으로 불며 저녁이면 현대적인 극
장 뒷골목을 가득 채우는 젊은이들이 재킷 주머니에 문학잡
지를 꽂고 대학과 국립도서관을 들락거린다. 터키인거리와
개선문 사이에서 하얀 양익(兩翼)을 벌리고 있는 조형미술대
학 앞에 호화로운 마차 한 대가 멈춰 서 있다. 대학 건물로 진
입하는 언덕 위에는 모델들이, 즉 알바니아 산악지대의 의상

26   노퉁(Nothung)은 바그너 악극에 나오는 지크프리트의 칼 이름.

을 입은 그림처럼 아름다운 노인들과 아이들, 그리고 여자들
이 형형색색으로 무리를 지어 서 있거나 앉아 있거나 또는 야
영 중이다.

집들이 길게 늘어선 북쪽의 모든 거리에는 사람들이 조급
해하지 않고 느슨하게 슬슬 걸어다니고 있다…… 거기서는
사람들이 돈을 벌려는 욕망에 쫓기고 소모되는 게 아니라 유
쾌한 목적들을 위해 살아가고 있다. 둥글고 작은 모자를 뒤통
수에 올려놓은 채 느슨하게 넥타이를 매고 스틱 없이 걷는 젊
은 예술가들, 자신이 그린 수채화로 집세를 내고 있는 이 무사
태평한 젊은이들은 엷은 하늘색 오전의 기운을 받아 기분을
좀 내려고 산책을 하면서, 지나가는 키 작은 아가씨들의 뒷모
습을 바라다본다. 예쁘고 땅딸막한 타입의 그 아가씨들은 갈
색 머리띠들을 두르고 있고 발이 너무 크고 풍기 문란과는 거
리가 멀다…… 다섯 집 건너 한 집 꼴로 아틀리에 창유리가 쏟
아지는 햇빛을 받아 반짝거린다. 줄지어 늘어선 서민들의 주
택 사이에서 때때로 예술적인 건축물 하나가 두드러지게 눈
에 띄기도 하는데, 어느 상상력 풍부한 젊은 건축가가 지은 그
건물은 폭이 넓고 완만하게 궁형을 이루고 있으며, 장식들이
기이하고 기지가 넘치며 스타일이 살아있다. 또 갑자기 어디
에선가 무척이나 지루한 건물 정면이 보이기도 하는데, 그 대
문의 테두리만은 대담하고 즉흥적으로 유려한 선들과 밝은

색상, 바커스의 사제들, 요정들, 장밋빛 나신들로 장식되어 있다……

예술가구 진열장과 현대적 사치품 가판대 앞에 머무는 일은 언제라도 즐겁다. 이 모든 물건들의 형상마다에는 사용자의 편의를 위한 기발한 상상력과 유머러스한 선들이 넘쳐나고 있다! 사방에 조각품을 파는 작은 가게, 액자 가게 그리고 골동품 가게들이 즐비하고, 그 진열창들로부터 문예부흥기 시대의 고귀한 야성이 넘치는 피렌체 여성의 흉상들이 당신을 마주 바라볼 것이다. 이 가게들 가운데 가장 작고 가장 싸구려 가게의 주인조차도 당신에게 도나텔로와 미노 다 피에솔레에 관해, 마치 자기가 그들로부터 친히 그들 작품의 복제권을 받기라도 한 듯이 자랑스럽게 설명을 해 댈 것이다……

그런데 저 위 오데온 광장에는 모자이크 바닥이 넓게 펼쳐진 거대한 로지아를 목전에 두고 군주의 궁전과 비스듬히 마주한 지점에 대형 미술품 가게가 하나 있다. 그 가게의 넓은 쇼윈도와 진열함들 주변으로 사람들이 몰려들고 있는데, 그것은 블뤼텐츠바이크(M. Blüthenzweig) 씨의 널찍한 미술품 상점이다. 얼마나 호화롭고 볼만한 진열품들인가! 이 지상의 모든 화랑들로부터 온 명작들의 복제품들이, 간명하고 소박한 취향이긴 하지만 은은한 빛깔에 장식 무늬를 갖춘 값비싼 액자 속에 넣어져 있고, 고대 미술품들이 유머러스하고 리얼

하게 다시 태어난 것처럼 보이는, 관능적 즐거움을 주는 환상
적인 현대화의 복제품들이 있는가 하면, 한 번의 주조로 완성
해 낸 르네상스 시대의 조형미술품들, 청동의 나체상, 깨지기
쉬운 장식용 유리잔들, 금속 증기를 쐬어 오색영롱한 외피를
입고 태어난 멋진 도기 화병들, 새로운 장정 기술의 승리라고
할 호화 장정본들, 장식적이며 고상한 호화 표지를 하고 있는
인기 서정 시인들의 작품들, 그 사이사이로 예술가, 음악가,
철학자, 배우, 작가의 초상들이 사생활에 대한 대중의 호기심
을 충족시켜주기 위해 내걸려 있다…… 인접한 서점 바로 옆
의 첫 번째 쇼윈도에 세워진 화가(畵架) 위의 한 대형 그림 앞
으로 군중이 모여 든다. 그것은 어두운 금색의 넓은 테 액자
속에 든 적갈색을 띤 값비싼 사진인데, 이 센세이셔널한 작품
은 그해 대형 국제 전람회에서 가장 관심을 끈 작품을 복제한
것이다. 광고 기둥에 붙은 콘서트 팸플릿과 예술 흉내를 낸 화
장품 광고지들 사이에서 의고체로 쓰여 눈에 띄는 포스터들
이 그 전람회에 가 볼 것을 권유하고 있다.

　이제 당신의 주위로 눈길을 돌려 서점들의 쇼윈도 안을 들
여다보라! 그러면《르네상스 이래의 주택건축술》,《색감 교
육》,《현대 미술계에서의 르네상스》,《예술품으로서의 책》,
《장식술》,《예술에의 갈망》과 같은 제목들이 당신의 눈에 들
어올 것이다. ─ 그리고 당신은 이런 표제를 내건 책들이 수

없이 팔리고 또 읽혀진다는 사실을 알아야만 한다. 또한, 매일 저녁마다 청중이 가득찬 홀에서 바로 이러한 대상들에 대해 강연회가 열리고 있다는 사실도 알지 않으면 안 된다……

운이 좋을 경우, 당신은 미술 매체를 통해 익히 보아온 저 유명한 여인들 중 한 명을 직접 대면하게 될 수도 있다. 티치아노 풍으로 인공 염색을 한 금발에다 다이아몬드 목걸이를 걸친 저 부유하고 아름다운 숙녀들 중의 한 명 말이다. 그녀들의 고혹적 특징들이 어느 천재적 초상화가의 손을 통하여 불멸성을 획득한 듯 보이고 그녀들의 애정 행각에 대해서는 온 도시가 화제로 삼고 있는 그녀들 말이다. ― 그녀들은 카니발 때 예술가 축제 부문에서 여왕 역을 맡는 여인들로서, 약간의 화장을 하고 얼굴을 약간 알록달록하게 그려서 고귀하고도 자극적인 매력을 가득 풍기면서 인기를 추구하는 여인들이며, 또 경배를 받을 만한 여인들이기도 하다. 그리고 저기를 보라, 한 위대한 화가가 자신의 애인과 함께 마차를 타고 루트비히 가를 올라가고 있구나. 사람들은 서로 그 마차를 가리키면서 가던 길을 멈추고 그 두 사람을 바라본다. 많은 사람들이 그들에게 인사를 한다. 그런 중에 자칫하면 경찰관들도 그들에게 차려 자세를 취할 수도 있을 것이다.

예술이 번창하고, 예술이 군림하고 있으며, 휘감아 올라가는 장미넝쿨 무늬의 왕홀을 이 도시 위로 내뻗으면서 미소를

머금고 있다. 예술의 번영에 대해 모든 사람들이 경의에 가득
찬 관심을 보이고 있고, 예술에 봉사하는 일이라면 모두가 부
지런하고도 헌신적인 실습과 선전을 마다하지 않으며, 선(線),
장식, 형식, 감성에 대한, 그리고 미에 대한 진심 어린 경배가
주류를 이루고 있다…… 뮌헨은 빛나고 있었다.

2

한 청년이 쉘링 가(街)를 걸어 올라가고 있었다. 그는 자전
거 탄 사람들의 경고음에 둘러싸인 채 목재 포석이 깔린 보도
의 한가운데에서 루트비히 교회의 폭넓은 정면을 향해 걷고
있었다. 사람들이 그를 바라보자면 마치 어떤 그림자가 태양
위를 지나가는 듯한 인상, 또는 어려운 시절에 대한 어떤 기억
이 그의 기분에 먹구름을 드리우고 있는 듯한 인상이었다. 그
는 이 아름다운 도시를 빛나는 축제 분위기에 잠기도록 해 주
는 태양을 사랑하지 않는 것이었을까? 왜 그는 걷고 있는 가
운데에도 줄곧 혼자 생각에 잠겨 두 눈을 땅바닥으로만 향하
고 있었을까?

그는 모자를 쓰고 있지 않았다. 경쾌한 분위기의 이 도시
에서는 복장이 자유스러워서 이에 대해서는 아무도 불쾌감

을 느끼지 않았다. 모자 대신에 그는 폭이 넓은 검정색 외투에 붙어 있는 후드를 머리 위에 뒤집어쓰고 있었는데, 이 후드가 그의 모나게 툭 튀어나온 낮은 이마를 그늘지게 만들었고, 두 귀를 뒤덮고 있었으며, 또한 수척한 두 뺨을 테두리처럼 둘러 싸 주고 있었다. 무슨 회한, 무슨 양심의 가책, 무슨 자기 학대 가 이 두 뺨을 이렇게도 푹 꺼지도록 만들 수 있었을까? 이렇 게 태양이 밝게 빛나는 날에 한 인간의 푹 꺼진 두 뺨에 우수 가 깃들어 있는 것을 보는 것은 소름 끼치는 일이 아닐까? 그 의 코는 커다란 혹처럼 얼굴로부터 튀어나와 보였고, 이 코의 좁다란 뿌리 부근에서 그의 검은 두 눈썹은 서로 붙은 것처럼 보였다. 그리고 그의 입술은 다부지고 불룩했다. 그가 서로 꽤 가까이 붙어 있는 듯한 갈색의 두 눈을 치켜뜰 때면 그의 모난 이마 위에는 가로로 주름살들이 생기곤 했다. 사물을 바라보 는 그의 눈초리에는 무엇인가 알고 있다는 표정, 자신의 한계 성과 괴로움을 알고 있다는 듯한 표정이 엿보였다. 옆으로 보 자면, 이 얼굴은 수도승이 그린 어느 초상화, 즉 피렌체의 어 느 비좁고 불편한 승방에 보관되어 있는 한 옛 초상화[27]를 그

---

2 7 유럽의 독자들이라면 전후 문맥으로 보아 이것이 이탈리아의 종교개혁가 사 보나욜라(Girolamo Savonarola, lat. Hieronymus Savonarola, 1452~1498)의 초상 화임을 금방 알 수 있음. 다음 행에서 드디어 명명되고 있는 청년 주인공의 이름이 히에로뉘무스인 것도 우연이 아닐 것임.

대로 닮아 있었다. 그 승방으로부터 한때 삶과 그 승리에 대한 무서운, 그리고 충격적인 항의가 공표된 것이었다……

히에로뉘무스가 쉘링 가를 걸어 올라가고 있었는데, 그는 품이 넓은 외투를 속에서부터 두 손으로 움켜쥔 채 천천히 그리고 확실하게 발걸음을 떼어놓고 있었다. 두 명의 키 작은 아가씨들이 — 머리띠를 두르고 너무 발이 큰 데다 풍기도 문란해 보이지 않는 그런 예쁘고 땅딸막한 아가씨 둘이서 — 서로 팔짱을 낀 채 뭔가 재미있는 일이 좀 없나 하고 어슬렁거리면서 그의 곁을 지나가고 있다가 서로 쿡쿡 찌르며 큰 소리로 깔깔 웃더니 앞으로 고꾸라지듯 상체를 숙였다. 그들은 그의 후드와 그의 얼굴을 보고 웃음을 참지 못한 나머지 끝내는 앞으로 마구 달려가지 않을 수 없는 지경에까지 이르렀다. 그러나 그는 이런 것에는 신경 쓰지 않았다. 고개를 숙인 채 좌우를 바라보는 법도 없이 그는 루트비히 가를 건너 교회의 계단을 오르고 있었다.

중간문의 커다란 두 문짝은 활짝 열려 있었다. 교회 안의 신성한 어둠함 속에서, 시원하고 습하고 제사 향촉 내음을 머금은 공기 중의 어딘가 먼 데서 어떤 희미하고 불그스름한 전광(電光) 같은 것이 감지되었다. 핏발이 선 눈을 한 어느 노파가 기도대로부터 몸을 일으켜 지팡이에 몸을 의지한 채 원주들 사이로 간신히 걸어가고 있었다. 노파 이외에는 교회는 텅 비어 있었다.

히에로뉘무스는 수반(水盤) 앞에서 이마와 가슴에 성수를 적신 다음, 중앙 제단 앞에 무릎을 꿇었다가는 중랑(中廊)에 선 채 머물렀다. 그의 형상이 마치 여기 이 안에서 불쑥 솟아난 것 같지 않은가? 고개를 거리낌 없이 쳐들고 곧추 선 채 부동의 자세로 그는 거기 서 있었다. 혹처럼 불거져 나와 보이는 그의 큰 코는 당찬 입술 위로 위압적으로 튀어나와 보였다. 그리고 그의 두 눈은 더는 땅바닥을 향해 있지 않고 대담하고도 똑바로 먼 곳을, 즉 중앙제단 위에 있는 십자가상을 올려다보고 있었다. 그는 한동안 꼼짝도 하지 않고 그 자세를 유지하였다. 이윽고 그는 뒤로 물러나면서 다시 한 번 무릎을 꿇고는 교회를 떠났다.

그는 루트비히 가를 천천히, 그리고 확실하게 — 폭이 넓고 포장되지 않은 차도 한가운데서 고개를 숙인 채 조상(彫像)들이 있는 거대한 로지아를 향해 — 걸어 올라가고 있었다. 그러나 오데온 광장에 도달하자 그는 모난 이마 위에 가로 주름살들이 생기도록 눈길을 들어 위쪽을 쳐다보았으며, 대형 미술품 가게의 진열품들 앞에 모인 사람들에게 관심이 쏠려 발걸음을 늦추었다. 그것은 M. 블뤼덴츠바이크 씨의 널찍한 미술품 상점이었다.

사람들은 이 쇼윈도에서 저 쇼윈도로 걸어 다니면서 진열되어 있는 값진 물건들을 서로 가리켜 보였다. 그러고는 다른 사람의 어깨너머로 시선을 보내면서 의견들을 교환하고 있었다. 히에로뉘무스는 그들 사이에 섞여서 자기도 이 모든 진열품들을 관찰하기 시작했으며, 모든 물품들을 한 점씩 일일이 검증해 보기 시작했다.

그는 이 지상의 모든 화랑들에서 나온 명품들의 복제품들을 보았고, 단순하고도 기이하게 만든 값비싼 액자들과 르네상스 시대의 조각품, 청동 조상들, 장식용 유리잔들, 오색 찬연한 화분들, 책의 장식품들을 보았으며, 화가와 음악가, 철학자, 배우, 시인의 초상화들을 보았다. 그는 이 모든 것을 찬찬히 살펴보았고 각 물품을 관찰하는 데에 잠깐씩 시간을 할애했다. 자신의 외투를 속에서부터 두 손으로 꽉 움켜쥔 채 그는 후드로 뒤덮인 그의 머리를 잠깐 잠깐 조금씩 돌리면서 이 물품에서 다음 물품으로 넘어가곤 하였다. 그리고 비근(鼻根) 부근에서 서로 아주 가까워지는 그의 검은 두 눈썹을 위로 치켜올릴 때마다 그 아래에서 그의 두 눈이 당혹스러워 하고 냉담하게 놀라워하면서도 둔감한 표정을 띠면서 매 물품을 각각 한동안씩 바라보는 것이었다. 이러는 가운데에 그는 예의 그 센세이셔널한 그림이 있는 첫 번째 쇼윈도에 이르러 한동안 그의 앞에서 서로 밀쳐대는 사람들의 어깨 위로만 눈길을 주다가 마침내 맨 앞에 서게 되어서 바로 그 진열대 앞에 바싹

다가설 수 있었다.

　그 커다란 불그스레한 갈색의 사진 복제품은 과격한 취향을 엿보이는 어두운 금색의 액자에 넣어진 채 쇼윈도의 한가운데에 세워져 있는 한 화가 위에 전시되어 있었다. 그것은 전적으로 현대적 감수성을 엿보이는 마돈나 상으로서 모든 인습으로부터 자유로운 작품이었다. 그 성스러운 출산녀의 형상은 고혹적인 여성성을 표현하고 있었으며 젖가슴이 노출되어 있었고 아름다웠다. 그녀의 크고 요염한 두 눈 주위는 어두웠으며, 미묘하고 기이한 미소를 머금은 그녀의 두 입술은 반쯤 열려 있었다. 약간 예민하게 떨면서 모아 쥔 듯한 그녀의 가녀린 손가락들은 아기의 엉덩이를 안고 있었는데, 거의 볼품없이 살이 빠지고 매우 깡마른 이 발가벗은 남자 아기는 그녀의 젖을 만지는 동시에 그의 두 눈은 영특한 곁눈질로 관람객을 향하고 있었다.

　다른 두 청년들이 히에로뉘무스 옆에 서서 그 그림에 대해 이야기를 나누고 있었는데, 그들은 국립도서관으로부터 빌렸거나 혹은 그곳에다 반납할 책들을 겨드랑이에 끼고 있는 젊은 남자들로서, 예술과 학문에 조예가 있고 인문학적 교양을 갖춘 사람들 같았다.

　"꼬마는 아주 좋겠어! 이런 말을 하는 내가 벌 받을지는 몰라도!" 그중 한 청년이 말했다.

"보아하니, 저 녀석이 사람의 질투심을 돋우려는 것 같군"
다른 청년이 대꾸했다…… "조심해야 할 여자야!"

"사람 미치게 하는 여자로군! 무구수태(無垢受胎)라는 교리
에 약간의 혼란이 생기는 걸……"

"응, 그래. 여자가 상당히 동요를 일으킨 인상이야…… 자
네 원작을 봤나?"

"물론이지! 난 아주 녹초가 됐지. 색도가 있는 그림을 보
면 그녀가 훨씬 더 아프로디테처럼 보여. 특히 두 눈이 그러하
네."

"닮았다는 것은 실은 명백한 사실이지."

"명백하다니, 무슨 말이야?"

"저 그림의 모델을 모르나? 그는 자기 집의 청소하는 꼬마
아가씨를 모델로 쓴 거야. 이건 거의 초상화나 다름없다네. 단
지 타락의 영역 쪽으로 심하게 단순화시켜 놓았지…… 꼬마
아가씨는 이보다는 덜 위험하다네."

"그랬으면 좋겠네. 만약 이 에로틱한 성모와 같은 사람이
많다면, 인생이 너무 힘들 것 같아서 말이야……"

"피나코텍 미술관에서 이 작품을 사들였다는군."

"정말? 그것 보게! 말이 났으니 말이지 미술관 당국은 그
걸 사들인 이유를 알고 있었던 거야. 육체의 처리와 의상 위에
나타난 선의 흐름은 정말 뛰어나."

"그래, 믿을 수 없을 만큼 아주 재능이 있는 친구야."

"그를 알아?"

"약간. 그는 앞으로 출세할 거야. 그건 확실해. 그는 벌써 두 번이나 바이에른의 루이트폴트 섭정관 저택에 식사 초대를 받았다네……"

이런 말을 하면서 그들은 서로 작별 인사를 나누기 시작했다.

"오늘 저녁 극장에서 자네를 만날 수 있나?" 한 청년이 물었다. "연극 협회가 마키아벨리의 희극 〈만드라골라〉를 공연한다네."

"아, 브라보! 그것이라면 재미를 기대해도 좋을 것 같아. 버라이어티 공연 극장으로 가 볼 작정이었지만, 아마도 나는 결국에 가서는 건전한 니콜로 마키아벨리를 선호할 것 같아. 잘 가게……"

그들은 서로 갈라서더니 뒤로 물러나서 각각 오른쪽과 왼쪽으로 헤어졌다. 그들의 자리에 새 사람들이 밀고 들어와서 그 성공적인 그림을 관람했다. 그러나 히에로뉘무스는 꼼짝 않고 그냥 자기 자리에 서 있었다. 그는 고개를 앞으로 내민 채 서 있었다. 그래서 사람들은 가슴께에서 자신의 외투를 속에서부터 움켜잡고 있는 그의 두 손이 부르르 경련을 일으키면서 불끈 주먹을 쥐는 것을 볼 수 있었다. 그의 두 눈썹은 더 이상 예의 그 약간 원한에 차서 냉담하게 놀란 듯한 표정으로 치커 올라가 있지 않았다. 두 눈썹이 내려앉은 채 어두운 빛을 띠었으며, 검은 후드에 의해 반쯤 가려진 두 뺨은 전보다 더 깊이 움푹 패인 것 같았다. 그리고 두꺼운 두 입술은 아주 창백했다. 고개가 천천히, 점점 더 깊이 숙여지더니 결국 그는 자신의 두 눈을 아주 아래로부터 치떠서 그 예술작품을 뚫어져라 응시했다. 그의 커다란 코의 양 날개가 부르르 떨고 있었다.

이런 자세로 그는 아마도 15분 정도 거기에 머물러 있었다. 그의 주위 사람들은 섞바뀌면서 오고 갔으나 그는 그 장소를 떠나지 않았다. 마침내 그는 천천히, 두 발을 천천히 돌려서 거기를 떠나갔다.

3

그러나 마돈나의 그림이 그와 함께 갔다. 이제 그가 그의 비좁고 불편한 방 안에 있든, 또는 서늘한 교회 안에 무릎을 꿇고 있든 간에, 그 그림은 언제나 그의 격분한 영혼 앞에 서 있었다 ― 언저리가 어두운, 요염한 두 눈과 수수께끼 같은 미소를 머금은 입술을 하고서, 젖가슴을 드러낸 채 아름다운 모습으로. 어떤 기도를 해도 그는 그 그림을 쫓아버릴 수가 없었다.

그러나 사흘 째 밤에는 높은 곳으로부터 어떤 명령과 소명이 히에로뉘무스에게 내려왔는데, 그것은 경솔하고도 극악무도한 행위와 아름다움을 앞세운 뻔뻔스러운 오만에 대항해서 단호히 대처하면서 자신의 목소리를 내라는 것이었다. 그는 모세와도 같이 자신의 언변이 시원찮다는 변명을 늘어놓아 보았으나 아무 소용이 없었다. 하느님의 의지는 요지부동이었으며 주저하는 그에게 웃고 있는 적들을 향해 희생의 길을 가기를 큰 소리로 요구하시는 것이었다.

그래서 그는 오전에 길을 나섰다. 그리고 그는, 하느님이 그것을 원하시기 때문에, 그 미술품 가게로, 즉 M. 블뤼텐츠바이크 씨의 대형 미술품 판매점으로 갔다. 그는 머리 위로 후드를 덮어썼고, 걸어가면서 그의 외투 자락을 속으로부터 두 손으로 움켜잡고 있었다.

4

날씨가 후덥지근해졌다. 하늘은 흐렸고, 뇌우가 당장이라도 몰아칠 것만 같았다. 다시금 많은 사람들이 그 예술품 가게의 쇼윈도를 둘러싸고 있었다. 그런데 특히 마돈나 그림이 있는 곳에 사람들이 많이 몰려 있었다. 히에로뉘무스는 그쪽을 흘낏 한 번 쳐다보았을 뿐이다. 그러고 나서 그는 포스터와 예술 잡지로 덮여진 유리문의 손잡이를 돌렸다. "하느님이 원하신다!" 그는 이렇게 말하며 가게 안으로 들어갔다.

머리띠를 하고 발이 너무 큰, 갈색 머리의 귀여운 소녀가 윗면이 경사진 사면(斜面) 책상 한 구석에서 커다란 장부에 뭔가를 쓰고 있다가 그에게 걸어오더니, 도와드릴 일이 무엇이 있겠느냐며 친절하게 물었다.

"고맙습니다." 히에로뉘무스는 조용히 말하고, 각진 이마에 가로 주름을 지으며 소녀의 눈을 진지하게 쳐다보았다. "당신이 아니라 이 가게 주인인 블뤼텐츠바이크 씨를 찾아왔습니다."

소녀는 약간 머뭇거리며 그에게서 물러서더니 다시 자신의 일을 보았다. 그는 가게 한가운데 서 있었다.

밖에는 본보기로 몇 개만 진열되어 있었던 모든 것이 가게 안에는 스무 배나 더 많이 산더미처럼 쌓여 있고 잔뜩 펼쳐져 있었다. 색채와 선, 그리고 형태로 가득했고, 스타일과 기지, 우아한 취향, 그리고 아름다움으로 넘쳐났다. 히에로뉘무스는 천천히 양쪽을 번갈아 바라보다가 자신의 검은 외투를 더욱 단단히 조여 주름이 많이 잡히도록 했다.

가게 안에는 사람들이 몇 명 있었다. 공간을 가로질러 끌어다 놓은 넓은 탁자들 중 하나에는 노란 양복을 입고 검은 염소수염을 기른 한 신사가 앉아 있었다. 그 신사는 프랑스식 데생이 들어있는 서류철을 보면서 가끔 시큰둥한 웃음을 지었다. 월급을 충분히 받지 못하는 듯하고 채식을 좋아할 것처럼 보이는 한 젊은이가 새로운 서류철을 볼 수 있도록 끌어다 주면서 그의 시중을 들고 있었다. 시큰둥해 보이는 신사의 비스듬히 맞은편에 어떤 고상한 노부인이 근대식 예술자수를 찬찬히 들여다보고 있었는데, 그것은 전설에 나오는 희미한 색조의 커다란 꽃들을 수놓은 것으로서, 꽃들은 기다랗고 뻣뻣한 줄기 위에 수직으로 나란히 놓여있었다. 그녀의 주위에서도 한 남자 직원이 수고를 하고 있었다. 두 번째 탁자에는 머리에 여행용 모자를 쓰고 나무 파이프를 입에 문 어떤 영국인이 널브러져 앉아 있었다. 내구성 있는 옷에 매끈하게 면도를 한, 냉담해 보이고 나이를 잘 가늠할 수 없는 그 남자는 블뤼텐츠바이크 씨가 자신에게 친히 가져온 청동상들을 고르고 있었다. 아직 성숙하지 않아 골상이 여린 한 벌거벗은 어린 소녀의 아름다운 형상은 순결한 교태를 부리며 조그만 손을 젖가슴 위에 십자로 포개고 있었다. 그는 이 소녀의 머리를 붙잡고는 그 형상을 천천히 돌리면서 자세히 들여다보았다.

블뤼텐츠바이크 씨, 그는 얼굴 하관으로 갈색의 짧은 수염이 덥수룩하고, 마찬가지로 갈색인 눈이 반짝거리는 남자였다. 그는 머리에 떠오르는 모든 단어를 동원해 그 어린 소녀상을 칭찬하면서, 두 손을 비비며 영국인 주위를 이리저리 움직이고 있었다.

"150마르크입니다, 선생님." 그는 영어로 말했다. "뮌헨의 예술품입니다, 선생님. 정말이지 아주 사랑스럽지요. 보시다시피 매력이 흘러넘칩니다. 우아함 그 자체이지요, 선생님. 실로 기막히게 예쁘고 귀엽고 경탄할 만합니다." 그는 이어서 뭔가 또 생각이 나서 말했다. "대단히 매력적이고 유혹적이지요." 그러고 나서 그는 처음부터 다시 시작하였다.

코가 윗입술 위에 약간 납작하게 붙어 있어서 그는 계속 약하게 쉭쉭 소리를 내며 콧수염 사이로 킁킁거렸다. 이따금 그는 물건 사는 사람의 냄새를 맡기라도 하려는 듯 구부린 자세로 그 사람에게 가까이 다가갔다. 히에로뉘무스가 안으로 들어서자 블뤼텐츠바이크 씨는 바로 이런 식으로 그를 흘깃 살폈다. 그러나 이내 다시 영국인에게 몰두했다.

고상한 부인은 물건을 고르고 가게를 떠났다. 새로운 신사가 한 명 안으로 들어왔다. 블뤼텐츠바이크 씨는 그 사람이 물건을 살 능력이 어느 정도인지 탐색하려는 듯 잠시 그에게서 냄새를 맡아 보고는, 젊은 경리가 그를 응대하도록 했다. 그 신사는 화려한 메디치 가문의 아들인 피에로의 파엔차 도자기 흉상만 하나 구입하고는 다시 떠나갔다. 그 영국인도 이제 자리를 뜨기 시작했다. 그는 그 어린 소녀상을 구입하고는 블뤼텐츠바이크 씨의 인사를 받으며 떠났다. 그런 다음에야 그 골동품 상인이 히에로뉘무스 쪽으로 몸을 돌려 그의 앞에 섰다.

"무슨 일로……" 별로 공손하지 않게 그는 물었다.

히에로뉘무스는 자신의 외투를 속에서부터 두 손으로 움켜쥔 채, 거의 눈썹 하나 까딱하지 않고 블뤼텐츠바이크 씨의 얼굴을 쳐다보았다. 그는 자신의 두꺼운 입술을 천천히 떼면서 말했다.

"내가 여기 온 것은 저기 저 창가의 그림 때문입니다. 저 큰 사진, 마돈나의 사진 말입니다." — 그의 목소리는 잠겨 있었으며, 음조의 변화가 없었다.

"맞아요, 제대로 보신 겁니다." 블뤼텐츠바이크 씨는 활기차게 말하며 두 손을 비비기 시작했다. "액자를 포함해 70마르크입니다, 손님. 고정 가격이에요…… 일급 복제품입니다. 이루 말할 수 없이 매력적이고 매혹적이지요."

히에로뉘무스는 아무 말이 없었다. 그는 화상이 말하는 동안 후드 속의 머리를 숙이고는 얼마간 자신 속으로 침잠했다. 이윽고 그는 다시 몸을 꼿꼿이 세우고는 이렇게 말했다.

"미리 말씀드리자면 저는 여기서 무엇을 살 형편이 안 될 뿐더러, 살 생각도 전혀 없습니다. 당신의 기대에 실망을 안겨 드리게 되어 유감입니다. 상심이 되셨다면 저도 공감하는 바입니다. 그렇지만 첫째, 저는 가난하고, 그리고 둘째, 당신이 팔려고 하는 물건들이 마음에 들지 않습니다. 못 사요, 저는 아무것도 살 수 없습니다."

"못 사신다고요…… 그래요 그럼, 못사시는 거지요." 블뤼텐츠바이크 씨는 이렇게 말하며 심하게 코를 킁킁거렸다. "그럼, 뭐 좀 물어봐도……"

히에로뉘무스가 계속 말을 이어갔다. "제가 보기에, 당신은 제가 당신 물건을 살 형편이 안 되니까 저를 경멸하고 있습니다……"

"음……" 블뤼텐츠바이크 씨가 말했다. "그렇지는 않습니다! 다만……"

"그럼에도 불구하고 제 말을 경청해 주시고, 제 말을 진지하게 들어 주시기를 부탁드립니다."

"진지하게 들어 달라고요? 음, 제가 묻고 싶은 건……"

"물어보십시오." 히에로뉘무스가 말했다. "그럼 대답해 드리지요. 제가 여기에 온 까닭은 저 그림, 저 큰 사진, 마돈나 그림을 당장 진열창에서 치워버리고, 두 번 다시 전시하지 말아 주십사 하고 부탁드리기 위해서입니다."

블뤼텐츠바이크 씨는 잠시 말없이 히에로뉘무스의 얼굴

을 바라보았는데, 그 표정이 마치 히에로뉘무스가 말도 안 되는 허황한 말을 해놓고 스스로 당황해 할 것을 기대하는 듯했다. 하지만 히에로뉘무스가 전혀 당황해 하지 않으니까 그는 심하게 코를 킁킁거리며 말했다.

"나에게 그런 지시를 내릴 어떤 공무상의 권한이 있는 건지 말씀해 주시겠습니까? 그렇지 않다면 여기 오신 목적이 대체 무엇인지……"

"아, 아닙니다. 나라에서 위임받은 어떤 직책도, 어떤 권위도 저에게는 없습니다. 권력은 제 편이 아닙니다, 선생님. 제가 이곳에 온 것은 오직 제 양심 때문입니다." 히에로뉘무스가 대답했다.

블뤼텐츠바이크 씨는 무슨 말을 해야 할지 고심하면서 고개를 이리저리 움직였고, 콧수염 속으로 콧바람을 세게 불어대면서 적합한 단어를 찾으려고 무진 애를 썼다. 마침내 그가 말했다.

"당신의 양심이라…… 그렇다면 당신이 알아야 할 것은…… 당신의 양심 따위는 우리한테는…… 전혀 중요하지 않다는 사실이야!"—

이렇게 말하고서 그는 몸을 돌려 가게 뒤쪽에 있는 자신의 사면 탁자로 서둘러 가서는 장부를 적기 시작했다. 가게의 두 점원은 크게 껄껄 웃었다. 귀여운 아가씨도 장부 위에서 킥킥

거렸다. 검은 염소수염을 기르고 노란색 양복을 입은 신사로 말할 것 같으면, 외국인인 모양이었다. 그는 가끔 시큰둥한 웃음을 흘리며 프랑스식 데생에 계속 열중하면서 이들이 나누는 대화에 대해서는 아무것도 이해하지 못하는 것 같았다.

"저 사람 좀 처리해 보게." 블뤼텐츠바이크 씨는 어깨너머로 점원에게 말했다. 그러고는 장부를 계속 써 내려갔다. 월급이 적은 듯하고 채식을 할 것 같은 그 젊은이는 웃음을 참으려고 애쓰면서 히에로뉘무스를 향해 걸어왔고, 다른 판매원도 다가왔다.

"그 밖에 또 뭐 도와드릴 일이 있을까요?" 월급이 적은 듯한 남자가 부드럽게 물어보았다. 히에로뉘무스는 괴로운 듯한, 딱히 어디를 보는지 무딘 것 같으면서도 결기가 단단한 시선을 딴 데로 돌리지 않고 그를 응시했다.

"아니요. 그밖에는 없습니다. 내 요구는 마돈나 그림을 진열창에서 당장 제거해 달라는 겁니다. 즉, 영원히 제거해 달란 말입니다."

"아…… 왜요?"

"그건 성모님이니까요……" 히에로뉘무스는 나지막한 목소리로 말했다.

"물론 성모님이지요…… 하지만 손님께서도 들으셨다시피 블뤼텐츠바이크 씨는 손님의 청을 들어드릴 생각이 없습니다.”

　“예수님의 성스러우신 어머님이라는 걸 유념하셔야 합니다”라고 히에로뉘무스는 말했고, 그의 머리가 흔들렸다.

　“맞는 말이오. ― 그래서? 마돈나를 그린 그림들은 전시하면 안 되나? 마돈나를 그리면 안 되는 건가?”

　“그런 뜻이 아닙니다! 그런 뜻이 아니에요!”히에로니무스는 거의 속삭이듯 말했다. 그러면서 그는 머리를 높이 쳐들고 몇 번이나 심하게 흔들었다. 후드 아래의 그의 각진 이마에는 가로로 길고 깊은 주름이 패어 있었다. “당신도 아주 잘 아시다시피 한 인간이 그런 그림을 그렸다는 것 자체가 악덕입니다……. 벌거벗은 육욕입니다! 단순하고 어떤 고의도 없어 보이는 두 청년이 이 마돈나 그림을 보면서 무구수태(無垢受胎)에 관한 교리에 혼란을 느낀다고 얘기하는 걸 제 두 귀로 들었습니다……”

　“아, 실례지만, 그건 중요한 문제가 아닙니다.”젊은 점원이 우월감이 엿보이는 미소를 지으며 말했다. 그는 여가에 현대 미술 운동에 관한 소책자를 쓴 바 있었고 교양있는 대화를 잘해 나갈 수 있었다. “그 그림은 하나의 예술작품입니다.”그는 말을 계속했다. “그러니 거기에 합당한 잣대를 갖다 대야 합니다. 그 그림은 모든 사람한테서 최고의 갈채를 받았지요. 나라에서 그걸 사들였고요……”

"나라에서 그걸 사들였다는 건 알고 있습니다" 히에로뉘무스가 말했다. "그 화가가 두 번이나 군주의 식사 초대를 받았다는 것도 압니다. 사람들이 그렇다고 말하더군요. 그런데 누군가가 그런 작품을 그려 대단히 존경받는 인물이 된다는 사실이 무엇을 의미하는지는 신께서 아십니다. 이 사실이 무얼 입증해주는 걸까요? 부끄러움을 모르는 위선에 기인하는 것이 아니라면, 그건 세상이 눈멀었다는 것을, 이해할 수 없을 정도로 눈멀었다는 것을 입증해 주고 있습니다. 이 형상은 감각적 쾌락에서 생겨났고, 감각적 쾌락 속에서 향유되고 있습니다…… 사실인가요, 아닌가요? 대답해 보세요! 블뤼텐츠바이크 씨, 당신도 대답해 보십시오!"

잠시 사이참이 들어섰다. 히에로뉘무스는 아주 진지하게 답변을 요구하는 것 같았으며, 괴로워하면서도 결기에 찬 그의 갈색 두 눈으로, 어처구니없어 하면서도 호기심에 차서 자신을 응시하는 두 점원과 블뤼텐츠바이크 씨의 둥그스름한 등을 번갈아가며 바라보았다. 정적이 흘렀다. 검은 염소수염을 한 노란 양복의 신사만이 프랑스식 데생 위로 몸을 굽히고서 예의 시큰둥한 웃음을 지어보였다.

"그건 사실입니다!"하고 히에로뉘무스가 계속 말했다. 그리고 그의 쉰 목소리는 몹시 격분한 나머지 떨렸다…… "감히 그것을 부인하진 못하실 겁니다! 이런 작품을 만든 사람을 어떻게 진지하게 축하할 수 있겠습니까? 마치 그가 인류를 위해 이상적 재화를 하나 늘려주기라도 한 듯이 말입니다. 어떻게 그 앞에 서서 주저 없이 그것이 불러일으키는 천박한 향락에 빠져들 수 있단 말입니까? 그리고 어떻게 아름다움이란 단어로 자신의 양심을 침묵하게 만들 수 있는 겁니까? 그 그림 앞에 서는 것이 고상하고 정선되고 지극히 인간의 품위에 어울리는 상태에 자신을 내맡기는 행위라고 자신을 진지하게 설득하는 것이 어떻게 가능하단 말입니까? 이건 비열한 무지이거나 아니면 타락한 위선 아닌가요? 저의 분별력이 이 자리에서 그만 멈추어 섭니다…… 한 인간이 이 지상에서 자신의 동물적 본능을 제 마음대로 마구 펼쳐 보임으로써 최고의 영예를 얻을 수 있다는 부조리한 사실 앞에 저의 분별력이 멈추어 섭니다! — 아름다움…… 아름다움이란 게 뭔가요? 아름다움은 어떻게 해서 세상에 나타나게 되는 것이며, 그것은 어디에다 영향을 끼치는 걸까요? 블뤼텐츠바이크 씨, 이를 모르신다는 것은 불가능합니다! 어떤 사물을 그렇게도 훌륭히 통찰하면서도, 그것을 보면서 구역질과 분노가 치미는 것을 느끼지 못한다는 게 어떻게 가능한지요? 아름다움을 찬양하고 신성 모독적으로 경배함으로써, 부끄러움을 모르는 어린이들과 아무 생각 없이 대담하게 살아가는 사람들의 무지를 정당하다고 확인해 주고 그 무지에 힘을 실어주고 그 무지가 권력을 갖도록 도와주는 것은 범죄입니다. 그들은 고통으로부터 멀리 있고 구원으로부터는 더욱 멀리 있기 때문입니다!…… 당신들은 저에게 이렇게 대답하시겠지요 – '여보시오, 당신을 잘 모르지만, 아마도 당신은 너무 비관적으로 보는군!' 저는 당신들에게 말하고 싶습니다 – 지식은 이 세상의 가장 근원적 고통입니다. 하지만 그건 연옥의 불길입니다. 그 불길을 정화해 주는 고통이 없다면 어떤 인간의 영혼도 구원에 이를 수 없습니다. 블뤼텐츠바이크 씨, 아이들의 모험심이나 비열한 방일(放逸)은 이롭지 못합니다. 도움이 되는 것은 인식입니다. 우리들의 구역질나는 육체의 열정을 꺼 주고 소멸시키는 인식 말입니다."

침묵이 흘렀다. 검은 염소수염을 한 노란 양복의 신사는 짤막하게 투덜거렸다.

"이제 그만 가셔야 되겠습니다", 월급을 적게 받는 듯 보이는 점원이 부드럽게 말했다.

그러나 히에로뉘무스는 도무지 나갈 낌새를 보이지 않았다. 그는 후드 달린 외투 속에서 몸을 곧추 세우더니 이글거리는 눈빛을 하고 미술품 가게의 한가운데에 서 있었다. 그의 두터운 입술은 딱딱하고 녹이 슨 것 같은 음성으로 쉴 새 없이 저주의 말들을 만들어 냈다……

"예술! 사람들은 이렇게 외쳐대지요, 향유! 아름다움! 세상을 아름다움으로 감싸고 모든 사물에 고상한 양식을 부여해보라지!…… 당신들 불경스런 인간들, 내 앞에서 꺼져버려라! 화려한 물감으로 세상의 비참함에다 덧칠을 할 수 있다고 생각하는 겁니까? 호사스러운 축제의 떠들썩한 소음으로 고통 받는 이 땅의 신음을 덮어버릴 수 있다고 믿는 겁니까? 그렇다면 당신들은 착각하는 겁니다. 파렴치한 사람들 같으니라고! 하느님은 조롱당하지 않습니다. 그래서 하느님의 눈에는 당신들의 겉만 번지르르한 뻔뻔스러운 우상숭배가 끔찍하게 보이는 겁니다!…… 당신들은 대꾸하겠지요 — '처음 보는 손님, 당신은 예술을 매도하고 있어요.' 당신들은 거짓말을 하고 있습니다. 내 당신들에게 말하거니와 나는 예술을 매도하고 있는 것이 아닙니다. 예술은 육신의 삶을 강화해주고 확인해 주도록 유혹하고 자극하는 양심 없는 사기행위가 아닙니다. 예술이란 인간 현존재의 온갖 끔찍한 심연들을 자비롭게 비추어 주고, 수치와 비통으로 가득한 인간 현존재의 온갖 나락들을 자비롭게 비추어 주는 성스러운 횃불입니다. 예술은 신께서 이 세상에 지펴주시는 불꽃입니다. 그래서 이 세상은 이 불꽃으로 활활 타오르면서 그 모든 치욕과 고통과 함께 연소하면서 연민과 구원을 얻게 되는 것입니다!…… 블뤼텐츠바이크 씨, 그 유명한 화가의 작품을 저기 진열창에서 제거하십시오…… 그래요, 그것을 뜨거운 불에 태워서 그 재를 바람

걸에, 사방에, 흩뿌려 버리시는 게 좋겠습니다!……"

그의 듣기 거북한 목소리가 갑자기 중단되었다. 그 직전에 이미 그는 한 걸음 뒤로 물러나 있었다. 그는 검은 외투 자락에서 한쪽 팔을 빼내어 격한 동작으로 멀리 쭉 뻗더니, 발작하듯 위아래로 덜덜 떨리는 기이하게 뒤틀린 손으로 진열품이 있는 쇼윈도를, 즉 그 센세이셔널한 마돈나 그림이 자리 잡고 있는 바로 그곳을 가리켰다. 그는 한동안 이 고압적인 자세로 서 있었다. 혹처럼 돌출한 그의 큰 코는 어떤 명령의 신호로서 튀어나올 것만 같았고, 비근 부분에서 서로 아주 가까워지는 검은 눈썹을 아주 높이 치켜 올리는 바람에 후드로 그늘진 모난 이마에는 온통 널다란 가로 주름이 잡혔으며, 움푹 들어간 그의 두 뺨은 조급하게 달아올랐다.

그러나 이때 블뤼텐츠봐이크 씨가 몸을 돌렸다. 70마르크짜리 그 복제품을 소각하라는 건방진 요구에 몹시 격분했든, 아니면, 히에로뉘무스의 장광설 자체에 그의 인내가 바닥났든, 아무튼 그는 정당하고도 강한 분노를 표출했다. 그는 펜대로 가게 문을 가리켰고, 흥분해서 여러 번 짧게 콧바람으로 콧수염을 킁킁 불더니, 적당한 말을 찾고자 애를 쓴 끝에 아주 단호하게 말을 내뱉었다.

"이 양반, 지금 당장 이 자리에서 꺼지지 않으면 짐꾼을 시켜 쉽게 나가도록 도와주겠소. 무슨 말인지 알겠소?!"

"아, 나를 위협하지 마십시오. 당신은 나를 내쫓지 못할 겁니다. 당신은 내 입을 막지 못할 거라고요!" 히에로뉘무스는 가슴 위쪽에다 후드를 주먹으로 꽉 움켜쥐고는 두려워하지 않고 머리를 가로저으며 외쳤다.

"나는 내가 혼자이고 무력하다는 것을 알고 있습니다. 그렇지만 나는 당신이 내 말을 들어줄 때까지 입을 다물지 않겠습니다, 블뤼텐츠바이크 씨! 저 그림을 진열창에서 꺼내어 오늘 중으로 소각하십시오! 아, 이것만이 아니라, 다른 것들도요! 보는 것만으로도 죄에 빠져들게 하는 이 작은 입상들과 흉상들도 소각하십시오. 이 화병들과 장식물들, 이교도풍의 이 음탕한 복제품들, 미사여구로 가득한 이 연애시들도 소각하십시오! 블뤼텐츠바이크 씨, 당신 가게에 소장하고 있는 모든 것을 소각하십시오. 하느님의 눈으로 보면 쓰레기에 불과하니까요. 소각하십시오, 소각해요. 그것들을 소각해 버리시라고요!" 그는 자기 주변을 향해 크고 거친 몸짓을 지으며 정신 나간 듯 외쳤다…… "낫을 든 자에게 수확할 시간이 온 겁니다…… 이 시대의 뻔뻔함이 모든 둑들을 무너뜨리고 있습니다…… 그러나 내 당신한테 말하거니와……"

"크라우트후버!" 블뤼텐베르크 씨가 뒤편에 있는 문 쪽으로 몸을 돌리고는 애써 자기 목소리를 발했다. "당장 들어와요!"

이 명령의 결과로 무대 위에 나타난 것은 육중하고 위압적인 그 무엇이었다. 그것은 공포를 불러일으킬 정도로 살이 쪄서 울퉁불퉁하게 보이는 괴물 같은 인간 형상으로서, 여기 저기 불룩불룩 솟아오르고 살집이 막중한 그의 사지는 어느 한 군데 뚜렷한 모습이라곤 없이 평평하게 서로 연결되어 있었다…… 느릿느릿 뒤뚱뒤뚱 육신을 움직이며 간신히 숨을 헐떡이는 그 거구는 맥아를 먹고 자란, 가공할만하게 건장한 민중의 아들이었다! 저 위쪽 그의 얼굴에는 바다표범의 수염과도 같은 콧수염이 술 장식처럼 늘어져 있는 게 쳐다보였고, 그의 몸은 풀칠로 더럽혀진 거대한 가죽 앞치마로 덮여있었으며, 그의 엄청 큰 두 팔뚝 위에는 셔츠의 노란 소매자락들이 둘둘 말려 올라가 있었다.

"크라우트후버, 이 양반이 나가도록 문을 열어주게", 블뤼텐츠바이크 씨가 말했다. "그래도 이 양반이 문을 찾지 못하거든, 거리로 나갈 수 있도록 도와주게나."

"하?" 크라우트후버가 코끼리같이 작은 눈으로 히에로뉘무스와 몹시 화가 나 있는 자신의 고용주를 번갈아 바라보면서 소리를 내었다…… 그것은 가까스로 억눌러 놓고 있던 힘으로부터 터져 나오는 둔중한 목소리였다. 그러고 나서 그는 발걸음만으로 이미 자기 주위에 있는 모든 것을 뒤흔들어 놓으면서, 문 쪽으로 갔다. 그리고는 문을 열었다.

히에로뉘무스의 얼굴은 이미 아주 창백해져 있었다. 그는 "소각하십시오……"라고 말하고자 했지만, 엄청 막강한 힘에 의해 벌써 자기 몸이 돌려지고 있고, 감히 저항이라곤 생각할 수조차 없는 거구의 압력을 받아 거역할 수 없이 문 쪽으로 서서히 떠밀려가고 있는 자신을 느꼈다.

"나는 약한 사람입니다……", 그는 말소리를 입밖에 내었다. "내 육체는 폭력을 견디지 못합니다…… 그래요, 내 육체는 견뎌낼 수 없습니다…… 그게 어쨌단 말입니까? 소각하십시오……"

그는 말을 멈추었다. 그는 자신이 이미 미술품 상점 바깥에 쫓겨나 있음을 알았다. 블뤼텐츠바이크 씨의 거인 하인이 결국 그를 한 번 가볍게 밀어 내동댕이치는 바람에 히에로뉘무스는 한 손으로 땅바닥을 짚은 채 돌계단 위에 옆으로 쓰러지고 말았던 것이다. 그리고 그의 뒤에서 유리문이 철컥하고 닫혔다.

히에로뉘무스는 몸을 일으켜 세웠다. 그는 똑바로 서서 씩 씩거리면서 한쪽 주먹으로 가슴 위쪽의 후드를 움켜잡은 채 다른 쪽 주먹은 외투 아래로 내려뜨렸다. 움푹 들어간 두 뺨에는 음울한 창백함이 서렸다. 혹처럼 툭 튀어나온 큰 코의 양 날개가 부풀어 올랐다가실룩거리면서 다시 오므라졌다. 못생긴 그의 입술은 절망적 증오를 나타내며 일그러져있었다. 그리고 가장자리에 뜨거운 핏발이 선 두 눈은 정신없이 두리번거리면서 뭔가에 도취된 듯 그 아름다운 광장 위를 휘이 훑어보았다.

호기심을 갖고 웃으면서 자신을 향하고 있는 사람들의 시선을 그는 보지 못했다. 그는 커다란 로지아 앞 모자이크 바닥에 산더미처럼 쌓인 이 세상의 허영덩어리들, 즉 가장무도회의 의상들, 장식물들, 화병들, 장신구와 정물화들, 나체 조각상들과 여성의 흉상들, 그림같이 아름다운 이교도풍의 복제품들, 대가가 그린 유명한 미인들의 초상화들, 온갖 미사여구로 가득한 연애시들과 예술 선전문들이 그 자신의 무서운 설교를 듣고 감복하여 노예처럼 따르는 사람들의 환호 아래 탁탁 소리를 내며 불타 없어지는 것을 보고 있었다…… 그는 테아티너 거리로부터 작은 천둥소리를 내며 다가온 노르스름한 구름층 쪽으로 널따란 불의 칼이 서 있는 것을 보았다. 그 유황빛 칼은 즐거운 도시의 상공에 뻗쳐 있었다……

"신의 칼이 땅 위로(Gladius Dei super terram)……" — 그의 두꺼운 입술에서 나직이 새어 나온 말이었다. 그리고 그는 후드 달린 외투 속에서 몸을 더욱 꼿꼿하게 세우면서, 아래로 내려뜨리고 있던 주먹을 남모르게 부르르 떨면서 중얼거렸다. — "신속하게 그리고 빠르게(Cito et velociter)!"

예술가 기질과 시민 기질의 갈등과 토마스 만의 반어성

안삼환(서울대 명예교수)

한국토마스만독회에서는 프랑크푸르트판 토마스 만 작품 선집(전13권, 1974) 중 단편소설들만 모아놓은 제8권을 다섯 권의 책으로 완역해 내어 《토마스 만 단편 전집》(전5권)을 출간해 낼 예정인데, 이 책은 그 다섯 권 중 제1권이다.

여기 제1권에는 우선, 발표 연대순으로, 〈환영(幻影)〉, 〈타락〉, 〈행복을 향한 의지〉, 〈환멸〉, 〈죽음〉, 〈키작은 프리데만 씨〉, 〈어릿광대〉, 〈토비아스 민더니켈〉, 〈옷장〉, 〈응징〉, 〈루이스헨〉, 〈공동묘지로 가는 길〉, 〈신의 칼(Gladius Dei)〉 등 13편의 작품을 우리말로 옮겨 실었다.

아래에서는 우선 이 작품들에 대한 개별적 해설을 덧붙여 보기로 하겠다.

〈**환영**(幻影)〉은 1893년에 18세의 청년 토마스 만이 편찬, 간행한 〈봄의 폭풍우(Frühlingssturm)〉란 월간지에 처음으로 발표되었는데, 1958년의 《토마스 만 단편집》에 실려서야 비로소 정식으로 출간되었다.

이 작품은 '산문 스케치'라는 그 부제가 말해 주듯 일종의 '소묘(素描)'인데, 한 젊은이가 자신이 사랑하던 어느 소녀의 '손'을 환영으로 보게 되는 장면을 짧은 산문으로 스케치하고 있다.

18세 청년의 습작이었던 이 '소묘'는 첫째로 그의 비범한 묘사력을 보여주고 있으며, 둘째로는 여성의 손에 대한 작가 토마스 만의 지속적인 끌림을 맨 처음 증거하고 있다는 점에서 주목을 요한다. 그리고 셋째로는 토마스 만의 산문은 이렇게 그 시작부터가 그 당시 독일문학사에서 주류를 이루었던 자연주의와는 상당한 거리를 보여주었다는 점이다. 〈환영〉에서 보이는 이 산문 양식은 당시 오스트리아 빈에서 일어나 차츰 그 세력을 얻어가던 모더니즘적 경향을 엿보이고 있는 것이다.

〈**타락**〉(1894)은 1894년 〈사회(Die Gesellschaft)〉 지(誌)에 발표된 작품이지만, 1958년의 《토마스 만 단편집》에 늦게서야 수록되었다.

이 작품은 아직 습작의 티를 벗어나지 못하고 있지만, 여러 가지 면에서 주목을 요한다. 첫째, 이 작품이 '액자소설(Rahmenerzählung)'의 형식을 취하고 있다는 점이다. 그 때문에 '속 이야기'의 내용이 '겉 이야기'를 통해서 보다 객관적으로 보일 수 있도록 할 수 있다. 이 객관화가 나중에 초기 토마스 만 문학에서 크게 문제시되는 '반어성(Ironie)'과도 이미 깊은 연관성이 있음은 물론이다. 둘째, 여기서도 이미 괴테의 영향이 엿보인다는 점이다. 여배우 이르마 벨트너에 대한 주인공의 사랑과 환멸의 체험은 괴테의 소설 《빌헬름 마이스터의 수업시대》에서 빌헬름이 여배우 마리아네에 대한 사랑에 빠지고 그녀의 불륜을 알고 실망에 빠지는 것과 너무나도 흡사하여 거의 모작으로 보일 정도이다. 또한 주인공 젤텐 박사가 이르마와의 애정을 육체적 관계로까지 발전시켜 나감에 있어서 친구 뢸링의 조언을 받고 있는데, 이것은 괴테의 《파우스트》에서 파우스트가 메피스토의 암시에 따라 그레첸과의 육체적 관계로까지 나아가는 계기가 되는 〈숲과 동굴〉 장면을 연상시킨다. 이 작품에서도 〈숲과 동굴〉에서의 메피스토의 대사가 그대로 인용되기도 한다. 또한, 젊은 날의 젤텐 박사에게는 뢸링이 《파우스트》에서의 메피스토보다는 더 호의적이긴 하지만 재치가 좀 부족한 메피스토였다는 말이 본문에서도 나오고 있는 것이다.

아무튼 이 작품이 실린 〈사회〉지가 당시에 자연주의적 사조 내지는 다소 사회적 경향성을 띠는 잡지였음에도 불구하고 토마스 만은 이때부터 이미 그의 작품에서 — 그의 반어적 장치를 통하여 — 뚜렷한 경향성을 나타내지 않고 여러 사회 현상에 대해 가능한 한 객관적 시각을 유지하고자 하는 서술 태도를 보이고 있다. 이를테면 이 작품에서 여성해방론자 라우베의 강렬한 주장이 '반어적 서술자(ironischer Erzähler)' 젤텐에 의해 약간 희화적으로 보이게 만들고 있는 것도 토마스 만의 이러한 반어적 서술기법으로 이해될 수 있다.

요컨대, 〈타락〉은 초기 토마스 만의 수작(秀作)이라 보기는 어렵다. 그래서 토마스 만은 이 작품을 자기 작품의 선집(選集)에 넣는 것을 못내 주저하다가 1958년에야 뒤늦게 그의 단편집에 포함시켰던 것으로 추정된다. 그렇지만, 이 작품은 작가 토마스 만이 앞으로 소설가로서 보여주게 될 특징들을 미리 보여주고 있기 때문에, 토마스 만 연구를 위해서는 결코 간과될 수 없는 작품이라 하겠다.

〈행복을 향한 의지〉(1896)는 1895년 12월에 씌어져서 1896년에 〈짐플리치시무스(Simpliizissimus)〉지에 처음 발표되었으며, 나중에 단편집《키작은 프리데만 씨》(1898)에 실렸다.

주인공 파울로 호프만이 남아에리카 토착민인 어머니를 닮았다든가 선천적으로 병약하다는 사실은 작가 자신의 출생 배경과 비슷할 뿐만 아니라, 토마스 만의 첫 장편《부덴브로크 가의 사람들》(1901)의 하노 부덴브로크와도 비슷하다. 다만, 이 주인공은 음악이 아니라 미술에 심취해 있는 점이 다르다.

또한, '······을 향한 의지'라는 작품 제목이 니체의 '권력을 향한 의지(Wille zur Macht)'를 연상시키며, 본문에 나오는 '거리두기의 파토스(Pathos der Distanz)'라는 말 역시 이 작품이 아직 니체의 영향권 안에 있음을 드러내고 있다. 즉, 진지한 예술가에게 늘 따라다니는 죽음의 문제가 이번에는 사랑의 성취를 위한 '의지'와 결합되어 나타난다는 점이 그러하다.

> 그는 죽었다. 신혼 첫날밤을 보낸 다음 날 아침, 아니 신혼 첫날밤이 채 지나기도 전에 그는 죽었다. 그럴 수밖에 없었다. 그가 그토록 오랫동안 죽음을 억누를 수 있었던 것은 오로지 의지, 오직 행복을 향한 그 의지가 아니었던가? 행복을 향한 자신의 의지가 충족되자, 그는 어떠한 투쟁도 저항도 할 수 없이 죽어야만 했다. 그에게는 살기 위한 구실이 더는 없었던 것이다.

위의 인용으로 이 작품의 개요와 요체가 다 드러났지만,

여기서 주목을 요하는 것은 이 보잘 것 없는 에피소드를 끌고 나가면서 한 예술가 기질의 인간의 집념과 그의 죽음과의 투쟁을 형상화해 내고 있는 작가의 역량이다. 토마스 만은 그의 후기 소설 《파우스트 박사》(1947)에서 음악가 주인공의 생애를 그의 학창 시절의 친구 차이트블롬의 시각으로 서술하도록 하고 있는데, 이 〈행복을 향한 의지〉에서 이미 토마스 만은 '친구의 시각'을 통한 전기적 서술을 선취하고 있다.

〈환멸〉(1896)은 단편집 《키 작은 프리데만 씨》(1898)에 처음으로 발표된 짧은 산문 스케치로서, 1896년 가을에 토마스 만이 이탈리아 여행을 했던 체험이 반영되어 있다.

작품 자체는 서로 잘 알지 못하던 두 사람이 베네치아의 산 마르코 광장에서 나눈 '대화의 형식'을 취하고 있지만, 실은 주요 부분이 한 사람의 독백이나 다름없이 큰 인용부호 안에 묶여 있으며, 같은 구절이 음악적 라이트모티프처럼 반복됨으로써 강조 효과를 내는 등 〈타락〉이나 〈행복을 향한 의지〉에서보다는 한층 더 공들인, 정치한 서술기법을 보여주고 있다.

'환멸'에 대해 이야기하는 인물이 소도시의 목사관에서 자라났고 어릴 적부터 설교에 빈번히 나오는 수사학의 영향을 많이 받았다는 고백을 하고 있는데, 이것은 젊은 날의 니체를 연상시킨다. 진작부터 언어에 대한 불신을 품게 되었다는 것도 즉각적으로 니체의 '언어 비판(Sprachkritik)'을 생각나게 한다.

또한, 이 인물이 말하는 자세와 어투는 나중에 단편 〈토니오 크뢰거〉에서 리자베타에게 작가로서의 자신의 자세와 신념을 토로하는 토니오 크뢰거의 그것을 어느 정도 선취하고 있다. 초기 토마스 만 연구를 위해 꽤 중요한 작품이다.

〈죽음〉(1897)은 1896년에 쓰였으나, 1897년 1월에 〈짐플리치시무스〉 지에 발표되었으며, 단편집 《키작은 프리데만 씨》 (1898)에 실렸다.

'죽음'만큼 초기 토마스 만의 거의 모든 작품을 관류하고 있는 모티프는 드물다. 그만큼 '죽음'은 토마스 만이 태생적으로 타고난 자신의 북독일적, 윤리적 시민성을 좀먹는 위험 요소인 동시에, 거칠고 단순하고 멋이라고는 모르는 상인들의 조야한 삶에다 섬세함, 고귀함, 예술성을 부여하는 필요불가결한 향유(香油) 같은 것이기도 했다. 죽음은 삶을 파괴하기도 하지만, 죽음을 모르는 삶은 천박하고 야비하고 잔인하다. 이러한 비속한 삶이 한 차례 죽음을 체험하고 났을 때에야 비로소 그 삶은 한 차원 고양되어 진실로 가치 있는 삶이 될 수 있다는 것이 그의 두 번째 장편 《마의 산》(1924)까지 이르는 토마스 만 작품들의 중심 주제이다.

이 작품에서 자신의 죽는 날을 기다리며 일기를 쓰고 있는 '일인칭 서술자'는 아직은 이런 죽음의 변증법에까지 도달하지는 못했지만, 모든 생활의 잡답(雜沓)을 피해 바다의 파도 소리에 귀를 기울일 줄 아는 '철학자' 기질의 인간이다. 그는 사랑하는 아내가 죽으면서 남겨놓은, 아내를 무척 닮은 어린 딸아이와 함께 살고 있지만, 삶의 의미를 더는 찾지 못한 채 곧 다가올 것으로 기대되는 자신의 죽음을 기다리고 있다. 하지만 죽음은 뜻밖에도 먼저 그의 딸 아이에게 먼저 찾아왔다.

오랜 세월 동안 그는 죽음을 자기한테로 끌어 당겨온 것이었다. 하지만 그는 딸 아이를 혼자 두고 떠날 수 없었기 때문에 죽음을 먼저 딸 아이한테 불러들인 것인지도 모를 일이었다. 말하자면, 죽음이 그의 의지에 '복종'했다고도 볼 수 있는 것이다.

죽음과 친밀해 져서 마침내 죽음을 자기 뜻에 '복종'하게 만들 수까지 있는 주인공의 처참하고도 아름다운 경지가 섬세한 필치로 담담히 묘사되어 있다. 대수롭지 않은 이야기로 보일 수도 있겠지만, '죽음'의 모티프에 관한 한, 토마스 만의 초기 단편들 중에서는 단연 주목을 요하는 작품이다.

〈키 작은 프리데만 씨〉는 원래 1897년에 〈새 독일 전망〉

지에 발표되었다가 토마스 만의 첫 단편집《키 작은 프리데만 씨》(1898)의 표제 작품이 되었으며, 초기 토마스 만의 대표적 단편소설로 꼽힌다.

비록 '키 작은'이라는 형용사로써 미화법을 쓰긴 했지만, 갓난아기 때에 보모의 잘못으로 인하여 불구자가 된 한 '곱사등이' 신사의 이야기이다.

작품을 다 읽은 독자는 한 장애인이 어느 부인을 사랑하다가 어처구니없이 죽어가는 이 이야기의 메시지가 과연 무엇인지 고개를 갸웃거리지 않을 수 없겠지만, 여기서 한 장애인 주인공의 체념과 마음의 평화, 그리고 애써 얻은 그 평정심이 서른 살이 되었을 때 한 여인에 대한 숙명적 사랑 때문에 어떻게 와르르 무너져 거의 자살에 가까운 죽음에까지 이르게 되는지를 묘사하면서 서사를 끌고 가는 청년 작가 토마스 만의 그 섬세하고도 정교한 기법은 실로 비범하다 하겠다.

이 작품의 주제를 쉽게 풀어서 설명해 보자면, 예술가 기질을 타고난 인간은 사색과 고상한 취미를 통해 어느 정도 현실을 초월할 수 있는 것이 사실이지만, 현실 생활에서는 쓸모없고 무력한 존재일 수밖에 없으며, 끝내는 잔인한 삶에 의하여 복수를 당하게 된다는 무자비한 진리를 형상화해 내고 있다.

여기서 토마스 만은 자신의 자전적 요소를 최대한 희화화하여 자신을 '불구자'로까지 만들고 있는 것인데, 키작은 프리데만 씨는 토마스 만의 첫 장편《부덴브로크 가의 사람들》의 마지막 주인공 하노 부덴브로크를 닮은 희화적 자화상으로 볼 수도 있을 것이다. 앞으로 장편《부덴브로크 가의 사람들》이 출간되어 세인들의 찬사와 경탄을 받게 되기 전까지는 토마스 만이라는 이름은 〈키 작은 프리데만 씨〉의 작가, 즉 아주 특이한 소재를 지극히 공을 들여 세공을 해 낸, 장래가 촉망되는 청년 작가를 의미했던 것이다.

〈**어릿광대**〉는 1897년 〈새 독일 전망〉 지에 발표되었다가 단편집《키 작은 프리데만 씨》(1898)에 실렸다.

부르주아 출신의 한 청년이 자신이 타고난 '어릿광대' 기질을 살려 음악과 그림, 그리고 문학을 즐기면서, 직장과 일을 버리고, 자유로운 삶의 길을 택한다. 그는 자신의 출신 배경을 과감히 이탈하여, 물려받은 유산의 일부를 탕진해 가면서 유럽의 여러 나라를 방랑하며 자신의 '어릿광대 기질'을 한껏 발휘한 끝에 나중에는 중부 독일의 어떤 문화도시에 정착하여 남은 유산의 은행 이자로써 소박하게 살아가면서 자유와 안정과 평화를 얻는다.

하지만, 사회에의 헌신과 기여가 없이, 따라서 외부로부터의 인정이나 하등의 명예도 없이 혼자 자족해서 살아간다는 것이 결국에는 행복할 수 없다는 것을 깨닫게 된다. 특히, 그가 사랑할 만한 아가씨를 발견했을 때, 그녀에게 자신을 내세울 만한 아무런 자격도 없는 초라한 자신의 상황을 더욱 통감하게 된다.

이 무렵, 젊은 날의 동료 쉴링이 찾아와서 옛친구의 '어릿광대 기질'을 찬양하고 지금까지 그 기질을 고집스럽게 지켜온 그의 인생을 존중하는 말을 한다. 하지만 그들의 대화 중에 '어릿광대 기질'의 옛친구가 더는 자기 자신의 '자유로운' 어릿광대로서의 생활에 자신감과 확신이 없음을 드러내자, 쉴링은 갑자기 그를 경멸하는 기색을 보이면서, 원래 그와 함께 지내기로 계획했었던 일정을 앞당겨 서둘러 그의 곁을 떠나가버린다.

"아아, 나는 옆으로 비켜 앉아 '사회'를 무시할 권한이 없었다." 하고 그는 자신의 잘못을 깨닫는다.

토니오 크뢰거처럼 아주 예술가가 되어 예술가의 길을 걷는 것은 몰라도, 이 작품의 주인공처럼 '어릿광대'의 기질을 타고나 끝까지 단순한 '어릿광대'로 '자유로운' 인생을 살아가는 것은 결국 불행한 결과를 초래할 수밖에 없다. ― 아마도 토마스 만은 이 작품에서 이 점을 지적하고 싶었던 것 같다. 말하자면, 또 하나의 '반어적' 작품인 셈인데, 이번에는 조금 '사회'와 '삶'의 편을 들면서 균형을 잡는 모양새를 취하고 있다.

〈**토비아스 민더니켈**〉(1898)은 원래 〈새 독일 전망〉 지에 발표되었으나 단편집《키 작은 프리데만 씨》(1898)에 실렸다.

토마스 만은 자신의 고향 뤼베크 시의 빈민가에는 여러 형태의 기인(奇人, Sonderling)이 많이 살고 있었다는 사실을 여러 곳에서 언급하고 있는데, 예컨대 그의 후기 소설《파우스트 박사》(1947) 중에서 카이저스아쉐른이란 고풍스러운 독일 도시를 묘사할 때에도 그런 기인들이 여럿 열거되고 있다.

토비아스 민더니켈이란 인물도 이런 기인들 중의 하나를 모델로 한 것이 아닐까 싶다. 쇼펜하우어에 대한 희화화로 해석하는 평자도 있으나 지나치게 니체적인 비판이라 그것이 적절한 것인지를 규정하기 위해서는 보다 깊은 탐구가 필요할 듯하다. 아무튼, 여기서 문제시되고 있는 것은 삶으로부터 버림받았거나 존중받지 못하고 있는 한 인간이 자기도 모르는 사이에 그 삶에 대해 복수하게 된다는 사실이다.

개가 유희 본능과 사냥 본능에 사로잡힌 나머지 맹목적이고 광분한 상태로 방 안을 날뛰며 돌아다니고 슬리퍼를 물어뜯고 의자들 위로 뛰어올라 엄청난 활력으로 정신없이 뒹굴 때면, 토비아스는 멀리 떨어져서 난처하고 불안정한 미움의 시선과 추하고 격앙된 미소를 지으며 개의 동작을 주시했다.

여기서 개는 활력을 주체하지 못하는 생명체이자 삶의 표상이며, 토비아스의 좁은 집 안에 갇혀서만은 살 수 없는 존재로 나타나고 있다. 토비아스는 이 개가 괴로워할 때에만 동정심을 느낀다.

토비아스의 이런 심리는 사디즘으로 분석될 수도 있을 것이고, 개를 복종시키고자 하는 토비아스의 지배욕은 니체의 '권력을 향한 의지'를 상기시키기도 한다.

작품의 스토리 자체가 불쾌감 및 혐오감을 불러일으킨다 하여, 평자들이 이 작품을 토마스 만의 태작(駄作)으로 분류하기도 했다. 하지만, 삶으로부터 유리되고 불행하게 된 한 인간의 '삶에 대한 복수심'을 다루고 있다는 점에서, 〈공동묘지로 가는 길〉과 유사한 면모를 보여주고 있다. 주옥같은 작품은 아니지만, 초기 토마스 만 연구를 위해서는 주목을 요하는 작품이다.

〈옷장〉은 1899년에 〈새 독일 전망〉 지에 발표되었다가, 그 후에 이 작품은 토마스 만이 《키 작은 프리데만 씨》와 《부덴브로크 가의 사람들》(1901)에 이어 세 번째로 낸 책 《트리스탄. 여섯 편의 단편소설》(1903)에 실렸으며, 초기 토마스 만의 '죽음'을 다룬 여러 소품들 중에서 내용과 형식이 잘 조화를 이룬 수작으로 꼽히고 있다.

이 작품을 다 읽은 독자는, 설령 작품 말미에 나오는 서술자의 암시가 없다 하더라도, 이 이야기 전체가 죽음을 앞둔 어느 환자가 아련하고도 달콤한 몽마(夢魔)에 시달리는 꿈 이야기가 아닐까 하는 의문을 지니게 될 것이다.

주인공 판 데어 크발렌이 기차 여행을 하던 중 어느 역엔가 무작정 내려서 시내로 걸어 들어가고 있는 도시는 다음과 같이 묘사되어 있다.

> 그는 어느 땅딸막한 성벽 같은 것 옆을 지나쳐 갔는데, 그것은 두 개의 육중한 탑을 하고 있는 오래된 성문이었다. 또한 그는 어느 교량을 지나가게 되었는데, 다리 난간에는 입상들이 늘어서 있었으며, 다리 아래에는 강물이 탁하게 느릿느릿 흘러가고 있었다. 길고 낡은 쪽배가 지나갔는데, 배의 후미에서 한 남자가 긴 막대로 노를 젓고 있었다. 판 데어 크발렌은 잠시 멈춰 서서 난간 위로 몸을 구부렸다. '이것 봐라!' 하고 그는 생각했다. '강이 하나 있군. 그 강이야. 내가 이 강의 그 평범한 이름조차 모르다니! 마음이 편하군……' 이윽고 그는 계속 걸어갔다.

이 도시가 토마스 만의 고향 도시 뤼벡이며 강 이름이 트라베 강이란 것은 쉽게 짐작이 간다. 하지만 서술자는 이 모든 사실을 불확실한 채로 남겨둔다.

이런 의미에서 "모든 것이 불확실한 채로 남아있어야 한다……"는 마지막 문장은 앞서 이미 제시된 구체적 의미, 즉 주인공이 자기 고향 도시의 강 이름도 모르고, 오늘이 몇 년 몇 월 며칠인지도 정확히 모르는 사실을 마음 편하게 생각하고 불확실한 채로 그냥 내버려두는 데에 모종의 쾌감마저 느끼고 있다는 원래의 의미에다가 얼마나 근사하게 작품 구성과 관계되는 전혀 새로운 또 하나의 의미를 덧붙이고 있는가! 젊은 토마스 만의 반어적 서술기법이 번득이는 멋진 대목이며, 이 마지막 문장을 읽는 독자는 작가의 반어(反語, Ironie)와 억지 유머에 미소를 금치 못하게 되는 것이다.

하기야 여기에 나오는 기묘한 방의 모습과 가구 배치 등은 뤼벡이 아니라 토마스 만이 총각 시절에 살던 뮌헨 슈바빙의 마르크트 가(街) 5번지를 모델로 했을 것이라는 연구 결과도 나와 있으니, 무엇이든지 섣불리 '확실하게' 규정하는 것은 좋지 않을 것 같기도 하다.

〈응징〉은 1899년에 〈짐플리치시무스〉 지에 발표되었고, 1958년이 되어서야 뒤늦게 《토마스 만 단편집》에 실렸다. 그만큼 이 작품은 처음에는 반향이 적었고 일반의 주목을 받지 못했다.

하지만 이 작품을 면밀히 읽어 보는 사람은 두냐 슈테게만 이란 여성 인물이 〈토니오 크뢰거〉의 제4장에 나오는 리자베타 이바노브나의 전신(前身), 또는 분신(分身)이라는 사실을 금방 알아차릴 수 있을 것이다. 두냐와 리자베타가 다 같이 러시아 태생의 지성인이라는 것 말고도 두 인물의 유사성은 여러 가지다. 그것을 여기서 일일이 나열할 필요는 없을 것이다. 다만 여기서는 이 작품이 〈토니오 크뢰거〉를 올바르게 이해하는 데에, 그리고 토마스 만의 '예술가상'을 이해하는 데에 중요한 단서가 된다는 점을 지적해 두고자 한다.

그밖에도 작품 〈응징〉은 이른바 '플라톤적 사랑'의 실례(實例)와 그 가능성에 관한 논의를 할 때에도 꽤 중요한 전거(典據)로 기능할 수 있겠다는 생각이 든다.

〈루이스헨〉은 1900년에 〈사회〉 지에 발표되었는데, 단편집《트리스탄》(1903)에 실렸다.

토마스 만과 우의가 깊었던 헤르만 헤세는 단편집《트리스탄》에 실린 여섯 편의 단편소설들 중 유독 〈루이스헨〉이 만족스럽지 못하다고 지적한 바 있으며, 헤세 말고도 적지 않은 사람들이 이 작품을 수준 이하로 평가하고 있다. 그 이유는 아마도 암라 야코비와 알프레트 로이트너의 불륜 관계와 그들이 합심하여 획책한 야코비 변호사의 곤욕스러운 춤 연기, 그리고 연이은 그의 죽음에서 적정 한계선을 넘어선 어떤 몰취미와 부도덕성 같은 것을 느꼈기 때문이 아닐까 싶다. 사실 토마스 만 자신까지도 어느 친구에게 보낸 편지에서 이 작품을 "이상하고 추악한 이야기"라고 쓴 적도 있다.

아닌 게 아니라 이 작품은 그 비도덕적 불륜과 음악을 이용한 '살인'이라는 비열한 몰취미가 다소 거슬리기는 하지만, 그래도 간단히 태작(駄作)으로 치부할 수만은 없는 면이 있다.

우선, 모두 5장으로 되어있는 그 구성이 전통 고전극의 5막을 연상시킬 정도로 면밀하다.

그리고 그다음으로 유의해야 할 점은 알프레트 로이트너라는 음악가의 형상화인데, 금발의 음악가 로이트너는 니체의 바그너 비판을 담고 있는 인물로 보인다.

> 그는 요즘의 그저 그런 소인배 예술가 무리에 속했다. 다시 말하자면, 자기 스스로에 대해서는 그다지 많은 것을 요구하지 않고, 우선 행복하고 사랑스러운 인간이 되고 보자는 예술가, 자신의 인간적 매력을 돋보이게 하기 위해 제법 그럴듯한 잔재주를 이용하는 예술가, 사람들이 모인 자리에서는 세상 물정 모르는 천재 행세를 하는 그런 예술가 유형이다. 이런 사람들은 일부러 순진한 척하고, 비도덕적이며, 양심의 가책을 모르며,

거리낌 없이 유쾌하고, 자만심이 강하며, 심지어 병에 걸리더라도 그것을 즐길 수 있을 정도로 건강하다. 또한, 이들의 허영심은 상처를 받지만 않는다면 사랑스럽기도 하다. 그렇지만 정말 심각한 불행이 닥치면, 자기가 행복하다고 생각하는 이런 소인배 흉내쟁이 예술가들에게는 더는 우쭐댈 수 없을 만큼 감당할 수 없는 고통이 휘몰아치는 법이다! 이들은 의연하게 불행을 감내하는 법을 알지 못하며, 고통이 닥치면 어떤 일부터 '시작해야' 할지 모른다.

이 작품에 나오는 '요즘의 소인배 예술가', '비도덕적이며 양심의 가책을 모르는' '소인배 흉내쟁이 예술가'의 형상화가 바로 알프레트 로이트너이며, 토마스 만은 이렇게 '의연하게 불행을 감내하는 법을 알지 못하는' 예술가 유형 하나를 그려놓은 것이다. 즉, 독자는 이 작품을 반어적 · 희화적으로 읽어야 하며, 알프레트 로이트너와 같은 비도덕적 소인배 예술가를 〈토니오 크뢰거〉(1903)의 주인공 토니오 크뢰거와 같은 진지한 예술가 유형과 대조해 보면 좋을 것이다.

〈공동묘지로 가는 길〉은 1900년에 〈짐플리치시무스〉 지에 발표되었다가 단편집 《트리스탄》(1903)에 실렸다.

부모를 사별하고 상처(喪妻)를 한 데다 세 아이를 다 잃은 끝에 알콜 중독으로 직장에서도 쫓겨난 지극히 불행한 인간 로프고트 피프잠은 처자식이 묻혀 있는 공동묘지로 가던 중에, '금발'에다 반짝이는 '파란 두 눈'을 하고 있는 한 청년 자전거 소풍객을 만난다.

피프잠은 '공동묘지로 가는 길'에서는 자전거를 못 타게 되어 있는 규칙을 내세워 이 청년을 고발하겠다며 자전거에서 내리라고 말하지만, 청년은 말을 듣지 않고 그냥 자기 가던 길을 계속 가고자 한다.

'금발'에다 반짝이는 '파란 두 눈'을 하고 있는 '삶'의 인간이 '죽음'의 길 위에서도 아무 거리낌없이 즐겁게 달리고 있는 데에 대한 로프고트 피프잠의 분노와 절망은 결국 그 자신을 '죽음'에까지 이르게 만든다.

작가 자신이 작품 속에서 이 '금발'의 청년을 아주 '삶'으로 지칭하고 있는 등 토마스 만의 작품 치고는 다소 어색한 점이 눈에 띄기도 하지만, '삶'과 '죽음'의 대립을 다룬 초기 토마스 만의 단편으로서 주목을 요하는 작품이다.

토마스 만의 모든 단편들이 다 한결같이 정치(精緻)한 수작(秀作)일 수만은 없다. 빼어난 작품이 아닌 작품도 토마스 만 연구를 위해서는 의외로 소중한 것이 많다. 이 단편 전집(全集)을 엮어내는 숨은 필요성 중의 하나이다.

〈**신의 칼**(Gladius Dei)〉은 1902년에 빈에서 발간되는 어느 잡지에 게재되었던 작품인데, 단편집《트리스탄》(1903)에 실렸다.

이 작품이 문제삼고 있는 것은 예술의 도시 뮌헨에서 미술품 판매점을 운영하는 블뤼텐츠바이크와 옛 피렌체의 종교적 지도자 히에로뉘무스 사보나욜라를 연상시키는 금욕적, 광신적 청년 히에로뉘무스의 충돌이다.

미술상 블뤼텐베르크는 뮌헨의 어느 인기 화가가 그린 관능적 마돈나의 그림을 복제해서 대성황을 누리며 판매하고 있었다. 히에로뉘무스는 블뤼텐츠바이크의 상점 진열창 앞에 구경꾼들이 몰려들고 있는 것을 보고 자기도 그 앞으로 가서 그 복제품을 보고 있는데, 지나가던 대학생들 둘이서 그 그림을 두고 주고받는 다소 음탕한 농담을 엿듣게 되었다. 성모 마리아와 아기 예수의 그림이 이렇게 '신성 모독'을 당하는 것을 보고 분개한 히에로뉘무스는 혼자 고민 끝에 "높은 곳으로부터 어떤 명령과 소명"을 받게 되었다. 그것은 "아름다움을 앞세운 뻔뻔스러운 오만에 대항해서" 단호히 대처해 나가라는 명령이었다.

그래서 히에로뉘무스는 예술이란 미명을 앞세워 관능적 복제품들을 대중에게 팔고 있는 블뤼텐츠바이크를 찾아가 그 그림을 진열창에서 당장 치우고 그 그림을 포함한 다른 모든 외설적 복제품들을 모두 소각해 버릴 것을 요구한다.

말하자면, 예술을 앞세워 돈을 벌려는 미술상과 종교적 광신주의자의 갈등인데, 이 작품을 정독해 보면, 양자가 다 반어적으로 묘사되어 있어서, 독자로서는 그 어느 쪽에도 자신과의 완전한 동일시나 일체감을 느낄 수 없다.

제1장을 모두 할애하여 묘사되고 있는 '빛나는 예술의 도시 뮌헨'조차도 진정한 뮌헨 예찬으로만 보기는 어렵다. 거기에는 뮌헨에 대한 순전한 예찬들과 더불어, 비윤리적 딜레탕트 예술가들과 그들의 작품을 복제하여 돈을 벌려는 상인들, 그리고 뮌헨 시민들의 예술에 대한 피상적인 애호 등에 대한 은밀한 비판 또한 엿보이기 때문이다.

독자는 미술품을 복제해서 돈을 벌고 있는 블뤼텐츠바이크의 편을 들 수도 없고, 그렇다고 "예술이란 인간 현존재의 온갖 끔찍한 심연들을 자비롭게 비추어 주고, 수치와 비통으로 가득한 인간 현존재의 온갖 나락들을 자비롭게 비추어 주는 성스러운 횃불입니다."라는 히에로뉘무스의 말에 전적으로 동의하기도 어렵다.

토마스 만은 갈등이나 충돌을 반어적으로 묘사, 또는 서술함으로써 독자로 하여금 양측을 모두 비판적으로 보게 만든다. 이런 점에서 이 작품은 초기 토마스 만의 반어성을 잘 예시(例示)해 주고 있다 하겠다.

이상으로 이 책에 실린 13편의 작품들을 하나씩 간단히
해설해 보았다.

1893년부터 1902년까지 발표된 위의 13편의 작품들을 모
두 관류하는 한 가지 특징을 든다면, '죽음'에 대한 체험을 현
재 하고 있거나 또는 그런 체험을 이미 겪은 예술가 기질의 인
간이 생기 있고 오만하며 건강한 삶에 대하여, 혹은 그런 삶을
살고 있는 쾌활한 금발의 인간에 대하여 갖게 되는 적의(敵意)
와 선망이 주된 테마가 되고 있다는 사실이다. 토마스 만 연구
자들은 이것을 예술성과 시민성의 갈등, 또는 예술가 기질과
시민 기질의 충돌이라고 부르는데, 이것은 초기 토마스 만 작
품의 도처에서 다양한 변주를 보이며 나타나는 주제이다. 이
런 주제의 기원을 거슬러 올라가면, 문학사적으로는 괴테에
까지 소급된다. 토마스 만에게서는 특히 더 그의 아버지와 어
머니, 그의 고향인 북독 뤼벡과 그가 작품 활동을 한 남독의
뮌헨, 삶과 예술의 대비(對比)와 갈등이 이 주제의 원천이다.

또 한 가지 특징을 더 든다면, 서술기법과 관계되는 특징
인데, 작가 토마스 만은 위와 같은 두 세계의 갈등 또는 충돌
의 자장(磁場) 위에서 대개는 중립적, 중도적 입장을 취하고 있
다는 사실이다. 물론 어떤 경우에는 조금 예술가 기질의 편에
서 있기도 하고, 때로는 북독의 생활인, 즉 시민 기질의 편을

조금 드는 것 같기도 하지만, 작가 토마스 만의(또는, 작중 서술자의) 태도는 늘 양쪽에 다 거리를 두고 다소 뻐딱하게 관찰하고 있다. 이런 서술 태도를 토마스 만 연구에서는 '반어적 서술태도(ironische Erzählhaltung)'라 부르며, 이와 관련된 일체의 문제성을 '반어성(Ironie)'이라고 총칭한다.

토마스 만의 이 반어성은 그가 나이 들어가면서, — 마치 괴테가 '젊은 베르터'의 격정적 태도에서부터 벗어나 차츰 '파우스트'의 올바른 삶에의 길을 모색하는 우주적 고민으로 나아가듯이 — 점점 더 '해학성(Humor)'의 세계로 그 차원을 높여 간다. 하지만, 이러한 발전과정에 대해서는 앞으로《토마스 만 단편 전집》제2권부터 제5권까지의 작품 해설에서 차차 자연스럽게 밝혀질 것으로 믿는다.

역자 소개

강미란

서울대 언어교육원 선임 연구원
- 서울대학교 독어독문학과 문학박사

- 〈하인리히 폰 클라이스트의 《펜테질레아》에 나타난 현대성〉(서울대, 1999)
- 〈크리스타 볼프의 《분단된 하늘》에 나타난 동독사회 비판의 양상〉(독일언어문학, 2005)
- 〈위르겐 하버마스가 본 세계화 시대의 세계시민사회 – 유럽 핵심론과 세계시민사회론을
  중심으로〉(독일어문학, 2006)
- 〈펜테질레아의 욕망의 환상과 실현–젠더적 관점에서 바라본 하인리히 폰 클라이스트의
  《펜테질레아》〉(한국독일어문학회, 2007)
- 《세계화 시대의 문화논리》(편역, 한울아카데미, 2005) 등.

김경희

홍익대학교 독어독문학과 교수
- 연세대학교 독문과 및 동 대학원 졸업, 독일 만하임(Mannheim) 대학교 문학박사

- 〈인식론적 균열을 통해 바라본 미디어현실〉(2007)
- 〈문화학의 현황과 공간 패러다임〉(2010)
- 〈문화적 담화의 토포스로서의 리스크〉(2015) 등
- 《시각기계의 문명사》(연세대출판사, 2010)
- 《전설의 스토리텔러 토마스 만》(공저, 서울대학교출판문화원, 2011)
- 《서사론의 새로운 연구 방향》(한국문화사, 2018) 등.

김륜옥

성신여대 독일어문 · 문화학과 교수
- 프라이부르크(Freiburg) 대학교 철학박사
- 한국토마스만학회장 역임.

- 《토마스 만의 삶과 작품을 구성하는 요소로서의 '여성적인' 자아와 여성상》(프라이부르크 대학, 1996)
- 〈파우스트적 천재 이데올로기가 지닌 두 얼굴의 변용 추이 - 시각적 욕망에서 청각적 묵시록을 거쳐 후각적 자기해체까지〉(헤세연구, 2010)
- 〈클라우스 만의《메피스토》에 나타나는 상호텍스트성의 특징 - 특히 토마스 만의《파우스트 박사》에 대한 선행텍스트로서의 관점에서〉(헤세연구, 2014)
- 〈민족주의 및 보수주의 예술의 허와 실 - 리하르트 바그너와 토마스 만을 예로〉(독어독문학, 2019)
- 신경숙: Das Zimmer im Abseits (《외딴방》)(Bielefeld: Pendragon 2001)
- 토마스 만:《토니오 크뢰거》(웅진, 2007)
- 토마스 만:《파우스트 박사》(문학과지성사, 2019) 등 다수.

김진숙

성신여자대학교 강사
- 성신여자대학교 독어독문학과 학부 및 대학원, 독일 프라이부르크(Freiburg) 대학교 문학박사
- 성신여자대학교, 상명대학교, 가천대학교, 중앙대학교 강의

- 〈서술에 있어서의 상호매체적인 합주 - 토마스 만의 장편소설《부덴브로크 일가》에 대한 세 가지 읽기 방식〉(2014)
- 〈토마스 만 특유의 아이러니: 완전함을 향한 정신의 욕망 - 토마스 만의 초기 단편《행복을 향한 의지》를 예로,(뷔히너와 현대문학, 2017)
- 〈문학적 공간과 세대담론 - 토마스 만의《부덴브로크 일가》와 아르노 가이거의《우리는 잘 지내요》를 예로 -〉(헤세연구, 2015)
- 〈패러다임 상실의 시대, '가족'의 귀환 - 아르노 가이거의 세대소설《우리는 잘 지내요》를 예로(카프카연구, 2015)
- 〈독일영화 속 다문화 사회통합 모델 - 영화 〈천국의 가장자리〉와 〈나의 가족 나의 도시〉를 중심으로 -〉(성신여자대학교 인문과학연구, 2015)

김현진

연세대학교 인문학연구원 전문연구원
- 연세대학교 문학박사, 서울대학교 박사 후 연수과정 수료

- 연세대학교, 홍익대학교 강의, 한국융연구원 번역위원
- 한국토마스만학회장 역임
- 《융》(한길사, 1999)
- 《레만 씨 이야기》(현대문학, 2002)
- 《꿈에 나타난 개성화 과정의 상징》(솔출판사, 2002)
- 《그림의 혁명》(커뮤니케이션북스, 2004)
- 《상징과 리비도》(솔출판사, 2005)
- 《요양객》(을유문화사, 2009)
- 《서사론의 새로운 연구 방향》(공역, 한국문화사, 2018)
- 《창조신화》(한국융연구원, 2019)

송민정

고려대, 상명대 출강
- 고려대 졸, 고려대 문학박사
- 가천대 강의전담 역임

- 〈몸-마음-내러티브의 만남: 체화된 인지의 내러티브적 이해〉(헤세연구, 2014)
- 〈〈타인의 삶〉에 나타난 영화의 상호매체성과 자기반영성〉(독일어문학, 2015)
- 〈문학적 환상성과 그 매체변환의 양상 I〉(뷔흐너와 현대문학, 2018)
- 《전설의 스토리텔러 토마스 만》(공저, 서울대학교 출판문화원, 2011)
- 《서사론의 새로운 연구방향》(공역, 한국문화사, 2018)

안삼환

서울대 독문과 명예교수
- 독일 본(Bonn) 대학 문학박사
- 한국괴테학회, 한국토마스만학회, 한국독어독문학회, 한국비교문학회, 한국훔볼트회 회
  장 역임
- 경제 · 인문사회연구회 인문정책위원장 역임.

- 〈토마스 만의 소설 《파우스트 박사》에 나타난 독일망명문학적 양상〉(본 대학, 1975)
- 《전설의 스토리텔러 토마스 만》(공저, 서울대학교출판문화원, 2011)
- 《괴테, 토마스 만 그리고 이청준》(세창출판사, 2014)

- 《한국 교양인을 위한 새 독일문학사》(세창출판사, 2016)
- 괴테:《빌헬름 마이스터의 수업시대》(민음사, 1996)
- 토마스 만:《토니오 크뢰거》(민음사, 1998)
- 괴테:《젊은 베르터의 괴로움》(부북스, 2019)

- 한독문학번역상 (한독문학번역연구소, 1996), 한국출판문화상(번역부문) (한국일보, 1997), 야콥 및 빌헬름 그림 상(DAAD, 2012), PEN번역문학상(국제PEN 한국본부, 2019)
- 십자공로훈장 (독일연방공화국 대통령, 2013)

오청자

충북대학교 인문대학 독일언어문화학과 명예교수
- 한국외국어대 문학박사
- 한국독어독문학교육학회장 역임
- 충북대학교 인문대학장 역임

- 〈〈47그룹〉이 전후 독일 문학에 끼친 영향〉
- 〈전후독일문학에 있어서의 쿠르츠게쉬히테 연구〉
- 〈가브리엘레 보만의 작품에 나타난 여성의 고통〉
- 《전후 독일문학 그룹》(월인, 2009)
- 지그프리트 렌츠:《240개의 크림수픈이 만든 세상》(전예원, 1980)
- 토로테 죌레:《환상과 복종》(기독교출판사, 1980)
- 요한 볼프강 폰 괴테:《프로메테우스 외》(서문당, 2005)
- 고트프리트 켈러:《그라이펜제의 태수》(부북스, 2015)

윤순식

홍익대학교 독어독문학과 초빙교수
- 서울대 인문대학 독문과 문학박사, 베를린 훔볼트 대학교 Post-doc
_ 공군사관학교 독일어 전임교수, 서울대학교 강사, 한양대학교 연구교수, 덕성여자대학교 교양학부 교수 역임
- 현 한국토마스만학회장
- 〈병과 문학〉(혜세연구, 2009)

- 〈토마스 만의 에세이에 관한 소고〉(독일문학, 2017)
- 〈문학과 정치〉(독어교육, 2019)
- 《토마스 만》(2005, 살림출판사)
- 《헤르만 헤세의 생각을 읽자》(김영사, 2015)
- 《프란츠 카프카의 생각을 읽자》(김영사, 2017)
- 《마의 산》(열린책들, 2014)
- 《독일 전설》(서울대출판부, 2015)
- 《사기꾼 펠릭스 크룰의 고백》(2017, 아카넷)

- 제11회 시몬느 번역역상 (재단법인 한독문학번역연구소, 2018)

이신구

전북대학교 명예교수
- 고려대학교 졸업, 문학박사
- 독일 마인츠 대학교 객원 교수
- 한국토마스만학회장, 한국헤세학회장 역임

- 《헤세와 음악》(태학사, 1999)
- 《독일문학의 흐름》(공저, 솔출판사, 1999)
- 《전설의 스토리텔러 토마스 만》(공저, 서울대학교출판문화원 2011)
- 《헤세 , 토마스 만 그리고 음악》(전북대학교출판문화원, 2020)
외 헤세와 토마스 만의 음악에 관한 여러 논문이 있음.

한상희

성신여대 강사
- 성신여대 독어독문학과 졸, 뷔르츠부르크(Würzburg)대와 빌레펠트(Bielefeld)대 사회학
  학사, 성신여대 문학박사
- 국민대, 중앙대, 성신여대 강의

- 〈문학치유적 관점에서 하이네 읽기〉(한국뷔히너학회, 2017)
- 코젤렉의 개념사 사전(한림대학교 한림과학원), 제 5권《평화》번역(푸른역사, 2010)
- 《괴테사전》(한국괴테학회) 항목 집필(한국외국어대학교출판부, 2016)